이기애 시 전집

# 시 아름다운 세상

이기애 시 전집

# 시 아름다운 세상

박성락 엮음

한국문화사

이 시 전집을 고故 이기애 시인에게 바칩니다.

2020년 8월

이기애 시 전집 발간위원회

## ■ 서문

# 芝岸 지안 이기애 시인과의 추억

**성기조** (시인. 한국교원대 명예교수)

지안 이기애 시인을 처음 만난 것은 1999년 3월이었다. 내가 이사장으로 있는 재단법인 한국문학진흥재단에서 산하단체로 한국문학세계화본부를 두고 한국문학작품을 번역 출간해서 세계 여러 나라에 소개하고자 새로운 진용을 갖출 때, 본부장을 맡았던 시인 이유진 씨가 이기애 시인을 추천해서 한국문학세계화 본부의 사무국장으로 영입하고 일을 같이 시작했다. 그때에 참여한 이사들은 당시 국회의원 유재건, 정동영, 이경재 의원 등이었고 전 국회의원이었던 유인학 한양대 교수와 문단에서는 황금찬. 송영택. 이성교. 구인환 등이 참여하고 있었다.

첫 사업으로 그해 9월에 63빌딩에서 '한국문학세계화를 위한 국제문학 심포지엄'을 개최했는데 이기애 시인은 실무를 맡아 일을 했다. 주제 발표자는 영국의 Jonathan Fryer. 러시아의 극동대학 총장이었던 Gennady Petrolich, 스위스의 Zee Jenay와 한국의 민희식 교수, 김재현 교수 등이었고 심포지엄은 아주 성대하게 치러졌는데 이기애 시인의 민첩하고 명랑한 성격이 이 행사를 진행하는 데 크게 도움이 되었다.

이 일을 성공적으로 해냈기에 2000년 한국 예술인복지조합(가칭) 설립을 위한 발기모임 때도 실무를 담당했다. 공동대표는 나와 소설가 이문구, 설립발기인으로는 소설가 이호철, 시인 고은 등 8백여 명이 모였다. 이때 발기모임을 가졌던 게 뒷날에 '예술인 복지법'으로 가다듬어져 국회를 통과했다.(2003. 10) 가난하고 힘든 예술인들이 무척 기대했던 법률이었는데 이 법이 시행되고 난 뒤 수혜를 받는 예술인들은 극히 드물다. 수입이 없는 예술인에게 기초생계비는 이 법에 의하여 도움을 받아야 했는데 덜렁 복지 재단만 생겨났다. 그 부분이 잘 마무리되지 않은 것이 유감스러운 일이다.

또한 1988년부터 시낭송 모임 ≪서울詩壇≫을 창설하여 내가 대표로 있었는데 이 실무를 맡아 일할 사람이 없어 고민할 때 이기애 시인이 간사를 맡아 상임시인으로 함께 활동하던 강민, 곽문환, 권천학, 김양식, 김지향, 김해성, 박정희, 박진환, 박하연, 박화목, 박지혜, 성춘복, 서벌, 송영택, 신기선, 안혜초, 윤종혁, 이성교, 이우종, 이탄, 정광수, 홍윤기 등 많은 시인들과 연락하고 협의해서 ≪서울詩壇≫을 원만하게 이끌어 갔다. 낭송 장소는 당시 품바의 일인자였고 시인이던 김시라가 운영하던 대학로의 소극장이었다.

내가 2000년 5월, 서울 '종로문인협회'를 창립할 때 이기애 시인에게 이 일을 맡겨 조직을 완료한 뒤 상임이사로 임명했고 문화관광부 청소년과로 파견 근무케하여 국립중앙청소년 수련원 연혁지를 집필하여 편찬하는 일을 하게 만들었다. 또한 2000년 10월부터 국제PEN 한국본부 회장 선거가 시작되어 내가 회장 후보로 떠밀려 출마를 하게 되자 이기애 시인이 선거관계 잔무를 돕게 되었는데 2001년 2월 제31대 한국펜클럽 회장으로 당선되자 사무국장으로 임명하고 함께 일하기도 했다.

이기애 시인은 이런 큰일을 해나가면서도 개인적인 어려운 일은 남에게 신세를 지지 않으려는 자존심이 강한 사람이었다. 공공의 일에서는 헌신적으로 봉사했고 스스로의 일에서는 개인적인 일이라고 입을 다무는 성격을 지니고 있었기 때문에 모든 일을 믿고 맡기는 형편이었다.

2007년에 한국문단에서 뚜렷한 자취를 남긴 사람을 모아 '以文會'란 이름으로 단체를 만들고 한 달에 한 번씩 만나는 일이 있었다. 내가 고문을 맡고 김병권(수필가) 선생이 회장을 맡아 문단의 이러저러한 일을 논의하고 여러 가지 어려운 문제가 돌출하면 의견을 보태서 수습하는 데 힘을 쏟기도 했는데 이기애는 이 일에도 힘을 보탰다. '以文會'란 이름은 '以文會友'란 말을 줄인 것으로 글로써 벗을 얻는다는 뜻으로 공자의 말에서 따왔다.

이기애 시인은 ≪문예운동≫에도 간여하여 편집위원으로 활동했다. 문단의 일이란 무엇이고 똑 부러지게 해결되는 게 없이 지속적으로 일이 일어난다. 이런 일을 처리하느라 글을 쓸 시간이 없다고 하기에 일을 좀 줄여줘야겠다고 생각하고 만나서 이야기했다. 하지만 책임감이 강한 이기애 시인은 날마다 종로사무실(종로 오피스텔 907호)에 나와서 흐트러짐 없이 맡은 일을 감당해 냈다. 그때마다 나는 그의 글쓰기에 관하여 물었고 그 사람도 열심히 한다고 대답을 하였는데 나중에 알고 보니 원효로 쪽에 있던 목월포럼에 깊숙이 관여하여 김송배 시인과 함께 일을 하고 있었다. 생각해보면 가만히 앉아 있질 못하는 성격에다 일을 좋아하는 사람이었다.

이기애와 함께 한 일에서 기억나는 것은 문화관광부 청소년과와 함께 불우청소년들에게 '사랑의 엽서' 보내기 운동을 한 일이다. 중진급 이상의 화가와 시인들을 동원해서 그림을 그리고 사랑에 관한 시를 한쪽에 인쇄하고 빈칸에 자신의 소감을 써서 청소년들에게 보내도록 만들었다. 그런데 대부분의 사람은 이 예쁜 엽서를 보자 불우청소년들에게 엽서를 보내기보다는 자신이 소장하고 말았다. 사랑의 엽서가 많은 사람들에게 전해지고 그 엽서에 사랑이 넘치는 글귀가 불우청소년들에게 꿈과 희망을 전하는 역할을 하기를 원했으나 너무 고급으로 만들어져 참여자들의 애장품(?)이 되어 버렸으니 무척 당혹스럽기도 했다. 이 사업과 함께 불우청소년 선도 사업의 일환으로 그들을 주인공으로 해서 소설을 창작한 뒤 소설집으로 만들어 불우청소년들에게 배포했다. 기업체에서 이 사업을 후원했는데 사랑의 엽서는 국민은행, 농협, 하나은행이었고 소설집 발간 사업은 경륜의 공익사업 적립금에서 제작비를 충당했다.

이런 바쁜 일을 해내면서도 이기애 시인은 다섯 번째 시집 『나무 나라』를 출간해서 많은 사람의 주목을 받았다. 참으로 치열하게 살아가는 사람이었고 무슨 일이고 손을 대면 끝장을 보는 야무진 사람이었다.

그러나 그때부터 이기애 시인은 병원 출입이 잦았고 결국에는 혈액암으로 진단을 받았다. 그녀의 시와 삶에 대한 열망은 더욱 간절해졌다. 운명하기 직전에는 세브란스병원 무균실에서 마지막 남긴 유고시 다섯 편을 썼고 그 시에 이러한 착잡한 마음이 여실히 드러나 있다. 병원에서 한참 투병할 때 박성락 시인과 한국문인협회 사무처장으로 있던 김귀희 박사가 당시 문화예술위원회에서 시행중이던 불우예술인 지원사업으로 장기입원자의 입원비를 돕는 계정에서 5백만원이 지원되도록 주선하였는데 이는 창작예술인으로서는 최초의 병원비 국가지원사업 수혜자가 되기도 했다.

이기애 시인이 우리 곁을 떠나고 난 뒤 그에게 사사하거나 따르던 사람들이 1주기 때 시비를 세우자는 논의가 있었고 이 뜻에 따라 시비 세우는 일을 박성락 시인이 상의해 와서 충남 보령 대천에 있는 시비공원 대표에게 연락해서 시비를 세우도록 했었다. 그런데 그쪽 사정이 2백기가 넘는 시비가 건립되었기 때문에 부득이 다른 장소를 물색할 수밖에 없다는 연락이 왔다. 그래서 할 수 없이 내 시비가 세워진 옆지리에 세워달라고 해서 2011년 이기애 시인의 시비가 보령 시비공원에 세워졌다.

이기애 시인은 품성이 착하고 책임감이 강했으며 또한 근면했고 정직하게 살며 치열하게 시를 쓴 사람이었다. 그렇게 빨리 세상을 떠날 줄은 아무도 몰랐다. 정말 아까운 사람이다. 이기애 시인이 생전에 힘을 쏟아 키워왔던 '시 아름다운 세상'에서 함께 공부했던 사람들이 전집을 발간한다고 열심히 땀을 흘리고 뛰어다니는 것을 보고 지안 이기애 시인의 모습과 숨결을 느끼게 된다. 요즘 세상에서 보기 어려운 일을 하는 그들은 많은 사람에게서 박수를 받아야 마땅할 것이다.

이 일을 해내기 위하여 뛰어다니는 박성락 시인의 노고에도 고마움을 느낀다.

■ 추천사

## "시 아름다운 세상"을 위하여

### - 지안 이기애 시인 시 전집 간행에 부쳐

**주원규**(시인 · ≪서울詩壇≫ 대표)

인연은 키우라 하였다. 정성을 기울여 가꿔야 상응相應이 된다 하였다. 지란지교芝蘭之交의 경지에 이르기가 어찌 일조일석에 이루어지겠는가.

대개 문인들의 교유는 작품이 좋아서 작품을 음미하다가 '이게 누구 작품인가' 하면서 그 필자를 익히게 되는데, 이기애 시인은 1997년 은평문인협회 회원으로 함께 활동하면서 알게 되었다. 더불어 이웃해 살며 자주 어울리던 김석, 김병학, 곽문환, 송상욱 시인들과 야송 이원좌 화백들 모임에 합류하며 인연을 키웠다.

처음 그의 작품 「목관악기」며 「한 남자를 만났네」를 읽고 '야, 보통이 아닌데!' 했다. 거기에 「덕장」을, 「겨울나무」를, '결실의 집 한 채 짓기로 했습니다 // 강물처럼/ 깊이 흘러가는 강물처럼 사랑으로 벽지를 바르고 / 그 벽에는, 꿈과 추억의 시간/ 걸어 두겠습니다 // 햇빛이 일구어 놓은 뜨락에 별빛은 꽃씨를 뿌리고 / 달빛은 나무를 자라게 할 것입니다 // 우리는 이제, 결실의 집 한 채 짓기로 했습니다'로 흐르는 「석류의 계절에」를 읽으며, 그냥 재주만 가지고 쓸 수 있는 경지가 아님을, 생生의 본질, 삶의 철학이 우러나지 않고는 아퀴 짓기 어려운 경지임을 오래 연마하며 그 고초를 겪어온 경험으로, 그 탄탄한 실력과 시적 성취에 찬탄하지 않을 수 없었다.

지안 이기애 시인은 1989년 심상 신인상 당선으로 등단 후 2009년 제5시집 『나무나라』를 간행하며, 의욕적으로 시를 쓰며 문단 활동을 하다가 동년 10월경 느닷없이 림프종(혈액)암에 걸려 투병 중 2010년 8월 5일 03시경 소천하시었다. 병을 벗고 퇴원하면 컴퓨터에 저장해 놓은 90여 편의 신작들을 추고 정리하여 제 6시집을 펴내고, 시전문지를 만들겠다며 다부진 의욕을 보였었다. 꿈꾸듯 그 구상에 몰두하기도 했었다. 그러나 경황 중에, 애석하게도 오체투지로 써낸 90여 편의 시들은 끝내 찾지 못했고, 시 전문지를 펴내는 일도 함께 땅속에 묻혀버리고 말았다.

이기애 시인의 입원 초기, 일차적으로 나를 간병인으로 등록하여 내가 무균실을 드나들었고, 병세가 점점 중해지자 박성락 시인이 임종 직전까지 간병하며 그 처절하고 안타까운 투병 상황을 고스란히 지켜보며 큰 힘이 되어 드렸다. 박 시인은 그때의 애끓는 심정을 연작시로 써서 『끈』이라 제하여 시집을 엮어 내지 않았는가.

지안 이기애 시인의 제자와 지인들이 뜻을 모아 시비를 세운 일, 부산 추모공원으로 억수같이 퍼붓는 비를 맞으며 그의 묘에 찾아가 빗물, 콧물, 눈물범벅인 채 엉엉 꺽꺽 울며 고인을 그리던 일(서정혜, 심정자, 김태호, 이명주, 박성락, 조갑조, 주원규 시인들이 고개 숙여 울며 명복을 빌었다.) 들을 박성락 시인이 앞장서서 추진하였다.

향년 64세, 너무 이른, 너무 안타까운 이별이 아닐 수 없다. 벌써 10주기를 맞는다. 그를 아끼고 사모하는 제자(이기애 시인이 심혈을 기울여 지도하던 시학교실 '시 아름다운 세상')들이 이구동성으로 뜻을 모아 그의 글 모두를 찾아 엮어 『이기애 시 전집』을 제작하여 그의 10주기에 맞춰 헌정해 드리자 하였다.

시비를 세웠을 때도 우리 문단에서 '예삿일이 아닌 아름다운 일'이라 했었는데, 그의 시가 인구에 회자膾炙되기를 염원하며 정성을 다하는 이 전집 헌정작업도 '보통 이루기 어려운 아름다운 일'이 아니겠는지, 이 일이 잘 되기를 바라며 뜻을 모으는 제자, 친지, 유족들께 손을 모아 고마움을 표하며, 삼가 고인의 명복을 빈다.

2020년 1월 31일

## ■ 차례



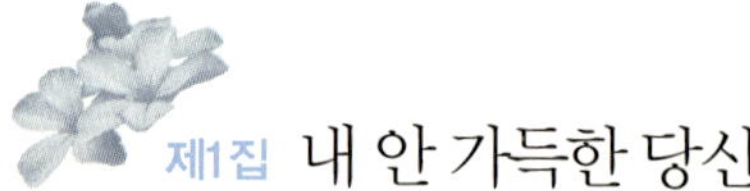

## 제1집 내 안 가득한 당신

### 제1부 먼 빛으로 꽃 피우는



### 제2부 이슬 한 방울이 몸을 열어

## 3부 벽화 속에는 당신 들판이 있습니다



## 제4부 푸르게 만나요

## 제2집 해가 기우는 쪽으로 머리를 두다

### 1부 수자골 보리메기 연가



### 제2부 어둡고 쓸쓸한 자유

## 제3부 흐릿한 불빛 손에 쥐어 주다



## 제4부 우리는 흐릅니다

## 제3집 흔들리는 것은 바람 탓이 아니다

### 1부 사루비아 씨를 받으며



### 제2부 이파리 땅에 묻으며

## 제3부 돌 속에 피는 꽃



## 제4부 거짓도 썩어 거름이 되는

## 제4집 오늘을 선물한다

### 제1부 다시 시작하자



### 제2부 사랑의 힘으로

## 제3부 마음이 먼저 햇살입니다

# 제5집 나무나라

## 제1부 나는 지금 면벽 중이다



## 제2부 붉나무 등피에 불을 놓습니다

## 제3부 그리운 내일입니다

## 투병 유고 시

## 부 록

### 평론

## 남기고 싶은 흔적



## 시인에게 전하고 싶은 글

## 제1집

# 내 안 가득한 당신

## □ 自序

잃어버린 것이 많은 계절의 한가운데에서
하얀 눈으로 상처를 싸맨 겨울 나무처럼
삶의 아픈 부분들을 껴안으며
그 흔적들을 모아 본 것이 미흡하나마
한 권 시집으로 엮이게 되었습니다.
여기 수록된 시편들은
지난 어두운 시간의 그루터기를 밝힌
촛불과 같은 것입니다.
내 안 가득 차오르는 느낌들의 무게와 목소리
그 빛깔 하나하나를 만나기 위하여
살과 피를 사루어 끊임없이
시의 심지에 불을 당기는 이 일을
나는 멈출 수가 없습니다.

1991.12. 겨울
이기애

# 제1부 먼 빛으로 꽃 피우는

# 제비꽃 수자골

당신은
하늘이 내려와 담긴
제비꽃 언덕에 있습니다.

그곳에서
시오리 뱃길을 돌아 나온 바람이
한 잎씩 꺾어 던진 어린 날을
가만가만 눕히며 멀어져 가는
스무 살 물 소리가 됩니다.

언덕이 헐리던 날
제비꽃 뿌리 뽑혀 흩어지고
시간 저편에서 들려오는 다듬이 소리
달빛 줍던 발자국 소리
스무 해 전 물 소리가 들려옵니다.

물 소리마다 피어나는 제비꽃 수자골
당신은 지금
꽃잎으로 떠오릅니다.

## 내 꿈도 이제 갈 때가 없습니다

- 황여새 · 1

숲이 헐리던 날
둥우리 기웃거리는 황여새를 만났습니다.
새와 내가
뿌리 없는 세상을
해종일 넘나들었습니다.
둥우리 흔들던 그 저녁 불빛
전설처럼 흘러내릴 때
가만히 걸어 나가는 지상의 둥우리 하나
반짝이는 별 되어 하늘에 걸립니다.
머리보다 높은 도가머리가
쓸쓸한 황여새
상처를 동여매어 더욱 무거운 내 잠 속으로 들어와
갈 때 없는 세월, 부려 놓습니다.

내 꿈도 이제 갈 때가 없습니다.

## 먼 빛으로도 꽃 피우는

-황여새 · 2

새여,
조용히 차오르는 푸른 기운으로
마른 너의 부리가 촉촉히 젖어들 때까지
문명의 기름 냄새를 씻어 내며
구부러지는 햇살에 닿아가는 풀잎, 긴 목덜미가
휘어져 더욱 아름다운가,
먼 빛으로도 꽃 피우는 것은
해바라기하는 그 마음이 아니라
숲으로 돌아가려는 약속일 뿐입니다.
새여,
동족의 순한 자유가 깃든 곳으로
나지막이 이어 나르는 너의 날개를 바라보며
남은 내 시간을 생각하고 싶다.

## 내 안 가득한 당신·1
-남편

당신이 그린 그림 속에 나의 길이 갇혀 있습니다.

# 내 안 가득한 당신 ·2

내 안 가득한
당신 무게를 견디지 못하여
허물어져 밀려난 나는
발자국 속으로 들어갑니다.

발자국 속에 갇혀 있던 길 풀려 나와
지는 햇살 사이로 둥둥 떠다니고
피노을 저며 넣은 자갈돌 한 개
첫 별이 되어
표적처럼 허공에 매달립니다.

내 안 가득한
당신 무게를 견디지 못하여
내 안에서 내가 죽어가는 세상.
죄만 남아 천둥 번개 아래 캄캄하게 서 있습니다.

# 내 안 가득한 당신 ·3

-바람과 시

가슴을 열어놓은 채
시와 만나
정신없이 드나들다가
실핏줄 적셔 흐르는 정감이며
내 상징의 순수한 살빛까지 앗기고 말았습니다.

(시든 꽃잎 몇 개만 뜯어 냈어요.
아직 대궁 속에는 푸른 향기 남아 있네요.
또 올게요.)

팔랑 날아가 버리는 바람 한 줄기

문틈, 창틈, 말과 생각, 틈이란 모두
속옷을 입고 지퍼를 올리고 단추를 채우고
손가락 발가락 관절 마디마디 끌어안았습니다.

어느 틈으로 바람이 새어 들었는지
내 안 가득한
당신, 어지럽게 펄럭입니다.

# 내 안 가득한 당신 ·4

-비와 사랑

병이 깊었습니다.

저물녘이면
매운 바람줄기
소름 돋은 정맥이 보입니다.

아침이면
밤 내내 어둠에 물어뜯긴 하늘
일제히 쏟아 내는 흰 눈물입니다.

온종일
자동차 바퀴에 깔려
옆구리가 터져 나와 펄럭이는 거리를 걸어가는 사람들
가슴이 없습니다.

슬픔이란 슬픔 모두 내 눈에 들어와
나는, 비가 되어 내립니다.

# 내 안 가득한 당신 · 5

-어름꽃 · 1

부서지고 싶어요, 한 순간에
내 안 가득한
당신, 조각조각 깨뜨리고 싶어요.
새하얀 심장을 관통하는 눈빛과, 전신을 파고드는
차디찬 눈금을 보면
혼자서도 타오르는 불꽃이 되고 싶어요.
완전한 소멸을 위하여
죽을 때까지 흘려야 할 눈물 속에 갇혀 있어요.

# 내 안 가득한 당신 ·6

-어름꽃 · 2

녹아 내려요, 줄기줄기 다가오던 사랑
투명한 이파리마다
젊은 날 등 푸른 파도 번쩍이네요.
돌아보면
내 안 가득한 당신, 그대로 바다가 되지만
향기는 이미 세상 밖으로 흘러가, 땅에 묻어야 할
슬픔은 없어요.
끝과 시작이 한 방울 눈물 속에 녹아 내려요.

# 내 안 가득한 당신 · 7

-목관 악기

잠들 수 없어
뼈에 구멍을 내 창을 만들고
나이테 안에 사는 바람 내다 버립니다.
태어날 때부터 목숨 흔들던 바람
상처에 꽃잎을 붙이며 하얗게 떠나가
그 밤에 잠든 산 하나
내 안 가득 울음으로 돌아옵니다.
울음 없이 살 수 없어
스스로 뼈를 잘라 세상 한쪽을 열고
어둠 너머 멀리 울음을 풀어 보냅니다.

# 내 안 가득한 당신 · 8

-노을이 되어

살 속 흐르는 피 더욱 뜨거워지는 저물녘
붉은 구름 터트리는 노을이 되어.
그대에게 스미고 싶다.

자꾸만 목이 타는 잎새들 빛살, 벗어 버리고 싶다.
뼈 속에 사는 바람, 내다 버리고 싶다.

시뻘겋게 시뻘겋게 살을 태우는, 그대 뿌리에 스며들어
캄캄하게 지워지고 싶다.

# 내 안 가득한 당신 ·9

-술을 마시며

먼 바다처럼 아득하여 등 돌리고 싶었던 세상
술잔 가득 출렁입니다.

숭숭 뚫어진 시간, 그물망 사이로
온몸 저미며 지나가는 나날의 파도 소리

죽도록 키 재기를 하던 섬, 비틀비틀 내려앉고
물기둥 세우며 돌아오는 물결, 어두운 끝에서
잠시 반짝이다 거품처럼 사라지는 그대,

그대와 술을 마십니다.

# 내 안 가득한 당신 · 10

-사랑, 갈참나무

이슬이 터질 때부터
갈참나무는 제 가지의 높이를 부수고 있었습니다.

땅 속에서도 목이 마른 뿌리가 어느
깊어가는 별, 빛을 끌어당겨
그 빛 가 닿는 곳에서
세상 모든 빛과 만나 이어지고 있을 때
스스로 등을 굽힌 순한 줄기는 꿈에 젖은 수액을 뿜어
그 푸른 그늘 넓히고 있었습니다.

내가 흔들리고 있을 때
바람은 언제나 언덕에서 불어와
잎이 지기 시작한 땅 끝까지
사랑한다, 사랑한다, 푸른 금을 그었습니다.

이슬이 터질 때부터
갈참나무 푸른 그늘 짙어지듯
내 안의 언덕 하나 짙어지고 있었습니다.

# 내 안 가득한 당신 · 11

-선물

바다 몇 평
아직 내 머릿속을 출렁이고 있습니다.

내가 잠을 잘라 내어, 조금씩 기워 입은 시간을 걸치고
불빛 속을 흘러가고 있을 때
몸을 흔들며 까르르 웃던 해초들 머리카락 사이로
지느러미 튼튼한 물고기가 돌아오는
그 길을 보여주었습니다.

햇살에 찔려, 자주 멀미 앓으며
무릎 꺾일 때
내 안에서 나를 일으켜 세우는
그 파도 소리를 들었습니다.

파도를 열고, 잠겨 있던 섬 하나씩 솟아오르면
나는 더 멀리 흘러가지 않아도
내 눈의 높이로 반짝여 주는, 그 섬들이
당신 선물임을 알 수 있습니다.

# 내 안 가득한 당신 · 12

-길

당신과 나는 가랑잎으로 떨어졌습니다.
겨울 끝으로 밀렸습니다.
그곳에는 눈 덮인 길을 거느린 시간의 군단이
사열하고 있었습니다.
당신과 내가 찍어 놓은 발자국이 별이 되어 박히는
하늘이 보일 때까지 줄을 맞추어
조금씩 행진을 시작했습니다.

## 내 안 가득한 당신 ·13

-당신에게서

당신에게서 햇빛과 달빛과 별빛 보입니다.
당신에게서 천둥소리 바람소리 물 소리 들립니다.
겨우내 당신은 어둠을 수액으로 바꾸어
줄기와 가지, 뻗어 나와 생명의 이파리로 자랍니다.
그 이파리에서 푸른 목소리가 열리고
당신의 손가락 실핏줄 하나하나마다 바쁘게 두근거리는
나의 우주가 보입니다.

## 제2부 이슬 한 방울이 몸을 열어

## 하얀 평화를

-눈 · 1

당신은 과거로 가는 시간을 찍어 냅니다.
추억의 흰나비 날아와 날개를 포갭니다.
당신은 바람에 갇혀 바람 소리로 떠돌다
하늘이 되어 낮아지고 낮아진 하늘 토막 난 길이 되어
태어납니다.
당신은 모든 길을 가슴과 가슴으로 이으며
하얀 평화를 뿌립니다.

## 파묻힌 땅, 파묻힌 생각을

-눈 · 2

자주 나를 잠궈 놓던
그 빡빡한 시간의 열쇠도 버리고
철새들의 빈 둥우리마다 등불을 켜
내일이 잘 보이는 창을 내어도
끊어지는 숨결
얼어붙는 무릎의 무게로 나는
조금씩 바다 쪽으로 기울어지고 있어

잎들의 삶을 내다 버리며 비탈의 이마를 깨어 부수며
우 - 우 세상 바람 한꺼번에 몰려와
내 창의 등불을 남김없이 꺼뜨려
이 캄캄한 머리로 나는
잠들 수가 없다네

그러나 언젠가는 알 수 있을 거야
그대 기억 속에 갇힌 나의 아름다움이
숲 전체를 눈의 왕국으로 그릴 때
파묻힌 땅 파묻힌 생각을 뿌리째 뽑아 올린 그 가지 위에
전부 내어다 걸어 놓은
저 푸른 별들의 비밀을.

# 벼랑 아래 세상

-눈 · 3

슬픈 기운 다 빠져 나가면
벼랑 아래 세상, 무섭지 않아요.

높이에만 매달리는 키의 눈금 낮추고
밟아야만 일어서는
수직형 발목 자릅니다.

나의 죄도 가볍게 떨어져 눈송이처럼,
그대 가슴 가슴 닿아 하얀 수평으로
잘려 나간 시간 이으며 누울 수 있겠지요.

# 반죽을 하며

딱 한 컵의 물로
내 감각 전부를 반죽해 낼 수 있을까

어둡고 무거운 생각은 가루로 만들고
펄펄 뛰는 아픔은 으스러뜨려
뼛속 저 늪지의 시간까지
말랑말랑하게 만들고 싶다.

이미 오래 전에 딱딱한 껍질을 버렸으니
스쳐가는 슬픔에도 나는 온 몸이 젖는다.

내 하얀 감성의 덩어리는
피멍울로 돌아온 날들도 고스란히 섞어
고통을 부풀리며 구어 낸
뜨거운 빵이고 싶다.

편식의 이빨이 함부로 깨물어도
한 조각 따뜻한 꿈이고 싶다.

# 슬픔 한 덩이

-돌 · 1

슬픔 한 덩이 꼭꼭 여미겠습니다.

# 깊은 강 하나 건너온 얼굴

-돌 · 2

온종일
해를 붙들고 달아오르다가
저물녘엔
깊은 강 하나 건너온 얼굴로
산그늘에 파묻힙니다.

## 먼 우뢰에도 살이 터지는

-돌 · 3

겨우내 죽은 벌레와 썩은 풀씨를 껴안으며 다시,
그 끝에 서 있어

순간순간이 허물어질 때마다
향기와 빛깔을 거두어 가버려
머리가 점점 비어 가지만
오랫동안 기다려온 무게에 갇혀, 도저히
움직일 수 없어

먼 우뢰에도 살이 터지는 물 소리 사이로
뿌리내리지 못한 목숨 꺾어 보내는 뼈와 살
잠시 꽃잎으로 떠오르던 시간 아프게 새겨 넣으며
다시, 그 시작에 서 있어.

# 점 하나의 무게

-돌 · 4

점 하나로 굳었다.

까만 점 하나로
뿌리가 굳어가는 날풀들 몸을 눌렀다.

흐르는 소리 날으는 소리
눈이며 귀며 목소리
새어 나오지 못하게 누르고 눌렀다.

다만 점 하나의 무게로

# 어느 목마른 돌들이 깨어나는지

-돌 · 5

굳어가는 흙의 눈꺼풀 사이에서
잠시 빛의 기둥을 세우며
속이 빈 돌들이 자꾸만 집을 짓는다.

그 위로 그 아래로
다가오던 강줄기가 바람으로 스쳐 가 버리고
작은 울림에도 잎새를 껴안으며 엉키는
풀들의 뿌리가 자라고 있어

어느 목마른 돌들이 깨어나는지
더욱 빽빽하여
그 속을 알 수가 없다.

# 이슬 한 방울에 몸을 열어

-돌 · 6

꿈이 번쩍이는 잠의 물살을 남김없이 흘려보냈습니다.

빈 계곡이 긴 혓바닥 드러 내면
돌가시나무 그림자를 감고
마른 먼지 세상을 뒹굴었습니다.

갈증으로 부풀어 오른 살갗이 찢어졌습니다.
이슬 한 방울에 몸을 열었습니다.

# 새벽 심줄을 당기고 있어

-돌 · 7

지독한 어둠이었어,

발을 헛딛기 시작하면서
돌멩이 잠을 밟아 버렸어,

덜컹거리는 바람 손가락 칼날 번뜩일 때
거꾸로 자란 혀가 잘리고 말아
쏟아지는 말, 안으로 걸어 잠궜어,

뒤집어진 심장이 다시 뒤집혔어,

시간에 잇금을 내며 문고리마다 푸른 녹 묻어나는
새벽 심줄을 당기고 있어.

## 부싯돌이 태어난다

-돌 · 8

누군가의 욕심으로 숲이 지워지고
흩어지는 초록의 빛살들

눈을 뜨고 달리는 물살의 힘을 보며
샛강 바닥에 누워 있는 나무들

그 가지가 구부러지며 불이 붙어, 젖은 몸 서로 부비며
불이 붙어

어느 먼 기슭 캄캄한 아궁이에
부싯돌이 태어난다.

# 눈만 뜨고 있습니다

-돌 · 9

어두운 물살 털어 내는 잔돌들의 새벽을 봅니다.

아찔한 높이를 구르며 부스러진 곳곳의 상처
말끔히 씻어 내는 물의 흰 손을 봅니다

바쁘게 지나가 버리는 햇살들
안으로 쌓이는 내 쓸쓸한 무게에
그림자를 보태고 갑니다.

눈만 뜨고 있습니다, 나는

# 제 3부 벽화 속에는 당신 들판이 있습니다

## 흐르고 싶다

-섬 · 1

떠나고 싶다.

깊이를 알 수 없는 그대에게 잡힌 발목이며
물 얕은 곳에서
가끔 햇살에 상처를 말리는
아직 하얀 어깨뼈, 파들파들 떨리는 날
가슴 가득 바람인 나를 풀어, 썰물 멀리 흐르고 싶다.

# 그대, 운명처럼

-섬 · 2

희망은 눈빛 가 닿는 곳에서 언제나
수평선을 그었지만
목마른 파도 밀려올 때마다 삶이 거덜나
하루하루 부푸는 물살 바라보며
끊임없이 굽이치는 그대, 운명처럼
떠 있습니다.

## 나의 끝이 그어진 수평선에서부터
-섬 · 3

어둠 속에서는 별을 낳아 기르고
빛이 쏟아지면 빗살무늬 결 따라
스며 흐르는 바다가 되어
갈기를 세운 어떤 바람보다 앞질러 가서
이미 잠들어 버린 그대
다시 한 번 흔들어 깨울 수 있을까,

아득하게 잠기어 있다.
언제나 무심히 떠 있어야 했다.

아프게 잘라 낸 내 크고 작은 생각의 덩어리가
방파제로 쌓인다면
갈매새들은 그 날의 노을을 찍어 내며
조용히 날개를 접거나
혹은 파도의 노여움 나누어 물고
아직 칼금 번뜩이는 모래톱 위로 저물도록
날아오를 수 있을까,

나의 끝이 그어진 수평선에서부터 다시 시작하는
바다가 되어야겠다.

# 섬이 되어

-섬 · 4

섬이 되겠습니다.
섬이 되어
어느새 뒷모습인 그대
보내겠습니다.
밤마다 불을 꿈꾼 죄,
뜨겁게 달아 오른 불바다 갇혀
가슴 아래 무덤인
섬이 되겠습니다.

# 날개 ·1

내가 비상을 서두를 때
너는 부러진 시간이었다.

# 날개 ·2

나의 하루는
너를 위한 몸짓이다.

그리움 산  하나 삼키고
들판을 가로지르며
너를 향한다.

어둠의 깃털이 찢어진다.

찢어진 깃털
하얗게 흔들리는 시간은
너에게 닿아 가려는 마음
깊이를 더한다.

## 날개 ·3

어두움을 버린다 매듭을 풀고 날아 오른다.
나의 날개는 마침내 빛이 된다.

# 겨울 나무

겨울 나무입니다.

하얀 눈으로 상처를 싸매고
서 있습니다.

당신의 열기
당신의 눈빛으로 솟아오르던 그 자리에서
빙결의 아픔을 삼키고 있습니다.

한 해의 등어리를 붉게 태우던 잎새들
캄캄하게 잠들고
바람과 시간이 마른 가지에 부딪히면
어둠을 마시는
달빛으로 귀만 엽니다.

뿌리와 뿌리가 수런거리는 소리
짓밟힌 들풀들이 서로의 체온을 나누는 소리
모든 소리들을 하나씩 헤아리는
깊은 그 숨소리

겨울 나무로 있어봐야 알 일입니다.

# 겨울, 어린이 놀이터

얼음꽃 피어 있는 창가에 선다.

꼬맹이들 버리고 간 웃음소리 더듬는 놀이터엔
가는 햇살이 그리움처럼 매달리고
얼마간은 눈을 이고 또는 맨 몸을 드러낸 채
긴 동면을 견디는 모래밭

언 땅을 일구어 올 봄은 저만큼 먼데
세월의 성에를 닦아 내리는 바람 한 줄기
몸부림을 남긴다.

어쩌다 찾아온 고사리 손, 쇠줄의 차가움에 쫓겨나
토라져 가는 작은 등 뒤로
댕그라니 남은
겨울 그네

흔들리는 제 그림자를 줍는다.

# 겨울이 끝나는 강

달빛이 풀리고
달빛인 물 소리 돌아오고 있다.

날카로운 부리로
물 소리 속 어두움을 찍어 내는
나의 새

몸을 풀고 오는 안개와 몸을 섞으며
흘러가는 강

햇덩어리 물어 올리고 있다.

# 오늘은 내가 화분이 된다

상한 흙을 털어 내고 들여다보았다.

자잘한 실뿌리들 오들오들 떨면서
서로 뼈 사이에 엉키고 있었다.

그 뿌리 하나 꺼내 보았다.

지난 어두웠던 날들
구부러진 등뼈에 슬픔으로 번지고
욕망을 키우는 벌레들 실금 긋는 관절마다 피고름 맺혀
밑뿌리 온통 사무쳐 있었다.

오늘은 내가 화분이 된다

짓눌린 마디 하나하나 곧게 펴 담고
신경을 찌르는 첫 햇살과 아픈 살에 흐르는 눈물을 섞어
흙으로 가득 채웠다.

순순히 받아들인 사랑으로 나를 뚫고 솟구치는 잎새들
대궁 속 깊이 태양을 터트리고 있다.

## 벽화 속에는 당신 들판이 있습니다

벽화 속에는 한 생애 꿈을 떠받치고 있는 당신, 들판이 있습니다. 연줄을 물고 날아오르는 새떼, 구름떼, 어린 날 손때가 묻어나고 깨금발로 뛰어다닌 고샅이 돌아와 칭칭 감깁니다. 밤마다 꿈을 당겨, 심어놓은 마음 별이 되어 하나, 둘 지난 날 등불을 켜면 매듭 많은 내 삶이 한꺼번에 달려와 쓰러져 눕고 들풀들 일제히 깨어나 뿌리마다 불을 달고 빛 푸른 바람을 풀어 냅니다. 아직 그리움인 당신이 어둡게 잠겨 있는 시간의 나를 열고 내 떠도는 발자국을 가만가만 거두어들이는 벽화 속에는 당신 들판이 있습니다.

## 제 4부 푸르게 만나요

## 바람 · 1

날을 세우며 달려와 목소리를 높이지만
나의 시간은 아직
마른 가지로 남아 있다.

지난 밤 가지치기한 팔과 다리는
꿈의 눈금을 그으며
잘려 나간 아픔을 새김질한다.

손가락 사이로 빠져 나가는 너와
뿌리 내리지 못하는 나
이리저리 흔들리며 위태롭게 서 있다가
겨울 내내
출구를 찾아 헤매던
고열의 말
기침으로 쏟아 내고 있다.

# 바람 ·2

나는 너에게 덜미가 잡혀 끌려 다녔다.
끌려가면서
무거운 신발을 벗어 던지고
때묻은 가슴을 비워 냈다.

때로 나는
너를 끌고 다닌다.
너는 끌려 오면서
나의 씨를 뿌린다.
씨앗은 하늘에 박혀
빛의 초록을 낳는다.

공기보다 먼지보다 가벼워져서
바다에 버려진 꿈조각까지
초록의 시간으로 만드는
나는
바람이다.

# 겨울산

어둠보다 더 어둡게 가라앉는다네

붉고 푸른 손으로
나날의 가지를 흔들던 바람을 불러들인다네

귀가 여린 정수리에서
지키지 못한 약속 무성한, 눈길 무거운 갈피까지
웃자란 이파리 깡그리 떨구어
사방으로 발을 뻗는 어린 뿌리를
이제는 전부 덮어야 한다네

산머리 하얀 산맥을 베고 누워
녹색 풀을 낳던 골짜기
뼈대가 드러나고
안으로만 떨어지는 돌멩이, 정직한 무게가
골 깊은 계곡 어딘가 곤두박혀
자주 매운 안개에 갇히고 있다네

흙의 자궁 속에는
샘물이 언제나 양수처럼 고여 있어
무수히 죽어가는 것들 기다림 질긴

뿌리 끝에 그 물줄기 닿아 있어,
캄캄하게 버림받은 세상 모두를
젖줄 뜨거운 가슴으로 끌어안으며

어둠보다 더 어둡게 가라앉는다네.

# 아무 일도 없었다

풀잎이 떨어진 별 하나
밤새 뒤척이다
빛이 되어 돌아갔다.

풀들은 밟힌 그 자리에서
다시 일어나
고개를 살랑살랑 흔들었다.

아무 일도 없었다.

니의 시간은 이슬이 되어 모인다.
이슬 속에 별이 빛나고
별빛 속에 풀들이
납작납작 엎드리며 자란다.

뿌리의 그 뿌리 내림을 위하여.

## 사막행

여기저기 뒹굴고 있는 발자국을 본다.
뒤꿈치가 잘려나간 것
발가락이 구부러진 것
가시가 박힌 것들이 신음으로 엉키고 있다.

금방 불을 일구는 피의 시간을 본다.
끓어오름이며 젖어듦이며
솟구침이며 싸늘함이 순간순간 걸러져
어디론가 떠나가고 있다.

작은 바람에도 추위를 타는 몸을 본다.
눈물을 뽑아낸 살이며
비워 낸 창자며 힘줄
매듭이 진 마디 하나하나가
캄캄한 잠의 덩어리로 또글또글 뭉쳐지고 있었다.

그 잠의 모래 속에 잠긴 길 하나
또렷한 햇살로 떠오를 때까지
나는 내 안의 캄캄한 사막을 다시 밟으며 걸어간다.

## 뿌리이게 하소서

뿌리 잠기는 그대 깊이, 머물게 하소서

우리가 숲이였을 때, 눈을 뜨면
맨살 적시던 푸른 이슬, 희디흰 웃음 방울방울 터트려도
그대
높이 흘러가게 하소서

하늘 뒤집으며 불던 바람, 오래된 상처 건드려도
헛잎이나 헛꽃 피어나지 않게 하시고
햇살 끝에 매달려 흐느적이며 부푸는 시간
조용히 가라앉혀, 떠오르는 길 모두 물살 되어 흘러가도
무심히
멈추어선 그대로 바라보게 하소서

바라보면 멀리
강을 키워 보내는 그대 가슴, 그 넓이가 모두
뿌리이게 하소서.

# 엄마의 다림질

아침마다
새순 푸르게 자라는 아이
옷이 되어
단추 구멍 속으로 꿈을 달고
터져나온 솔기솔기 햇살을 뿌리며
밤새 구겨진 세상을 폅니다.

# 빨래를 하며

여기
마흔의 세월에 조각배를 띄운다.

어머니의 마흔은
우물에서 하얀 인내를 담아 올리셨고
할머님의 마흔은
동네 밖 개울에서, 빛바랜
그리움 풀어 내셨을 게야…

세탁기 울음소리에서
가신님늘 방방이 소리 건지는
나의 마흔은

감겨 오르는 거품의 시간 씻어 버리고
새로운 하늘을 향하여 한 줄, 두 줄
눈부시게 널린다.

## 지화상

나뭇잎 하나
껍질만 남았다.

제 마음의 가닥을
마디가 많은 가지에 묶었다.

나뭇잎이 계속 흔들렸다.

그 흔들림으로
산이 무너지고 가지가 꺾였다.

꺾인 가지를
하늘 멀리 내던졌다.

어둠이 오자
하늘에 등불이 밝혀졌다.

등불 속에 별이 된
마음이 보였다.

# 갈증

산 하나를 밟고 섰다.

겨우내 불을 일구던 뿌리
굵은 허리로
몸부림을 삭이던 여름날의 둥치
가을 들녘을
미친 듯 헤매이던 버림의 이파리
살속 바람으로 바삭바삭

산 하나를 태워 버렸다.

## 하늘 가까이

-산에 오르며 · 1

키 큰 가지 끝에 걸려 있는 구름
생각에 잠겨 있고
마음 하나 지고 온 바람에는
山寺의 經소리 담긴다

계곡 무겁게 남아 있던 안개가 經소리로 깨어나
하늘 가까이 바람과 섞이며
山에 오른다.

## 영애 언니

-산에 오르며 · 2

구름길 푸른 골짜기 관악 줄기에 흐르는 듯 서 있는 바위산 하나, 갈래머리 땋아 내리고 나를 기다리던 영애 언니 닮았습니다. 천둥 번개 지나갈 때마다 사무친 세월 허물어 이승으로 보내고 생의 저편에 스민 뿌리로 골 깊이 새파란 풀이끼 키우며 스무 해 전으로 나를 맞이하고 있습니다. 가만히 다가서 몸 기대면, 온몸 가득 바람꽃 피워 더운 숨 서늘히 식혀 주는 생전의 푸릇한 목소리 들립니다. 철 따라 변해 가는 잎새들 세상, 내용을 잃어버린 꿈처럼 터질 듯 펄럭이는 내 막막함을 견고한 정수리로 내려 누르며 무심한 듯, 무심한 듯 서 있습니다.

# 어머니 비둘기 날리다

내일, 푸른 비로 내릴
아들 이름을 비둘기 발목에 매어 달고 있다.
더 깊은 절망을 위하여
깨어진 병조각 찢어진 현수막 위로,
하얀 사과탄 터지는 거리에서.

## 거리로, 거리로

여기저기 튀어나온 문고리들
소라 고둥 사이에 박혀 있었습니다.

해초들은
긴 머리카락을 잘라
수압에 갇혀 있던 허벅지를 내놓았습니다.

물속에는
바닥이 하얗게 들려 있는
방이 보입니다.

거리로, 거리로 밀려오는 파도
가슴이 터져 있었습니다.

## 작업장의 오후

계절의 먼지가
귓속에 저려 있는
작업장

시간이 묶여있다.

바람의 일손들
일당 팔천 원의 노동을
켜켜이 쌓으면
하얗게 질린 벽이
입을 다문 채 지켜본다.

십년
이곳을 헤매인 성길네
아직 지우지 못한 날빛웃음
물질 잘 하던 팔뚝은
고향 뼅밭처럼 금이 가고
절룩거리며 끌고 온 가난
그 날의 파도가 묻어 있다.

스쳐가는

몇 줄기 빛으로
지친 눈을 닦아 내면.
아들아이 닳아버린 운동화가 흔들리는
시간은
시퍼런 밧줄의
얼굴이다.

# 길을 묻습니다

스쳐 가는 신기루처럼 헛것뿐이라구,

지금 헉, 헉 찾아가는 이 길
버리라구,

손바닥 발바닥 기어 다녀도 세상
배 터지게 살라구,

생각의 나사를
풀어 버리고, 헛도는 바퀴가 되어 돌고 돌아
돌아온

당신에게 길을 묻습니다.

## 드라이플라워 스타치스

거꾸로 자란 이빨, 번개를 깨물고 있어

바싹 타버린 가시목으로
지나가는 바람, 찌르고 찌르며
몸 속 피를 바꾸고 있어

잘려 나간 뿌리는 잊어버린 채
물구나무 선 세상을 보면
하늘은 온통 뿌리로 엉켜 있고
대이니는 것들, 무덤이 보여

건드리지 말아
눈을 뜬 채 부서지고 있어.

## 봄이 오는 소리

우리의 꿈은 피어나고 있습니다.

가슴과 가슴을 열고
서로를 맞이하고 있습니다.

우리는
한 알 밀알이고자 합니다.
어둠을 일구어내는 시간의 빛이고자 합니다.
세월의 그루터기마다 새순이 돋고
남새밭 머리에는 봄풀이 솟구칩니다.
그 목숨의 향기로 우리는 피돌기를 합니다.

봄이 오는 소리에 귀를 열고
지혜의 손길, 사랑의 눈길, 씨를 뿌리는
우리의 꿈은 피어나고 있습니다.

## 석류의 계절에

결실의 집 한 채 짓기로 했습니다.

봄부터 그리움 피워올린 잎새들 마음으로
서로 힘을 모아 기둥을 세우고
살며시 뼈를 다져서 만든
벽돌을 쌓으렵니다.

강물처럼
깊이 흘러가는 우리 사랑으로 벽지를 바르고
그 벽에는, 꿈과 추억의 시간
걸어 두겠습니다.

햇빛이 일구어 놓은 뜨락에 별빛은 꽃씨를 뿌리고
달빛은 나무를 자라게 할 겁니다.

봄부터 땀 흘려온 마음의 가지 위에 주렁주렁 열리는
향기로운 언어
우리는 이제, 결실의 집 한 채 짓기로 했습니다.

# 이 나무는

이 나무는
우리가 마주 잡는 손에서만 자란다.

더운 눈빛 모이는 순간, 순간
더 멀리 뻗어 나가
안으로 구부러진 줄기 사이로
둥그런 잎사귀를 키운다.

이 나무는
그늘 푸른 사람들 그늘을 넓혀
서로 나누는 목소리 속으로
따뜻한 수액을 뿜어
가슴이 환한 꽃송이를 피워 올린다.

꽃송이마다 열리는 그 정신의 빛줄기
세상 모든 빛과 만나 이어지고
이어지는 곳에서 확신의 뿌리를 내리는
이 나무는
우리가 마주 잡은 손에서만 자란다.

# 이끼 가족

구석으로만 쫓겨 다녔다.
서로 엉키며 녹색 빛을 꿈꾸던 살과 피
그 눈빛이 더듬던 매운 안개

하얀 거품과 춤추어선 안 돼,
햇살 껴안고 가라앉으면 안 돼,

구석으로만 쫓겨 다닌 팔이며 다리
시퍼렇게 독이 올랐다.

흐름의 끝까지 가야 한다.
등 부칠 바위 하나 만나야 한다.

손 꼭꼭 잡으며, 물살 흔들어 보내며.

## 푸르게 만나요

-한강

우리 푸르게 만나요.

어둠에 묶여있는 물꼬를 트고
가난한 잠을 흔들어 깨우는 물 소리
바닥에 머리를 부딪치면, 깨어지는 기억 뿜어내는
서러운 날 물안개 보여요.

굳게 믿었던 곳에서 맨살 찢겨도
아픈 상처마다 물비늘 떠올리며
우리가 세상 끝이라 여겼던
수평 그 너머로 흘러요.

물결 조각조각 떨어지는 빛살을 물고
부서져 돌아오는 물방울 삶,
기슭을 하얗게 뒤집어 놓아도
햇살에 찔린 팔이며 다리 솟구치는 순간
허물어져 밀려나도
멈추지 말아요.

잦은 체증에 발목 묶여, 오랫동안 가슴 무겁던
물굽이 어지러운 시간을 씻어 내며

깊이를 다하여 둥글게 흐르다

우리 푸르게 만나요.

**제2집**

# 해가 기우는 쪽으로 머리를 두다

□ 시인의 말

나의 시속에는 빈혈을 앓으며 갈증에 시달리던 사춘기와 아버지 몰래 내다 버린 노란 가루약이 탱자나무가시에 찔려 반짝이던 뒤뜰이 있고 세월의 허기를 씻어 내듯 그득그득 퍼올려 쏟아붓던 어머니 두레박과 깊이를 알 수 없는 우물이 있다.

살을 찢는 포성과 치솟는 불길 바라보며 언니의 등에 업혀 떨고 있을 때나 길을 버리고 같을 찾아 헤매고 있을 때나, 임종을 지키던 작은 손에 꼭 쥐여주던 할머니 달빛이 있어 윤곽이 뚜렷한 조선 기와집으로 타박타박 돌아가는 꿈 길 내 발자국이 환했다.

대낮, 어지러운 햇살 아래선 눈을 뜰 수 없었던 기억들이 달맞이꽃 피어나듯 하나둘 고개 들어올리는 밤이면 아직 피를 벗지 못하고 저벅저벅 걸어 나오는 분단의 땅으로 떠도는 영혼은 모여들어, 한 영혼이 한 영혼을 만나 한세상 뚝 떼어 주며 갚아야 할 절절한 분위기가 무리친다.

죽음은 삶의 끝이 아니라 죽음을 통하여 삶을 마감하려는 과정일 뿐이며 내가 죽어도 내 영혼이 태어나기 전처럼 살아 있다 한들 또 어떤 절대의 순간에 놓여 있다한들 모든 상황이 다 온전할 수 있겠는가, 다만 치열한 정신으로 존재하는 나를 인식하고 그 나를 찾아가는 시간 속에서 절정을 살 듯 시를 쓴다.

목숨 이전의 나와 목숨 이후의 내가 만나 한때 내것이었던 삶을 환상처럼 바라보듯 끊임없는 둘레가 되어 이어지는 나의 시는 내가 속해 있는 시대의 상처와 편린들을 고스란히 끌어안으며 해가 기우는 쪽으로 머리를 둔다.

2000년 겨울

이 기 애

# 제1부 수자골 보리메기 연가

# 갈두초소

땅끝 마을에 와서 땅끝이란 팻말과 만나네, 쉼표처럼 앉아 있는 섬 그 섬들 데리고 나보다 먼저 그대 와 있네

가슴 가득 사막을 삼키며 삐뚤삐뚤 삐어져 나오는 바위톱 황량한 바람 소리 옆구리에 끼고 있네, 바싹 부스러지는 내 안의 소리, 소리들… 눈물이 나네

이제 그만 용서하라고 달마산 벗은 봉우리 바라보며 키를 줄이는 조선 소나무 그 날의 시작처럼 시퍼런 잎새 보이네

보길도 가는 뱃머리 톡톡 튀는 수평선 물고 날아오르는 뭍새들 자꾸만 길을 재촉하네, 나는 또 그대를 놓치네

## 낙엽 썩는 냄새 속으로 들어가다

당신, 냄새도 온기도 없는 영원을 영원히 포기한다 하셨나요? 독성이 강한 어떤 곳에서도 씨앗을 품어낸 모습, 어찌 그리 아름다운지요

세상 어려움 다 끌어안은 채 저녁 밥상 차리시던 어머니 속내처럼 단내 나는, 이 길 걸어오면서 그리 환히 웃으셨지요?

참…

함께 부대끼며 살아온 저 많은 흔적들마다 자꾸 따뜻하다, 따뜻하다 하셨지요.

낙엽 썩는 냄새 속으로 들어갑니다.

## 소 · 1

-가븐다리

선뜻 살을 내미는 것으로 보아 뻥 뚫어지는 두 개의 구멍이 그대 전부임을 알았습니다.

눈을 뜨면 눈 밖에 나는 제 그림자 어쩌지 못하여 밤이나 낮이나 되새김질만 하는구나

'저 염천의 뼈'

달을 따먹어도 해를 따먹어도 다스릴 수 없어 독 오른 파리 떼 잉잉거리는 세상 갈아엎는구나

## 소 · 2

산벚꽃 아쟁이풀 풋각씨 바람재비 쑥부쟁이
퍼 엎질러진
비슬산 골짜기 꽉 잡은 손 손가락 사이로
뭉텅뭉텅 피어나는

어머니

검붉은 흙더미 속에서
긴 강 멀리멀리 산을 풀고 계십니다

# 가시연꽃

기침 소리 뚝 끊겼습니다 당신이 있어 들짐승처럼 싱싱했던 방황의 잎새들 밤마다 포식한 달빛과 무거운 관습에 가위눌려 점점 시들어 갑니다

지고피고 피고 지는 당신의 굴레, 부질없는 한 순간을 위하여 얼마나 많은 날 피 흘리며 울부짖었겠습니까,

그러나 꿈 꿀 수 있었기에 김이 무럭무럭 나는 세월 둥글게 뭉쳐서 어린 날 창틀에 올려놓습니다

아직 생존처럼 붉은 팔뚝으로 굴절 심한 햇살 머리에 이고 돌아와 나를 건너가는 바람소리가 당신입니까!

내 삶의 행간에 불쑥 나타나는 불덩어리, 당신을 만납니다.

# 환생

죄 많은 창자 잘라 툭 던지니
흑 구렁이 한 마리 태어났다던가,
이렇게 만난 것도 인연이라며 살을 섞는 낙엽들
밟힐 때마다 썩어, 썩어, 썩어
소리 지른다

무지렁이처럼 살든 말든 세상은
업보 아닌 것 없다
피 묻은 입 쓰윽 닦으며 구불텅구불텅
식욕이 강해서 서러운
몸이 보인다

무엇이든 묻으면 다시 태어난다는 이영면 지묘리
99번지 산비탈
둥그렇게 해 한 덩이 묻어 두었다

## 실향민

이해할 수 없는 무덤들 젖은 꽃잎으로 떠오릅니다

두 아들 대신
찢어진 깃발 두 개 가슴에 묻었습니다

'까마귀밥이나 되어라'

까 아 아 아 아 아 아 아…

접전의 순간순간 가슴 터지도록 끌어안으며
울부짖듯 살았습니다

그녀는 죽어
소가 되었습니다

노안이 짙어 흐릿한 눈빛으로
끊어진 다리 끊어진 철도 끊어진 핏줄
들어 올리는 그녀
남과 북 어디서나 보였습니다

# 보릿고개

불통의 하늘 깊숙이 뿌리 질러 넣은
아버지의 땅

가시가 돋쳤어요, 내 몸을 뽑아가셔요

딸 딸 무슨 딸
팔아먹고 말아먹고 배 터지게
배 터지게 피어나는, 저
핏자죽 같은 꽃잎

굶주린 영혼 쳐들어와 다 먹어 치운 빈 가지마다
뚝, 뚝 돋는

백혈의 목련이 져요

# 우산버섯

내 어여쁜 아이야 첫사랑 푸른 아버지가 해를 안고 들어서는 따뜻한 초막 한 채 지어주고 싶다

어머니는 사라호 태풍처럼 사라졌어요 20년 전 사라진 언니가 한차례 피붓다 사라지고 싸리비 자국 선명한 안마당 햇살 사라지고 노을 등에 업고 돌아온 강물 세월처럼 흘렀어요

캄캄한 강 가랑이 사이로 빠져나가는 달 치렁치렁 물살 긁어내어 빗나간 하늘에 던졌어요

목숨 닿는 순간 흙이 되자 헛뿌리처럼 들려 있는 내 손을 잡고 아주까리 잎사귀에 싸여 동그랗게 놓여 있는 찬밥 덩이 속으로 들어가는 길 온통 사라진 것들로 꽉 차서 목이 메이는 세월 흙 묻은 호미자루처럼 꼭 쥐고 있었어요

## 판타지아 · 1

-물의 눈

등불을 꺼요. 캄캄한 어둠 캄캄한 그림자 모두 벗고 심장이 멈추면 뿌리 내려요

현재도 미래도 과거도 아닌 그런 세상 하나 만나 보아요, 손을 뻗으면 풀꽃처럼 꽂혀 잠든 아이들 하얀 덧니 깨물던 땅 손에 닿아요

해가 기우는 곳으로 지는 꽃잎, 시간이 사라진 쪽으로 가지를 휘어 둥그렇게 나이테 그어요

한 영혼이 한 영혼을 만나 별자리 하나 태어나면 절정처럼 눈부신 날들, 빛나는 눈물 빛나는 강물 온종일 건져 올린 태양 방죽을 쌓아요

슬퍼 말아요, 어두운 하늘 쳐들어와도 유성처럼 나타나는 이름 사랑한다 사랑한다 편지를 보내와요

## 판타지아 · 2

나를 찾아가네, 운명처럼 부여받은 꿈의 열쇠 여는 순간 갇혀버리는 저 형극의 시간, 미궁이여!

처음 나를 잃어버린 곳에서 피어나는 가시바람꽃, 바람에 찔린 꽃잎 파도가 되어 흩어지네

푸른 울음으로 몰려다니는 섬, 한때 내 전부였던 그들이 안개가 되어 서성이고 안개의 푸른 혈관엔 거품 가득하네

어디에도 속하지 못하는 삶을 선고받은 내 방황의 잎새들, 빛보다 빠른 속도로 흔들리는 바람이 되네

바람이 되어, 영원히 뜨고 있는 눈과 영원히 썩지 않는 가슴을 통과하고 두 얼굴인 그대 슬픔을 통과하네

세상 모든 바다에 내가 떠 있네

# 판타지아 · 3

선택은 언제나 흐름이었네

한번도 바닥을 보지 못했음으로 어떤 분노나 연민
일지 않았네

오랫동안 쌓인 퇴적층 무늬마다 아프게 찍혀 있는
흐름의 발자국

이제 더 이상 역류하지 못하네

아, 아, 그대와 나 아득한 거리에서 아직 숨이 도는
원무였다네

## 안부

어떻게 지내십니까!
요즈음도 가끔 두꺼운 성경책 속에서 걸어 나와
교회 바깥마당을 서성이거나
대서양을 훌쩍 건너와서
캄캄한 비슬산 한없이 헤매이다
돌아가곤 합니까?

광활한 북미시간 짧은 여름밤 별들은 아직
발바다이 전부 젖어 있습니까

## 떠꺼머리 풀

비슬산 비슬봉 바위 틈서리 머리카락 성성한 떠거머리풀 아시는지, 헛뿌리로 온몸 밀어 올리는 그 자욱한 기운 보셨는지, 지금도 가위눌림처럼 찾아오는 꿈, 기계충과 마른버짐 번지는 마을 어귀에서 식민지 돌이 되어 처박히던 달빛 기억하시는지, 처음으로 나에게서 나를 불러 낸 이름 자야, 말복이, 끝순이, 칠남이, 수야…

무더기로 처형된 그들 청춘을 생각이나 해 보셨는지,

출근길 보도블록 완강한 포장 뚫어내고 돌쩌귀마다 낭자한 햇살 밀어 올리는 저. 저. 저. 떠. 꺼. 머. 리. 들.

# 감자

할매 손 약손이대이 달빛 발라주민서
깨어진 무르팍 업어 올리던 구부러진 등더리
주렁주렁 열릿십더

산격 지나 금단이 지나 무태 긋배뜸 지나 수자골
골짜기 가는 길
지금도 운명처럼 손에 꼭 쥐고 있는.

# 길안천 옹이나무

아라예, 둥치가 짤리마 짤리는 대로 둥글둥글
아물줄도 알고예
뒤지피는 세상 풀어 떤지는 저 절절한 춤사위
다가 아이지예 ?
시도 때도 없는 뿌리들 염장 지를 적마다
중심 기우는 줄 와 모리겠십니꺼
오지게 한번 살아 보자꼬 오글오글 맹글어 쌌는
옹이 한 겹
이녁 맞지예 ?

내사 다 아라예, 알고 말고예

# 상정리 자갈길

허둥대 바짜다 시퍼도
맥 탁 노코 있어뿌리마 뭣이 되겠십니꺼?
아 막말로 밑바닥 한븐 안 밟아 보고 디밀 짜리나
이실낍니꺼
시상 미들꺼는 깊이 뿐이다 카는 강도 훌쩍 건너서
낮게낮게 니룻는 지 무게가 끗치고 시작이라꼬
손빠닥 발빠닥 피터지게 굴러 댕기면서
몸을 주랐지예
그 나물에 그 밥이라케도 우짤낍니꺼
입 다묻고 마음 다져묵꼬 가는데까지 한븐
가보입시더

달뜬다, 어둠 긁어내리며 달거리하듯
꼬박꼬박 치루어도 눈을 감지 못하는 저 달빛 봐라
덧나지 말아야지, 단단히 아무는 산을 놓으며
상정리 자갈길 달 뜬다

# 황새울 푸나무 집

이적지 피를 벗지 못하고 떠돌아 댕깃지예
벽이 되어 일어서거나 친정이 되어 살아나거나
적막한 그림자 속으로 빠져드는
등피가 두꺼버질수록 결이 엷버서 돌아설 수도 없고예
천년쯤 꽃 피울 수 있다꼬 지 가지의 높이를
뿌리들 머리맡에 니라노코서

진눈개비 흩뿌릴 적마다 온 산을 끌고 댕기미
대들어쌌는
저 악다구니

더운 국물처럼 훌훌 떠마시민서,

# 수자골 보리메기 연가 · 1

'아인기라, 영 가뿌린기 아인기라'

동변 서변 실어 나르던 시오리 물길,
들찔레 가시에 찔려 하얗게 돌아오던 비슬산 고샅길
가만가만 불러들이는 나무 대문 하나

아직 반쯤 열려 있는

## 수자골 보리메기 연가 · 2

'우짜라꼬 ? 다 피부치그치 짠 하기마 하구마는
우짜란 말고, 어이 ?'

맛십니더, 저 애민소리 서로에게 덜미잡혀
물끼 빠져나간 바닥바닥마다 이녘
시퍼러케 누버 있었어예

꺾인 가지마다 저리 따뜨시 엉기는
배양나무 줄참나무 난실백이 창대나무 …

지 뿌리 매로 꽉 심과 노코서

# 수자골 보리메기 연가 · 3

'언지예, 개안심더, 개안코 말고지예'

실마실 굽은 다리 확 실어뿌린
붉은 세월
피모래 컥컥 쏟는 이녁 기침 소리
물살 불어나듯 불어나
살아서는 못 건널 강이 되었어예

'온야 온야 우야겠노, 인지와서 우야겠노'

이룬 것 없는 한 생애,
천장이 되어 살아나기나 벽이 되어 살아나기나
막막한 그림자 속으로 빠져드는
바람 소리

강의 먼 입구까지 거슬러 오르는

## 수자골 보리메기 연가 · 4

'연분홍 치마가 봄바람에' 가늘고 구성진, 너무 높아서 약간 불안한 그대 목소리

'날개를 만들어야 한다'

긴 실꾸리 가닥에 꿰여, 알록달록 단추구멍 속으로 꿰여, 날아갈 듯 나이론 원피스 한 벌 대청 환히 밝히는 봄날, 세상 밖으로 날아갈 새 한 마리

유산처럼 물려받은 그대 노랫소리 하늘 멀리 휘날리더라, 혼자 앓던 병 혼자 자는 잠 철저히 혼자인 방이 보이고 밤마다 날아다닌 그대 피곤한 꿈의 능선으로 흐르는 내 젖은 목청

봄날은 간다

# 수자골 보리메기 연가 · 5

어둑어둑 저무는 강 먼 물굽이를
오래오래 바라보던 그 언덕
허물어지고
텅 빈 하늘이 내려와
떠내려갑니다

우거질 대로 우거져 숨막히는 세상
그 붉은 심지에서
뿌리가 있는 나무처럼 영 시들 줄 모르는
오빠의 시
묵은 통증처럼 깊숙히 도지는
나의 시
수자골 억센 대바람 소리에 닿아 끊임없이
출렁이고 있습니다

## 뿌리

-폴신에게

누구십니까? 거지에서 상원위원까지 걸어온 저 많은 길들 확신처럼 보여 주는 …

지하 서울역 높은 천장, 서러움 그리움 못박으며 걷어차인 돌처럼 굴러다닌 세월 마침표를 찍던…

그 길 아직 구걸중인 피난길에 닿아 있어 지금도 접전처럼 피 흘리는 꿈 두려울 땐 공동묘지 찾아갑니다. 가슴에 묻은 사랑, 깨어진 손풍금, 열여섯 맨발과 외로운 영혼들 만나는 곳에서 별을 세다 별이 되었습니까

입양한 희망처럼 어떤 시대에도 스스로 등불이 되어 세상을 서도록 등 떠밀어 보내는 땅, 할머니 어머니 아버지가 지천으로 피어나 초가지붕 위로 쏟아지는 검푸른 별들, 저 별빛 같은 사람들과 함께 반짝이는 당신!

'당신은 누구십니까'

## 제2부 어둡고 쓸쓸한 자유

## 댕댕이넝쿨

어때, 잘 어울리지 않아?
겨우내 버팀목이 되어 준 발아래 몸을 휘어
뿌리 내리는 자세
번듯 서 있지만
무너지는 슬픔 속으로 손을 뻗어
손 맞추고 발 맞추고 입 맞추며
비틀리는 모습
이만하면 궁합이 좋은 거지 뭐 안그래?
칭칭 감기는 가지 위로 떨어지는 해 한 덩이
젖은 눈빛 속에 묻으며
길 위에 길 하나 더 포갠 채 세상 밖으로 떠나는
바람 소리 손 흔들어 보내며
닿는 데로 얽히고설켜 끼리끼리 한번
잘 살아 보자구?
감추려고 하면 자꾸 매듭이 되어 드러나는

몸. 따로. 마음. 따로.

# 서천, 붉은 적막

잠들지 마라 후회처럼
과거를 향해 칭칭 감겨 있는 저 많은 길 모두
뿌리가 들려 있다

'나에게서 너무 멀고 나에게서 너무 가까운 길'

들끓던 생존의 굴레, 땅에 묻어도 썩지 않을 가슴부터 버린다 결코 우리가 되어 돌아오지 못할 저 비열하고 지루한 오후, 지독한 편견으로 짜여진 식단을 위하여 더 이상 마련될 술잔은 없다 다만 전쟁처럼 치열했던 시간 벽에 걸어두고 저무는 방, 깨어진 약속으로 덜컹거리는, 덜컹거리는 문짝들, 문짝들의 길이여!

팽팽한 삶을 실어 나르던 바퀴자국들 모두 버리고 이제 나는 혼자다 이 어둡고 쓸쓸한 자유, 그러나 가벼이 혼자다

# 금호강

거꾸로 살아요

먼 강의 입구로 거슬러가서, 거기
말촉나무 아래 너럭바위 아래 집게발처럼 흩어진
은모래 금모래
순아, 넘이, 자야, 덕이…

부르는 숨길 싱싱한

# 화석

저 컴컴한 불구덩이들 …

이파리 살라먹은 소리들로 꾸역꾸역 채워질 것이며 또 남김없이 거두어질 것이며 검불 같은 목숨의 등뼈에 뚫어진 굴형들, 독을 삼키듯 털어 넣는 서녘, 붉은 노을 구멍 내며

… 온전히 죽어도 실낱같은 낮달 하나 남을 것이다

## 찔레의 계절

세상 중심을 꽉 잡았을 것이다, 환한 한 순간을 위하여 굽이 굽이 들려 있는

잡아보면 가시가 많은 손들 온통 피투성이가 된 손톱, 길고 질긴 봄날에 갇혀 있는 꽃같이 붉은 흉터, 아직 뜨거운 몸이 보인다

기필코 도달했을 것이다, 화인처럼 찍혀 있는 햇살 자국마다 어지럼증 한 움큼씩 빠져나간다

텅 비어 비릿한 뿌리의 방, 잘 휘어지는 하늘만 골라 씨를 뿌렸구나, 어디를 짚어보아도 흠뻑 젖어드는 목숨의 푸른 관절들

잠시 완성처럼 피었다가 사라지는 그 뒷모습 보인다,
덧없는 …

# 갈증

-칼

한 생애 벼리고 벼린 날빛이라네 방죽을 넘어선 노여움처럼 불어나는 세상 휘몰이 속에서 아직 어지럽게 쓸리고 있네

더 이상 날을 세우지 않아도 거스르는 물살 걸러내며 밥이 되고 눈물 되고 내일이 되느니, 잘려나간 것 무엇이거나 짜디짠 소금산에 묻으며 나는 또 떠나는 바다가 되네 해 한 덩이 끌어안고 뛰어든 절벽이거나 가슴을 치는 우레 속이거나 바라보면 모두 해가 기우는 쪽으로 머리를 둔다네

# 설경

혼신의 힘 다하려 견딘 뿌리들 하얗게
불을 일구고 있습니다
한번 가면 다시 못 온다는 길
보았어요, 그 길
강력한 에너지 전류처럼 쏟아 내고 있어 걸어서는
도저히 갈 수 없었어요
나는 흰 말을 타고 깎아지른 빙벽의 높이를
날아올랐어요, 나는
작은 새가 되어 그대에게 날아갔어요
붉은 해 한 덩이 얼어붙은 하늘
속으로, 둥근 무덤 속으로, 둥근 침묵 속으로,
무너져 내리는 내가 보였어요

흰 뼈가 되어 남아 있는

# 날개하늘나리

-둥근집 · 1

진영아

그 날은 1999년 9월이었다
공기방울마다 터뜨리는 종소리 속이었고
꽃송이 수만 개가 한꺼번에 피어나
너의 처음을 꽉 채우는 새벽이었다
너를 보며 행복해하는 너의 엄마를 보며
너를 보며 힘을 기르는 너의 아빠를 보며
너를 보며 우리가 함께해야 할
너의 내일 생각하며
나는 이제
내 남은 사랑을 다하여 너의
이름을 부른다

진영아

## 금도끼 은도끼

둥근집 · 2

언니는 탯줄을 잘라 하늘에 던졌습니다

'별이 되거라'

밤꽃 향 진동하는 봄밤 두 오라비와 다섯 동생 머리에 이고 언니의 별자리가 나타났습니다

사랑방 건너방 안방 나타나고 헛간과 우물 나타나고 싸리비 자국 선명한 안마당 나타나고 줄줄이 나타나는 언니

나는 언니의 별 속으로 들어가 술을 마시며 이 세상 살아온 일 잠시 잊기로 하였습니다

내가 마신 술에 취한 언니는 죄처럼 진한 향기가 되어 흰빛 보랏빛 라일락 꽃이파리마다 진동하며 반짝반짝 피어났습니다

흐르는 세월에 언니를 뿌리고 나는 강이 되어 흘렀습니다

세상 밖을 향해 한없이 흘러도 깨어나면 무덤처럼 춤추는 곳, 둥근 언니의 하늘 속이었습니다

# 가족

-둥근집 · 3

건조한 목소리 몇 개 흩어져 먼지에 쌓여 있는
타원형의 거울
하얀 레이스 커튼에 매달린
죽은 천사의 날개, 반짝 흔들린다
묶여 있던 시간 비틀거리며 뛰쳐나가고
빈혈처럼 어지러운
내일의 벽
냉동된 가자미 얼어붙은 아가미 내려치는
손, 생선가시처럼 새파랗게 질린
손목만 남아
거꾸로 걸려 있는 풍경 속으로 … 속으로 …
앰블런스 지나가다
앵 애 애 앵 애 앵 앵 난타당하는 우리

숨가쁘게 달려가는 햇살들

## 자운영 꽃신

-둥근집 · 4

한 우물만 파기로 했어, 완벽한 절망 꿈꾸며 절망의 늪 속에 푹 눌러앉아 영 흐르지 않기로 했어

눈도 버리고 귀도 버리고 내가 나를 처박아버린 그 캄캄한 발자국마다 진한 달빛으로 맺히는 어머니

내 앞에 신발 한 켤레 놓아 주신다, 한 번도 자신을 위해 살아보지 못한 세월 드문드문 징검다리처럼 놓아 주신다

## 아리랑

지는 해 붉게 따라갑니다, 부르튼 섬 하나
내 삶의 귀퉁이마다 실금으로 갈라지는 바다를 향해 서 있습니다
세상 밖인 듯 고요한 기운 물밑에 빠뜨리며
체념한 듯 달관한 듯 고즈넉한 분위기
풍화되어 온 세월 고스란히 묻어나는 처연한 살빛과 내 비애가 만나
그 날부터 동침에 들어갔습니다
물살무늬 빛살무늬 목숨 줄이는 바람무늬 떠도는 영혼처럼 정처없는 무늬들 서서히 노래가 되었습니다

이름도 나이도 모르는
흘흘 단신 떠돌이
달디단 개똥참외 쑥쑥 낳아놓은 밭머리
낮술에 밥 말아 눈시울 붉히는 일몰 서변으로, 서변으로 보냅니다
눈 귀 곤두세운 두더지들 안테나 같은 뿔 길게 뻗어서
혼선이 심한 세상
꼬박꼬박 배달되는 석간신문을 비상식량처럼 뜯어 먹으며
문 꼭꼭 걸어 잠그고 사람들에게는
들리지 않는 그 노래

달이 되었습니다

나는 지금 그 노래를 옮기는 중입니다

# 발굴 · 1

-지신밟기

1999년 9월 2일 10시 30분
경기도 하남시 교산동 건물 유적 발굴조사
개토제가 시작되었다

날씨 폭염

76세 인간문화재 오수복 무당
46년간 갈고 닦은 경기도 도당굿 몸체인 노구
진혼굿 가락으로 뽑아 내고 있다

같은 날

경기도 광주군 원당면 나눔의 집
정신대 할머니의 정신, 시간을 뒤집고 있다
뒤집힌 시간 속에서
경기도 하남시 하산곡동 '국군은 죽어서 말한다'의
詩碑가 是非가 되면서

소쿠리 같은 땅, 스스로 죄인처럼 줄줄이 엮여
우리 모두 자근자근
밟히고 있었다

## 발굴 · 2

-해독하지 마라

맨발로 걸었습니다, 실비 내리고

우거진 풀잎 풋기어린 냄새 속으로 들어갔습니다 덥석 손을 잡은 자욱한 기운

오백 년 전 무지개, 파묻힌 연못, 사랑과 증오, 왕도의 증표, 그리운 문양 무늬, 목 부러진 말 …

묻혀 있던 비밀들 비수가 되어 가슴을 찌릅니다

이성산성 이차 발굴현장 제단 앞 흰옷 입은 영혼들 모여듭니다

나뭇잎처럼 젖어, 비에 젖어, 비애 젖어, 축축한 세월 끌어당기며 자꾸자꾸 몰려옵니다

## 부메랑

달빛 가득 들여놓는다 서서히 번지는 달빛

인왕산 지나 인사골 지나 생선가시처럼 발라지던 그 날, 식탁을 지나
하늘 아래 모퉁이 그 쓸쓸한 몸을 지나
사랑한다, 사랑한다 수없이 새겨진 격자무늬 토기를 지나
청동의 한 남자를 지나

칠성동 23번지 사랑방 기침 소리 들리고
기침 소리마다 묶여 있는
그대 보인다

'놓 아 주 세 요'

미처 땅에 닿지 못하고 탱자나무 가시에 찔리는 저
피 묻은 달빛

모든 상처의 배후에는
견고한 나무대문과 살을 파고드는 관념의 넝쿨
그대 23살이 삭은 뼈처럼 묻히는

찔레꽃 붉은 안마당이 있다

## 전야

대단한 눈발이었어

이에는 이, 눈에는 눈, 캄캄히 악다문
하늘 보였어
몸과 마음 모두 얼어붙어 버린
독기로 꽉 찬…

'마음 한 번 바꾸면 되는 것을'

가슴에 꽂힌 날기로운 초승달 하나가 그녀 전부를 켜 들고 있는
무덥고 습기 찬 밤

한여름 내내 폭설에 갇혀 있었어

## 마른 꽃

파삭 늙어버린 소녀가 있었네, 무지개
좇던 순간 멈춘, 저 붉은 하늘 다 펴마시고 우우,
바람 소리 그득한 가슴은 한낮에도 컴컴한
동굴 같았네

'시가 바람 같아서'

바람이 되어버린 삶과 그리운 목발 있는 풍경
집중적으로 바라보다 집중적으로 파헤치다
싫증 난 아이처럼
이승에서 저승으로 훌쩍 이사 가 버린
추억을 추모하는
카페 추억 만들기 우측 벽에 우두커니 걸려
있었네

## 당집

낭이가 살았던 뒷골 실개천 흰 뱀 우글우글, 소문은 꼬리에 꼬리를 물었습니다

'뒷골에 가지 마라 배암 색시된다'

뱀 알 쓸려 있는 샘물 먹고 헛구역질 쏟아 낸 후부터 밤이나 낮이나 신열 올라 춤추듯 흔들리는 대추나무 그림자

낭이는 긴 채찍 들고 제 몸에 붙어 있는 소문의 꼬리를 후려쳤습니다 채찍에 감긴 세월 강물 위로 떠오르고 흰옷 입은 사람들 죽창에 꿰여 강물 속으로 던져졌습니다

내림굿 한바탕 진저리치며 지나가는 한낮
구겨진 태극기 하나 지붕을 오르고, 구불구불 풀려 나오는 골짜기 입구를 꽉 누르던 산, 비슬산 검은 그림자 …

… 아무 일 없었다는 듯 해가 집니다

# 낭개

한 노파가 쪼그리고 앉아 졸고 있는 시장 근처 골목길 기우는 데로 몸을 기댄 담벼락엔 잘 익은 하늘 한 덩이 빈사의 잠 위로 제 무게를 내려뜨리며 덜렁 매달려 있다

핏자국 덕지덕지 말라붙은 채 누렇게 부은 손가락으로 꼭 거머쥐고 있는 라면 한 봉지, 뒤엉킨 머리카락 속 쇠파리 몇 마리 달라붙어 이리저리 뒤지다 날아가고 어지럽게 일렁이던 바람과 햇살 조금씩 몸 안으로 스며들고 있다

툭 하면
감기며 몸살이며 편두통 앓으며 부어 오른 모가지
엇찔엇찔 부황 뜬 햇살 토해 낸다

제 울음 속으로 떨어져 죽은 까막까치 한 마리
죽어서도 까막눈인 채 다시 까막까막
도지는 울음
뭉클한 몸 냄새 후려 내는 바람의 아가리
잘 익은 그리움 처억
내어밀며
더 먹어라 더 먹어라 더 먹어라 더, 더, 더, 더 …
살을 벗는다

# 고인돌

제 상처 다듬어 뼈를 빚느라 저렇게 우뚝 참고 있네

굴러 내리는 벼랑 하나 끌어안으며, 반짝이며
시간을 찍어 내는 슬픈 무늬들

한때 물이었던 삶 불이었던 삶
축제는 시작되었다며
천년 견딘 세월 한꺼번에 터트릴 듯 뻘밭을 뚫고
솟구치는 바다
그 숨찬 목소리 그때처럼 다가와서 자꾸만 나에게
그대를 묻고 있네

# 민달팽이

내가 너무 불쌍해서 시를 쓴다
내가 너무 미워서 시를 쓴다
내가 너무 아름다워서 시를 쓴다
내가 너무 모자라서 시를 쓴다

내가 나에게 갇힌

오! 이 질긴

짝사랑의 세월이여

# 두더지

열쇠가 하나씩 늘어간다

잠글 때와 열 때를 가려야 하는
너와 나 사이
오직 문으로 된 생각만으로
붉고 푸르던 시간 잠그고
전리품처럼 남아서 빈방을 쌓는
추억 잠그고
너에게로 가는 길 가닥가닥 잠가서
안과 밖이 분명한 지금, 나는
온전한가?

손바닥 들여다보는 일이 잦다.

## 꼬리별

발끝부터 머리끝까지 뒤집어 보여주고 싶어

분위기를 바꾸어
젓가락 장단 뽑아내는
유행가 가사 속 신방을 차리고
따뜻이 살 비비며
아물고 싶어

'영영 돌아오지 말아라'

순순히 늙어서 순순히 죽어서 순순히 어두움이 되어서 순순히…
순순히 사라지고 싶어서

# 못

얼마나 머릴 굴렸는지 딱 떨어지는 말만
하고 있잖아

끝이 보이는 각도에서 모서리처럼 맞물리며
아무 데서나 다시 시작할 수 있다고
팽팽히 맞서는 눈빛
눈빛, 다 사랑이라구?

둔탁한 망치의 울림 속 쇳물을 녹여 내던
가슴이 남아
빗나간 표적처럼 튀어나왔어

욱신욱신 딸려 나오는 얼굴
얼굴, 누가 끔찍이 살아버린 냄새가 난다구?

분명한 것은, 우리는 처음부터 우리가 아니었어
우리가 찍어버린 자국들이었어
더욱 분명한 것은
이파리 모서리 휘바람 소리 아, 아 그리운

나 · 였 · 어.

## 폭우

별것 아니야
위험한 시대를 향해 감자를 먹이고,
돌아서는
아이가 보인다

늘 젖어 있어 전류가 흐르던 시간
목에 걸려 따끔거린다

'애야, 눈에 밟히는 것 왜 이리 많으냐?'

동그랗게 몸을 말며 섬처럼 웅크리는 어머니
마음이 먼저 급류에 휩쓸린다

범람하는 길, 범람하는 집
온통 범람하는 소리 속에서 정지된
내가 보인다

세상 모든 관념들 죽은 나무토막처럼 떠내려간다

## 사랑, 격자무늬

달빛 탓이다 내 안 무덤 같은 길을 열고 들어서는 시간, 아직 떨리는 무릎 만져지고 어느새 나를 읽어버린 눈빛으로 얼마간의 추억과 삶을 지탱해온 씁씁한 그늘 다 지워버린다

익숙한 거리에서 희망처럼 반짝이는 잎사귀들, 이제 모두 달빛으로 출렁이는가, 하늘 끝까지 타는 냄새가 난다

보이느냐 잔인한 달빛, 앞이 안 보인다고 폭음을 하는 세상 때문에 그대 남은 생, 비틀거린다

잠시 거짓말처럼 환해지는 몸, 몇 번 발신음만으로 쉽게 어울리며, 떠나며, 낙엽이 되며, 내가 다시 봉인되는 저 적막한…

# 물의 노래

끼란 끼 싸잡아 묶어 놓고 내림굿 한판 치르시지요
온몸 불사르며 신열 끓어 넘치며
불티처럼 탁탁 튀어 보시지요
60년대 어둡고 메케한 복도
한 아이 벌을 서고 있네요
난해한 문장 속에서 오래오래 구겨지던
당신 사춘기
두 손 번쩍 들고 걸어 나오네요
이처럼 살아 있게 하는 것은
더욱 맵차고, 더욱 단단하게, 나를 길들이는 당신?
아니었어요
내 안과 밖을 수시로 드나들며 나를 허무는
물 소리, 부드럽고 투명한
그 노래였어요

# 곰팡이꽃

엎드려 있을 거야

더러는 그리움처럼 일어서서
사방연속무늬 묻어 나르며 무섭도록 번식할 거야

자주 나를 유혹하던 주검의 냄새
축축한 삶의 냄새 배어나는 몸속으로
고통의 뿌리 밀어 넣으며
썩어가는 상처의 힘으로 질펀하게 한번
살아볼 거야

뿌리까지 다 썩어 푸른 기운 사라지고 나면
쓸쓸한 햇살 들여놓을 거야, 햇살처럼 나는 다시
태어날 거야, 그때까지
눈 감을 거야, 눈을 감고 기억의 밑바닥에 새파랗게

엎드려 있을거야

# 눈! 눈?

보입니까? 제 빛깔끼리 뭉쳐진 노여움의 덩어리

세상 모든 길 포근히 덮어 주며 안으로 녹아 흐르던
추억과는 달리 얼어붙으면 차고 공격적입니다
아무리 밟아도 자국을 내지 않고 폭폭 쌓이던 시간
한 켠으로만 몰리고 있어 눈에 닿으면 금방 젖어
알 수 없는 설레임으로 스며들던 체온, 새하얗게
드러나는 길을 물어뜯으며 머리만 커다란 가로등
불빛 마구 때리며 쏟아집니다

## 제3부 흐릿한 불빛 손에 쥐여 주다

# 강

우리는
무엇입니까, 수없이 일어서던 곳에서
무릎을 꺾는 바람 소리
한 세상 건너가는 그 슬픔까지 꿀꺽꿀꺽 삼키고
범람하는 대로 닥치는 대로
숨 막히게 살며 떠나며
아, 아 끝없는 허기 속으로 자꾸만 빠져들어
가슴에 산을 품은 물거품들
손짓하듯 돌아보는 손을 잡으면
체중이 실려 오는 붉은 목소리
서두르지 마라 서두르지 마라 목숨 태우는 빛으로
모든 경계는 뚜렷해지고
삶의 응어리 절정의 모래알을
번쩍번쩍 들어 올리며
내려오는
저 아득한 깊이에서
우리는

# 둥글다

둥글다 둥글면 아무리 많아도 불편함이 없다 그러나 찡한 모서리 하나 없이 추억이 될 수 있을까 추억은 눈칫밥처럼 자주 목이 메이지만 늘 사랑과 한 몸이다 삶이 주검같고 주검이 삶 같은 날들 불쑥 찾아오면 싸느랗게 식은 손 따뜻이 잡아 주며 두런두런 둘러앉아 둘레가 되는 추억은 그 많은 모서리 상처 다 녹인다 추억은 둥글다

## 덕장

바라보면 바다였던 기억으로 굽이치다 솟구치는 길 하나 던져놓은 곳 목숨 놓으며 근질근질 도지는 근성의 지느러미, 아가미 처박을 듯 처박을 듯 처박힌 아슬한 높이에서 떠도는 무덤이 되어 걸려 있는

오랜 단절의 비명 소리…

갈매 새 울음으로 탯줄 잘랐어요, 아득한 곳으로 마음 실어 보낸 바람, 모래알 입술 닦으며 침묵했어요

밤이면 몸속 어딘가에서 달이 달아오르고 이를 악물고 어둠을 밀어 낸 윗목 콩나물 같은 아이들 손을 내밀었어요

낙뢰처럼 내려치는 세월 들어 올리며 줄줄이 엮여서 숨 막힐 때마다 붉은 글씨를 썼어요

눈물 싱거울 때 청소금 한 움큼 뿌렸습니다. 억센 손아귀에 낚아채여 질질 끌려가는 날들 속에 시퍼렇게 박혀 있는 바다, 번뜩이는 비늘마다 창으로 꽂혀 뼈를 발라 내는 혹독한 그리움 아가미 깊숙이 질러 넣으며

연습처럼 여러 번 뒤집힙니다

꾸덕꾸덕 다져지는 섬과 섬 사이에서 패배가 아름다운 노을을 물고 우르르 밀리는 수평선, 사는 일 아직 명치 끝 저미는 생 비린내 같아서 이별을 하고 사랑을 하며 쓰라린 살점으로 꿈을 꿉니다.

## 감나무 두 그루 눈을 감아야 보인다

고향에 와서 고향을 잃었다며 지구 저쪽 끝에 묻힐 거라며 발을 끊어도 손을 놓지 못하는 감나무 두 그루 눈을 감아야 보입니다

통 허리를 펴지 못한 세월 속으로 강이 흐르고 제 흙터로 제 몸을 쪼개는 모래알 같아 낯설기만 한 날들 이젠 익숙해지고 이루었다 생각했던 것 모두 푸석푸석 석돌 몇 개 엎드린 바닥으로 묻힙니다

이미 묻혀버린 강물 소리.

## 雲平線

-바다와 노을의 축제

무거운 가방 무거운 신발 십자가처럼 끌고 다닌 내 안의 불덩어리
보여드립니다
저지른 일들 목마른 삶 어리석음과 비굴까지 다 보아주소서
아름다워라, 뜨겁게 사라지는 저 햇덩이

바람무늬 반야般若무늬 무지개무늬 보였어요
누가 거대한 도시 비대한 사람들 어디서나 냄새나는 현재를 지나
온전히 미래에 도달할 수 있을까요
세상 끝이다 싶었던 절벽 펄럭이는 햇덩이
몸 줄이면 강심 부풀어 나를 넘어서던 물살 다 길이었어요
아득한 날 향해 자라는 뿌리 있어 파묻힌 이름들 살아나
까나리 떼 숨길 여는 하늘 가득했어요

아무도 시간을 묻지 않았다 다만 움푹 패여 나가는 속도의 힘으로 역류하는
저 물살보다 격했으리, 물밑 깊숙히 돌아 나온 자갈돌 몸이 아직 젖어 있다 더 높이 튀어 오르는 파도

소용돌이 물고 새 한 마리 날아오르다 더 멀리 달아나는 하늘 안개 지나가다 어디에도 지문을 남기지 않았다 다만
바람이 몰리는 방향으로 쓰러져 눕는 한 장 유서 같은 바다는 사랑, 죽음, 그리고 시, 출렁임 한바탕 목숨을 휘두르다
엎질러진 세월 닿아 휘어지는 수면 위로 서서히 부푸는 해안 징후처럼 자욱하다.

어디서나 그녀가 보였어요 떠나고 또 떠나도 발자국마다 둥둥 떠다니는 바다, 오직 바다뿐인 기억 모래성 허물며 까무라치고 질리도록 환한 백발의 달빛, 그녀 전 생을 기두었어요
가당찮은 일들 양수처럼 터져 나오고 목소리만 남은 바다가 벌떡 일어나 깊은 어둠 후려치는 밤, 달빛 가득 채운 물고기들 돌아와 배반처럼 붉은 알 쏟았어요
돌이킬 수 없는 그녀가 끈적끈적 달라붙은 점액질 바다를 제 살점처럼 푸르게 완성하고 있었어요.

회복하고 있다 주검 뿌리 말갛게 씻어내며 정박하는 저 푸른 깊이에서, 꿈꾸는 상처, 꿈꾸는 눈물, 꿈꾸는 절망이 되자

한 번도 모습을 보인 적 없는 심해의 굽이침들, 중력처럼 가라앉힌 그 시력으로 터질 듯 고요한 한계를 보자

일용할 땅이었던 사랑, 무성한 계절의 식탁에서 빈 그릇처럼 치워지고 한 줄 예리하게 이어지는 수평의 힘으로 나는 지금 나에게로 돌아오고 있다.

## 월정리 까마귀

-붉은 달

우리 서로 넘치도록 알고 있어서 그림자마다 진한
몸을 감춘다

떠도는 영혼 불러모아 부푸는가, 환한
둘레를 움키며…
느닷없이 뒷덜미 나꿔채인 저 많은 주검들
달이 꽉 찬 세월
끌고 다니며 피처럼 붉은 손 내민다
완강하게 얼어붙어 쩌렁쩌렁 속울음 버티던
삭신을 풀고
무엇을 겨냥한 칼날이었나, 중얼거리며
스며들거나 흘러가거나 증발해 버릴
그대 그리움 위하여
더 이상 전선이 될 수 없다며 달빛은
분계선을 넘어서…

## 순록의 후예

떠나지 못한다, 뼈를 밀어 올린 무리여

머리는
축제처럼 살다가 축제처럼 죽고 싶은
무리의 상징이므로
어떤 신에게도 속하지 못하고 등뼈를 쌓는
기억의 척후에서
원시적 질서 원시적 리듬으로
보폭을 줄이는 바람 소리
빛나는 훈장은 없어도
꽃 같은 영혼과 결합하였으므로
피고지고피고지고 끊임없이 피고지는
저 분단의 하늘 떠나지 못한다.

## 흐릿한 불빛 손에 쥐어 주다

달력을 넘긴다

희망과 약속에 갇혀 축제처럼 출렁이다 거꾸로 걸어가는 숫자들, 조금만 건드려도 비명을 지르며 세상 한켠으로 몰리는 낙엽, 낙엽 같은 방에서
김이 무럭무럭 나는 국그릇과 마개를 딴 술병, 입술자국처럼 찍혀있는 발자국 묻으며 아물 때까지 따뜻했던 그 사람들, 전리품처럼 반짝이는 상처 벽에 걸며 힘들 땐 여기서 쉬어요…

흐릿한 불빛 손에 쥐어 준다.

# 유리창의 노래

-코쿤족

관 뚜껑 못 박아 넣듯
쾅! 쾅!
제 몸에
문을 박아 넣어야 숨을 쉬는…

노을 탓이다, 위험한
상처 하나 번쩍이는 균열의 속도, 한때
목표였던 바다
그 바다의 급소였던 섬, 그 섬이었던
아, 아 새는
더 이상 영향받기를 포기한 채 꿈쩍도 않는
미래를 향해
탈출처럼 뜨거운 몸을 던진다, 다만
그리움을 향한 편력으로 표류하는 도시, 그
각박한 각도를 끌어안으며 추락하는
붉은 일몰의 시도
폭음과 좌절과 죽은 새의 노래가
투명하게 찍혀 있는
빗금 깊숙이 백지 한 장으로 살아 있는
나를 만난다.

# 등겨

불을 지폈습니다 지글지글 타는 불길 속으로 목숨 찔러 넣으면 세상은 숭숭 뚫어지는 허방이었습니다 막소주 몇 잔에 하염없이 풀어져 꺼끄락거리던 껍데기들 흩어졌다 모였다 흩어졌다 불티처럼 탁탁 튀는 삶 한 눈에 꿰어 쏘옥쏘옥 딸려 나오는 감자알 같았습니다 뜨끈뜨끈한 세월 후우 불어 식히며 매운 눈물 쏟는 숨길 자욱하여 숨막힐 때가 많아지고 더 이상 어떤 길도 허락하지 않겠다고 우뚝 버티던 절벽도 해가 지면 속이 벌건 그리움이었습니다.

## 폭설

아니다, 그대가 보내온 것은
사진과 엽서
가 아니다, 탱자나무 가시에 찔려 숨넘어가던
하늘이 아니다, 청춘의 앞마당을 짓밟으며
쳐들어오던 군화 소리
가 아니다, 목숨의 솟대 하나 입에 물고 확 꺾었던
꽃잎, 흡뜬 줄기와 황금빛 악다물고 있는
적의가 아니다, 흑백 사진 속 못 박혀
피 흘리고 있는 우리들 스무 살
아직 나를 벌떡벌떡 일으키는 그 악몽 같은
꿈을 지나, 지나서
모든 길에 닿아 있는 상처 위로 펑펑 쏟아져
치사한 삶과 결탁하며 퍼마신 저 눈발 같은
세월 지나, 지나서
온통 사라진 것들로 꽉 차는 그대
또 다른 모습이다.

## 蕪花

-그대에게 가는 길

1

어디에도 비문은 없었다. 없으므로 근친상간의 거침없는 씨방과 씨받이 눈물받이 몹쓸 세월 화냥기까지 뭉뚱그려 풀어내는, 그 뿌리 저승에 두고 있어 더 이상 꺾일 꽃 같은 주검 없으며 없으므로 무덤도 없고 없으므로 그대도 없어 슬픔은 슬픔에게 강이 되어 흐르니 모든 창으로 흐르는 달빛 물빛무늬 빛살무늬 흠뻑 적시지만 몸에서 몸으로 늘어뜨린 제 줄기에 갇혀 어디에도 창은 없어 아직 알 수 없는 설레임으로 키가 자란 시간 십자가에 못 박혀 뚝뚝 피가 듣는 가지 위에 주렁주렁 열리는 그대, 상처 속 퍼질러 앉아 물컹물컹 이어가는 가슴의 단내 거둬 내며 거둬 내며 거듭나는가.

2

기억한다 한 번도 눈 밖에 난 적 없는 눈금으로 묶어놓았던 한 생애 머리는 적벽에 부딪혀 깨어지고 깨어지는 소리만 남아 그대 나뭇가지 쉬임없으니 삭은니처럼 뽑혀 지붕 위로 던져지던 사춘기가 살 속살이 되어 살아나는구나

빈집 울리던 군화 소리 혼이 나간 그 웃음 소리 헛구역질하듯 되새기는 둥그런 잎사귀 어머니들이여 언젠가는 돌아가야 할 어둠을 정한수로 씻어 내어 정한의 눈빛 더욱 짙은 잎맥으로 그대가 심킨 햇살보다 한 치씩 낮아지는 뿌리들 내일을 기

억한다.

3

비누가 되다 닥지닥지 달라붙는 생각 닦아낸 바닥으로 주르르 딸려 나오는 순간순간 다 운명이라니, 잠그면 멈추고 꼭지를 틀면 콸콸 있는 대로 쏟아지는 수돗물이라니, 일생 앞만 보고 살아온 내 편협한 이마 찬물 확…시도했던 길 굴절처럼 꺾으며 돌아설 때나 은밀한 잣대 하나 망막 깊이 질러 넣으며 바라볼 때 눈빛 닿는 곳마다 무수히 매달리는 그 보송보송한 기억 깨물며 귀신도 모르게 삼켜버린 보름달 사릿빛 비릿한 얼룩이 되다 이 한 몸 하염없이 풀어내어 부글부글 불어나 넘치는 세상 손바닥으로 쓱쓱 문지르다 이루어진 모두 거품이 되다.

4

물수제비 띄운다 낮달 희미한 둔덕 아직 한통속인 바람과 뒤꿈치 하얗게 들려 있는 산을 던져 넣으며 혼자서는 살 수 없어 막무가내 물이 드는 잎사귀들 세상 어느 질퍽한 곳에서 잔을 기울였던 기억으로 서로를 확인하듯 툭툭 떨어져 가고 까칠하게 드러나는 가지 위로 땡빛을 찌르는 사금파리처럼 반짝이는 길 자꾸만 몸이 기울어 떼어놓을 수 없는 발자국 물밑에 빠뜨리며…

머리끝까지 잠겨 있을 때나 모습을 드러내며 떠오를 때 혼자가 얼마나 자유로운가, 굽이굽이 무리지어 몰려다니다 한순간 흩어지는 파도처럼 썰물져가는 그들의, 밀물져오는 그들의, 숨 막히는 결속을 바라보며 깎아 내고 깎아 낸 각질의 피부를 뚫고 왈칵 쏟아지는 검푸른 바다가 당차게 여문 씨앗으로 박혀 혼자서도 가득한 섬이여

생복 지닐 듯 차오르는 시간 어둑한 수평에 이르러 내 삶이 점점 흐려진다 흐릿해져야만 보이는 그대에게 가는 길.

# 무당거미

정답이 오답 같고 오답이 정답 같아 알고도 모르는 척 모르고도 아는 척 척, 하다 보니 인격이 되었다는 그대가 척, 걸려들어

찐득찐득 목숨의 허기 묻어나는 곳에 삶보다 가벼운 주검의 집을 짓고 연한 살에 새끼 치는 꿈 머리에 인 채 업이었어, 업이었어 그대 나머지를 타고 오르며 세상 아찔한 빙벽이거나 넝쿨 줄 같은 삶이거나 어지럼증 끝까지 혼을 놓아 꼬이고 꼬인 속 다 풀어버리고, 텅, 텅 살이 비어 환하기만 하다며 안과 밖 한눈에 보인다며, 척 걸려드는 그대가

## 꿩의 바람꽃

다가갈 수 없다, 사랑이여

꽃 진 자리마다 내려오는 하늘이 있어 별이 되어 반짝이는
그대 보인다면
아름다울 것이다, 바람에게 내어 준 땅

새들의 먹이가 되어도 좋으리라

# 중심, 그 환한 둘레

낭자한 생존의 밑바닥
찌꺼기찌꺼기 숨어 있다가
속살 쩌억쩍 갈려져
온통 들통나다가
흐름이 되어
목구멍에서 밑구멍까지
죄처럼 붉은 숨 후끈 들이키다가
뒷물이 되어 치덕치덕 달라붙은 속물근성 화끈 씻어 내리다가
성깔 때깔 깡그리 까발리는 장대비 쏟아져
흠씬 얻어터지다가
세상 뚜욱뚝 끊어 놓다가, 둑을 허물다가, 스스로 범람하다가,
물이여

하늘빛 환한 둘레가 되어 둥그렇게 중심을 비우고 있다.

# 제4부 우리는 흐릅니다

# 우도

저 물살 멈출 수 없어 하늘 트는가
온몸 물 소리에 내어주고 막막한
내 안 자리를 펴느니
별 두엇 반짝반짝
다정하여라

함께하면서도 멀다, 다시 떠나느니
질척질척 밟힐 때마다 뿌리내리고 싶어
홀연히 피어나는
스무 살
꽃 핀 자국 남겨놓고 굴러떨어지는
호접화 한 송이

마음도 아득히 굴러가서
먼바다에
점 하나 찍힌다

# 한강

우리는 흐름입니다

그리운 금강산 줄기줄기 발원하여
내일의 태백 내일의 정선
가평천 홍천 아우라지 양수리 돌고 돌아서
북한강 상류 그대 내일의 집까지
한줄기 이어가는
젖줄입니다

오직 흐르기 위하여
화해의 노래 용서의 노래 자유의 노래 실어 나른
이 천리 물길 겨레의 강이여!

우리는 이미 우리였으므로
서로를 향해 출렁이는
뜨거운 목청
온전히 우리가 되기 위하여
화강암 편마암 그대 사무침의 암벽들
금강천 금성천 서천 수입천
남한강 하류 그대 내일의 집까지
푸르게 일어서는

우리는 흐름입니다

## 하나님의 정원 · 1

-수국사 범종 소리

일요일 오후
희망꽃집 앞을 지나간다
예배를 마친 교인들처럼 환히 웃고 있는 꽃송이들
뿌리가 없다
박성원 베이커리와 싱싱 과일가게 사이
두부판 앞에 놓고 졸고 있는 할머니
두터운 겨울 스웨터 속으로
양지 슈퍼 간판에 걸려 찢어지는 하늘
조금씩 내려오고 있다

경련처럼 나를 지나가는 수국사 범종 소리

# 하나님의 정원 · 2

하오의 태양, 십자가처럼 높은 미루나무 꼭대기에서 더 이상
움직이지 않는다
무슨 슬픈 함정 같아서
버둥거릴수록 푸욱 빠져드는 어둡고 무거운 풍경 한 바퀴 돌아 나오는
까막까치 한 마리
'기도하세요 하나님은 당신을 사랑합니다 기도하세요'
능숙한 기도 소리…
모든 배후가 환히 드러나는 세상 저 어지러운 가지마다 주렁주렁

'하나님 이제 그만 풀어 주셔요!'

# 하나님의 정원 · 3

진영이는 내가 쓴 시를 잘근잘근 씹다가 확
토해냈습니다

시는 없어지고 불어터진 밥풀 덩어리…

진영이는 금방 잠이 들고 화면은
남북 정상 회담 진행되는 2000년 평양 거리

환해서 너무 환해서 서러운 하늘

## 하나님의 정원 · 4

죄만 보이는 이 두려움 풀어 주소서

오직 당신 앞에 무릎 꿇으며
새 사명 새 역사 이루려 합니다

촛불처럼
스스로를 태워 서로를 밝히는 영혼, 부디 축복으로 받아 주소서

우리 모두 하나 되어 빈집처럼 반짝이는 몸과 마음
처음 숨길 불어넣은 모습 그대로 거듭
거듭나게 하소서

목숨 다할 때까지
촛농처럼 뜨겁게 녹아 흐르는 눈물이오니
이제 온전히 사용하소서
한 알의 밀알이 되어 선택된 곳
뿌리 내리며
성수처럼 뿌려지는 은혜의 단비 세상 끝까지 적시는 땅
당신 나라를 세우겠습니다

'조용히 그러나 폭풍처럼'

하나님, 이렇게 높이 십자가 하나 더 늘었습니다

# 하나님의 정원 · 5

-더기할매

이 한 몸 깃들 곳 없다 하셨나요?

일생
쓸고 닦은 안팎의 먼지 모두 뒤집어쓰고
잎이 점점 무거워져서
무덤처럼 침묵하는 순간순간 어찌 그리 한결같은
둘레인지요,

어디에 닿아도 완성처럼 살아나
늘어나거나 줄어들거나 깃털처럼 가벼워서
가랑잎 같다
가랑잎 같다 하셨지요.

꼬리를 무는 바람 소리 쓸어안으며
쉬임없이 흔들리는
저 무성한 세월 다 당신입니까?

종로 3가 묘동 방향
지하철 출구 빠져나온 내 그림자 꿀꺽꿀꺽 삼키며
줄 서 있는
은행나무 그늘에서 잠시, 당신을
만납니다.

## 노숙

비스듬히 누워 있는 벤치 위를 기웃거리는
까치 한 마리
후끈한 부리 품었던 날개
푹 꺾였어요

이번 겨울은 무척 추울 거라는 말 대신
오스스 이파리 떨구며
다시는 둥지를 틀지 않겠다는 듯 카악!
숨을 뱉는 가지 사이로 예감처럼
번지는 하늘

그래도 여기서 만나자
만나서 무리 지어 돌아가자, 망설이는 동안
휙휙 지나버린
저 환장하게 부신 햇살들
운명이
들이닥친 시간들이
텅 비어서
그때처럼 나지막한 지붕, 그때처럼 즐비한
바퀴들 보이는 풍경 속으로
속으로 빨려들었어요

## 석양 · 1

홍은동 홍은슈퍼 옆 갈라 터진 벽을 타고 내려가는 계단 아래 삭아 내릴 듯한 자전거 바큇살마다 거꾸로 꽂혀 헛돌고 있는…

# 석양 · 2

등을 보이지 마라
너는
내 모든 형태로 살아나는
그림자였다
그 환한 하늘 다 놓아두고
뱀딸기 자욱한 수렁을
가슴으로 옮기며
비나이다 비나이다
굴러도 굴러도 밑바닥인 돌멩이처럼
구룡사 돌무더기 빌어먹은 부처는
푹 꺼진 세월 어둑히 추스르며
줄담배 속으로 숨어도
자꾸만 들키는
이 내
몰골이여

# 새미천 무너미 돌

모가 없으니 걸릴 때도 없다

여울돌 하나 몽동발이처럼 엎드려서
닳고닳아 단단한 제 몸을 건너는가
떠오를 듯 떠오를 듯 가라앉는다

비가 흔해서
마를 날 없던 마을부터 흘려보내고
몸싸움 한바탕 진창을 구르는 소리

한 사발 정갈한 물이 되기 위하여
저 쓸쓸한 소외의 집을 거처로 삼아
소소한 소문 속으로도 돌돌 말리는 응어리가
제 몸 건너버린 강이었음을
오래오래 바라보면
안다

# 진혼제

바람 잘 날 없습니다.

살을 베어 내고
넋을 베어 내고
일생 제 울음소리 완성하지 못하고 출렁이는
강물 소리 석둑석둑 베어 내는
억새풀 한 무더기,

땅에 묻을 수 없어 저 불꽃 속속 솎아다 구천에 뿌린다. 불 같은 삶, 삶 같은 불 다 꺼내놓고 활활 타오르는 혼불놀이, 마음 닿으면 마음으로 불붙는, 몸 닿으면 몸으로 불붙는 한 생애 살풀이 한 마당이구나 저 불길 저미고 간 가슴 보여서 청산리 술귀신 모두 보여서 잔마다 철철철 넘치는 불 성불하소서.

# 물 靈登 바람 靈登

화전민이었네, 이월 한 달 빌고 빌어도 맞물리지 못하는 물 영등 바람 영등, 텅 비어 가득한 너와집 모서리 서로 어긋나는 너와지붕에서, 봉당과 부엌 밝히는 화투 속에서 생솔 타는 냄새 생생한 불씨 되었네, 죽어서도 탐하는 계집 있어 띠살문 흔드는 혼바람 소리, 백두대간 등뼈를 넘어 송지호 송림 단숨에 거덜 내고 서낭제 정한수 벌컥벌컥 들이키는 저 달빛 범하네.

# 독

떡갈나무 사이 떨어지는 햇덩이 퍼담아 대물림처럼 놓이는 세월, 암탉의 잠을 대창에 꽂아 생소금 뿌리는 열 손가락으로 서슬 푸른 물림굿 칼을 물리는 일몰보다 더 붉은 여자의 방.

# 억새의 땅

내 안에 있습니다

회오리 황사 바람 몸 틀고 간
자국들 자욱한
빈터

산발한 바람 같구나, 저리 미어지는

한 무더기 약속 뽑혀 나가고
허방이 되어서야 드러나는
뿌리들이여

무심천 옆구리 틀고 있는
섣달 방죽이 되어
나앉았구나

# 붉은 달

머뭇
주저앉은
누더기

'사는 일 다 그래 다 그렇지 뭐'

빈 몸
채우는
달빛

달이 차서, 달이 차서
달아오르는
다슬산
다섯 봉우리

# 울릉인

들립니다
길을 풀어 보내며 길을 불러들이는
흑비둘기 울음소리

저 혼돈의 세월 속에서도
섬을 지키며 섬을 견디는 침묵의 힘으로
범람하는 물살 안으로 모으며
골격을 다지는 섬
젖줄 뜨거운 가슴으로 피어나는
동백 붉은 꽃잎마다
오징어 떼 가득한 바닷소리 들립니다

보입니다
성인봉 푸른 줄기 눈에 새겨 넣어야 숨을 쉬는 사람들은
독도를 곁에 두고 몸부림치는 파도 소리 그 한끝 놓지 못하
고
끊임없이 출렁입니다

고향을 떠나면 고향이 더 잘 보여서
온전히 돌아가 뼈를 묻어야 할
내 안의 섬이여!

서로에게 발자국 찍으며 떠나간 아이들은
약속처럼 정박하는
만선의 하늘입니다

그렇게 늙어서 그렇게 바다가 되어서
그대에게 가는 길

굽이굽이 청태 낀 그대 꿈길 보입니다

**제3집**

# 흔들리는 것은 바람 탓이 아니다

□ 독자를 위하여

왜 쓰는가, 살아 있기 때문입니다.
살아 숨쉬는 상처, 살아 숨쉬는 절망, 살아 숨쉬는 것
모두 내게 뿌리내린 한 그루 나무가 되어
잎 틔우고 잎 떨구는 이 일을 계속하기 때문입니다.
나는 시와 삶을 결코 분리해서 생각하지 않았으므로
삶에서의 괴리감이나 시에서의 헤매임이나
끊임없이 반복되는 나와의 대화를 통하여
극복하고자 노력해 왔습니다.
두 번째 시집을 묶으면서도
여전히 극복하지 못한 채 드러나버린 미흡함 뿐이지만
올곧은 정신의 줄기를 따라
흐르는 물이 되어
깊은 바다에 이르겠습니다.

1995년 3월
이 기 애

# 제 1부 사루비아 씨를 받으며

## 진눈깨비

그래, 알아
세상 어디에도 머리 둘 곳 없는
싸늘한 살얼음 끼
축축한 살점 뜯어 내는
피투성이 가슴만 보이지만
나는, 알아
매섭게 안으로 얼어붙은 심줄 하얀 뼈와
펑, 펑 밖으로 쏟아 내는
목청 푸른 울음소리
울음으로 죽어
어둡고 상처 난 곳 말갛게 닦아 내는
물이 되어 흐르거나
회오리처럼 날을 세운 채
쨍쨍하게 죽어
탁 트인 하늘 그리운 햇살 속에 태어나고 싶어
눈과 귀를 막고 떠돌아다니는 줄, 그래
알아, 나는.

# 구름패랭이 꽃

-곰팡이 방 · 1

바닥에 엎드려 있어도
구름패랭이 꽃을 닮았구나
후, 후 가슴 불면
사시사철 흔들린 듯
한 무더기 솜털로 일어서는구나
하얗게 흩어지는 먼지는
썩어서야 꽃이 되는
네가 밀어 올린 힘이었구나.

# 상처보다 더 깊이

-곰팡이 방 · 2

상처가 아물려면
상처보다 더 깊이 살아가야 해
돌아보지 마
축축한 세월은 추억이 될 수 없어
약속처럼 쌓이는 것은
꿈을 버려야 했던
슬픔의 무게였어
습한 기운은 쓸어 내야 해
쓸려나간 곳에서 푸른 눈을 뜨고
상처보다 더 깊이 살아가야 해
햇무리 보송보송 돋아날 때까지.

# 푸른 월경

-곰팡이 방 · 3

굿판이 따로 없습니다
푸른 월경 하던 밤
몸 구석구석 신이 들어와
밤이나 낮이나 칼춤을 춥니다
접신, 잡신, 지신, 목신, 영애언니 코고무신
온통 신뿐인 방에서
신을 받던 날
쓸쓸히 떠나간 가죽신 냄새
문을 열면
또, 문
넘어서면
칼같이 막아서는 세상
문턱이 되었습니다.

# 신딸

-곰팡이 방 · 4

용서하신다면
귀 자르고 눈알 뽑아 바치겠어요
열 손가락 불붙인 하늘
살에 묻으며
몸속 푸른 피 다 쏟겠어요
천 갈래 만 갈래 생각이 찢겨도
천형이라 여기며 참겠어요
달아올라
서른아홉 굽이굽이 달아올라
가릴 것 없어진 이 벌만은
못 참겠어요
펄펄 끓는 목숨 시퍼렇게 적시며
당신 방 가득 번져나리니
용서하지 마십시오.

# 푸닥거리

-곰팡이 방 · 5

작두날에 서서
일천 마디 어긋난 뼈 머리에 이고
겅중겅중 춤을 추면
삼대 걸친 살이 풀려
배냇병신도 몸을 바꾸고
떡두꺼비 한 마리 시루떡에 올라
무럭무럭 김 오르는
당신 슬픔 뜯어 먹습니다
알 수 없어요, 당신 슬픈, 그 푸른 비밀 알 수 없어
일 년 열두 달 신열 올라 헛배만 부른
세월의 헛구역질 작두 위에 세워놓고
푸름푸름 속눈 틔워 푸닥거리합니다.

# 눈물이 마를 때까지

-곰팡이 방 · 6

눈을 뜨면
눈앞이 금방 젖어버려
눈을 감고 살아야 하나요
살 부비며 살았던 방바닥에서
진눈깨비 내립니다
눈물이 마를 때까지
몸 가득 푸른 하늘을 걸어와
방을 바르는
아버지.

# 사루비아 씨를 받으며

-곰팡이 빙 · 7

자꾸만 뒤를 돌아보는 내 마음 알았을까요
긴 여름 장맛비 끝에 사루비아 지천으로 피어나
눈두덩이 붉게 물들었습니다
딱 부러지거나 똑바로 서지 못하고
사방 어정쩡한 몸으로
아침에 먹다 남은 찬 빵 한 조각
따뜻한 저녁 밥상이 되어 기다리는
방으로 갑니다
주억거리기만 하다가 구부정해진 허리를
쫙 펴 보이는 사루비아
종일 말도 없이 우적우적 씹어 삼킨 말들을
목에 힘을 주며 뱉어내는 사루비아
원고지 칸칸에 꽂혀 있는 사루비아 씨를 받으며, 나는
추억처럼 저물겠습니다.

# 두견주

-곰팡이 방 · 8

모가지가 잘리고도 활짝 웃고 있는
웃음 따르어 마십니다
흐르던 눈물 말갛게 우려내고
전신을 들쑤시던 소용돌이 한 바퀴 돌아 나와, 사무치던
제 살빛으로 술이 된 꽃 이파리

바람 한 점 없습니다
슬픔 한 점 없습니다.

## 물의 노래 · 1

수평이 되어
돌아보고 돌아보는 눈빛 출렁이며
가슴에 불씨 묻은 채 자꾸만 불어나는 바람 소리, 넘치도록
파도가 되어.

## 물의 노래 · 2

-겨울강

말없이 흘러온 길이 갇혀
뽀글뽀글 내비치는 상처 사이로
희망처럼 떠오르는 물방울 하나
보이시나요.

흔들리는 물풀 위태로운 꿈이며
갯벌 넘치도록 부서지던 내 더운 피
무심히 버리고 온 하늘과
그대 깊이를 실어 나르며, 자주
죽고 싶었던 어지러운 바닥
하얗게 얼어붙은
물고기 슬픈 뼈가 보이시나요.

## 물의 노래 · 3

바람이 일면, 잠시 출렁이다 바다 끝까지 일어서던 새들의 기슭
허물어져 떠내려옵니다.
한 세상 퍼덕임 물어 나르던 둥우리
질긴 암초를 키우는 섬 하나 전생의 업처럼 끌어안고
더욱 또렸한 시력으로 바라보아야 할 그대 뒷모습과 함께
걸러지며, 걸러지며 떠내려옵니다.

## 물의 노래 · 4

오징어에게

길 눈 어두워
마음으로 길을 냅니다.
속 눈 밝아 환한 물속의 길
글썽글썽 삼켜버린 파도 소리
어둑한 심줄 사이에 말라붙어 있었습니다
솟구치는 기질은
스스로를 지켰거나, 혹은
배반의 흔적으로 남아
치명적인 가슴부터 버렸지만
불길 닿으면
금방 안으로 오그라드는 삶의 허기
버릴 수 없었습니다
참을 길 없는 바다 냄새
목숨보다 더 푸르게 씹혔습니다

# 물의 노래 · 5

-인어에게

보세요 생살 돋는 바닥으로 흘러 물방울 속 집을 짓는 불의 몸을 보세요
하루에 여러 번 정전이 되고 그때마다 캄캄히 죽어 나갔지만
갈아 끼우면 금방 전류가 흐르는 퓨즈처럼 여분이 많은 생명인가 봅니다
쉬임없는 물결 따라 반짝이는 불빛, 햇살 들지 않아도 한이 없었습니다
보세요 아침마다 새하얀 이빨에 갇혀 울음으로 번지는 불의 노래 들어 보세요
버려도 버려도 물이 되어 살아나는 불, 그 빛나는 절망 보세요.

# 나는 산으로 깊이 누워

잠의 갈피에서 맺혀나는 생각의 푸른 켜
뜬눈으로 다가오는 강이 되어
혈맥을 타고 흐르는 밤입니다
휘어지는 가지는 물살 떠내려가는 곳으로
툭, 툭 잘라 띄워 보내고
꺾인 자국은 가슴에 묻었습니다
울그락불그락 돋아나는 이파리 젖은 살
실금 그어질 때마다 키를 넘어
발끝까지 일어나는 뿌리가 보이고
입술 닿았던 자욱 밟아 오르며
둥그렇게 힘을 모으던 나이테의 길
마디마디 부러지는 바닥이 보였지만
나는 산으로 깊이 누워
꿈 속에서도 꿈을 꾸기로 하였습니다.

# 제2부 이파리 땅에 묻으며

# 이파리 땅에 묻으며

-스모그 노래 · 1

이파리땅에묻으며묻힌이파리파내며파낸이파리다시파묻으며일생끌고다녀야할무덤하나.

## 유리창

-스모그 노래 · 2

부릅뜬 바람 목을 치는 밖이거나
스스로 부풀어 숨 막히는 안이거나
틈서리마다 금이 가고 있어
한꺼번에 깨어지는 꿈을 꾸다
머리가 먼저 깨어져
깨어지면 전부 칼이 되는
가슴만 하얗게 날이 밝았어.

# 거울

-스모그 노래 · 3

자주 얼룩지던 얼굴과 표적이 되는 표정
수시로 갈고 닦아
반듯, 반듯 빤빤하게 일으켜 세우는 반사의 시간
앞으로만 살아가는 연습을 한다, 그러나
키, 몸무게, 손톱과 머리카락
뒤로만 자라나
사정없이 갈아 내는 얄팍한 가슴
갈아 낸 만큼 불어나는 스스로에게
생각보다 빨리 갇힌다.

# 아리랑

-스모그 노래 · 4

살아서는 차마 못 볼
봉두난발 미친 바람이여
살은 살대로 피는 피대로
천지 사방 흩어 뿌리고
벼르고 벼른 세월의 뼈
죽어서 쾅, 쾅 못 박혀 있는
허공의 창.

## 바라보면

-스모그 노래 · 5

바라보면, 땅을 구르는 바람의 이빨 자국, 오랫동안 곪아 온 공기의 방, 머지않아 눈이 멀 것 같은 예감으로 흐릿한 풍경 한 겹씩 걷어 내며 걸어와 방문 두드리는 소리, 잠궈도, 잠궈도, 덜컹거리는 기억, 문고리 벗겨 내며, 주검처럼 받아들인 시간, 살을 저며내듯 뭉클뭉클 쏟아 내지만, 목숨 대신할 뚜렷한 빛깔 없으며, 처음부터 없었으므로 없는 듯 살아 있는 나를 지나 땅속 깊이 성큼성큼 내려서는 하늘, 바라보면…

## 깡통

-스모그 노래 · 6

모래바람 끌리는 날이면, 지친 나를 쏟아버리고 그대 울음 속으로 잦아들고 싶었습니다. 떠도는 발길 쌓여 섬이 되었을 때, 선뜻 등불을 켜 보이던 사랑, 적막하게 저물어, 꿈꾸던 곳에서 멈추는 저 검은 수평선, 가뭇없이 감기는 내 외로움의 테두리가 보입니다. 죽음에 닿아 있어 살아 있는 목숨보다 내일이 먼저 추억에 닿아, 그대 중심을 향하여 단 한 번인 삶, 그 순간을 확 열었습니다. 피 한 방울 돌지 않는 시간의 살점 점점이 흩어지는 모래바람 속 빛살처럼 번뜩이는 눈을 뜨고 스스로를 넘어서던 그대, 그대로 묻혀 있습니다.

## 골목을 쓸며

-봉익동 수채화 · 1

다닥다닥 덧댄 나무간판 위태로운 균형 사이로
기우뚱, 삶이 보입니다.

가슴에 불이 일면
막소주로 맞불 지르며 주검처럼 잠들지만
어지러운 세상 쓸어 내듯
어김없이 빗자루 세우는 새벽
해가 뜨지 않는 하루하루를
해바라기 하듯 살아가는
골목을 싹, 싹 쓸어 냅니다

연한 풀이파리 고개를 드는
낮에 흔들리는 지붕 처마 끝에
종묘에서 날아온 새 울음소리
금방 배달된 조간신문 속으로
온전히 뼈를 묻어야 할
산 하나 내려다 놓습니다.

## 지하철에서

-봉익동 수채화 · 2

지하철 불빛
가까이 갈수록 멀리 반짝인다
발 빠른 세상, 밑그림이 없다, 다만
풍경으로 다가오는 시간과 시간을 뚫으며
굴러가는 바퀴 자국
레일을 따라 놓여 있던 추억의 길, 허물린다
손가락 끝에서 만져지던 슬픈 느낌은
공중에 매달린 공기 속을 치밀어
찰랑찰랑 물길 물고 오르내리는 체온과 함께
흩어진다, 빈혈처럼 노오란 불빛 자르며, 검은
전선이 지나간다, 몸보다 먼저 실려 가는 내일.

## 길목이 되어

-봉익동 수채화 · 3

무슨 말을 하려는 듯
콘크리트 벽 사이에 새파랗게 서서
제 성깔부터 뾰죽뾰죽 내어밀다
다가서면 금방
눈이 아프도록 휘어져 오는 라일락 한 그루
이삿짐 부리던 그 날처럼
또 어디론가 떠나려나 보다
들뜬 꽃 이파리 서둘러 떨구며
아릿한 나날의 향기가
먼 날의 뜨락으로 하얗게 쌓인다
그리운 길목 바라보다
길목이 되어버린 나뭇가지
잠시 꽃 피웠던 기억만으로 참을 수 없이 흔들리다
축축한 삶의 언저리 뿌리 디밀며
부러질 듯 부러질 듯 위태로운
길목이 되어 서 있다.

## 사람들

-봉익동 수채화 · 4

은행나무 사이로 별빛 돋아나면
은행알 구워놓고 술판 벌이는
나보다 더 나 같은 사람들
술을 마시면
가슴 깊은 곳에 닻을 내린 슬픔
섬으로 떠오르고
염전에 찍혀있던 쓰린 발자국 쓸어 내는
등 푸른 파도 소리 들린다
휘이휘이 건너온 세월
순한 눈빛 속에 묻으며
저무는 도시, 적막한 불빛 되어가는
나보다 더 나 같은 사람들.

## 힘껏, 여름으로 서 있어도

아직 얼어붙은 불신의 바닥으로
치렁치렁 자라는 내 불면의 머리카락과
꿈이 몽땅 헐리고 말아
뿌리까지 퀭한 삶이 함께 보입니다

머리만 커다란 사람들, 머리에 눌려
사방 멍이 드는 세상 명치 끝에, 거짓말처럼
환히 떠오르는 달
힘껏,
여름으로 서 있어도
오슬오슬 떨리는 가슴만 보입니다.

## 기도 소리

-아가다 · 1

(기도해 주세요)

점점 짙어 가는 병 속에서도
삶의 준비와 죽음의 준비를 함께
준비하고 있었습니다

기도 소리는
가쁜 숨소리를 끌고 다닐 뿐
몸을 빠져나가는
목숨에 닿을 수 없었습니다

아무 준비도 없이
아가다를 떠나보내고
아무 준비도 없이
살아 있습니다, 나는.

## 사월, 사과나무

-아가다 · 2

지난 겨울 잘려나간 사과나무
땅을 향해 수그린 내 머릿속으로
걷잡을 수 없는 사과알과 무성한 이파리 낳았습니다
바람결 언저리
언제나 반짝, 흔들리던 껍질은
부르튼 쪽으로 조금씩 갈라져 있거나
태양에 데인 자국 거뭇거뭇 내밀고 있지만
한입 가득 베어 물면
왈칵 목이 메이는 삶처럼
아릿한 상처 사삭사각 씹혀 아직, 흘려야 할 눈물
흥건히 배어 있었습니다
눈물을 위하여
유충의 알을 숨긴 저 뿌리 끝에서부터
하얗게 더듬어 나오는 내 불면의 손가락
잘려나간 곳에서 덧나있는 그 목숨을
사월에게 옮겨 놓았습니다.

## 억새의 노래 · 1

흔들리는 것은 바람 탓이 아니라
내 안에서 나를 흔드는
그대 때문입니다.

# 억새의 노래 · 2

사는 일이 잠에서 깨어나면 흔적없이
사라지는 꿈만 같습니다

빛나는 노을의 관을 쓰고
아득히 이어지는 강을 따라 흘러가고 싶어
막막한 뿌리 하늘에 묻은 그리운 것들끼리 불붙어
서걱서걱 살을 허물며 쓰러지는
물살을 자릅니다.

# 제3부 돌 속에 피는 꽃

## 먼 여울물 소리

-섬

내게로 오는가, 먼 여울물 소리
슬픈 잠으로 흐릿한
추억의 몸, 더듬어 흐르네

추억을 위하여
어느 혹독한 날에도 한 무더기 갈대로 일어서서
스스로 흔들리는
섬이여,

저 바람의 골짜기, 산수유 열매는 여물어
잘 여문 산 붉은 심장을 물고
물살보다 더 푸르게 부서지는 밤
또 나를 꿈꾸는가, 먼 여울물 소리
가슴은 실금이 가네.

## 아는지 몰라

-사랑 · 1

아는지 몰라,
햇살 들지 않아도 살빛은 짙어져
숲을 만드는 잎새들
둥치가 잘리면
잘려 나간 곳으로 막눈 틔우는 그대 뒤에서
슬픈 줄기는 휘어져
내 푸른 피에 순한 발을 담그고
눈 감고 손 닿는 곳마다 감아 오르다
매듭풀, 묵발소리쟁이, 만삽, 먼나무 이름을 부르면
깊은 내 몸속을 타고 내려와
하얗게 젖은 뿌리가 되는 것을, 그대
아는지 몰라.

# 사과알이었어

-사랑 · 2

강이었어,
절벽 입에 물고
하늘에 걸려 캄캄 흔들리다
가슴 복판에서 솟아오르는
산이었어,
거짓말처럼 새빨간 피
방울방울 터트리며
스스로를 태워 순간순간 살아나는 불,
불붙어 더욱 선명한
뿌리였어,
거꾸로 자라는 뿌리 뽑아 내어도
가지마다 휘어지게 매달리는
사과알이었어.

## 불빛

-사랑 · 3

불빛이 내 몸에 구멍을 내고 있어요
눈을 뜨지 않아도
흔들리는 살 속으로 꽂히는 불빛
칼이 되어
푸른 별 박혀 있는 내 깊은 뼈를 갈라
번쩍번쩍 묻어나는 그대
눈빛 보이고
그 눈빛 내 몸에 구멍을 내고 있어요.

# 풍선

-사랑 · 4

놓아 버리세요, 사라져버리는 시간 뒤에 다시
우리는 시작되어요

하얀 발바닥 들어 올리며, 그대를
에워싸는 공기방울
한없이 가벼운 그 반짝임과, 자주
바꾸고 싶었던 영혼,
새어나지 못하도록 아프게 동여맨
실 한 가닥의 소유, 풀어
버리세요

세상에 내려놓을 따뜻한 살 한 점 없는
차디찬 나를 붙잡고 있으면, 그대
더운 피 더욱 위험해요
그대가 불어넣은 꿈으로 터질 듯 부푸는 지금
멀리, 멀리 나를 내려
버리세요.

# 박쥐난

-사랑 · 5

단 한 번도
다른 세상 넘보거나
몸 바꾸지 않았어.

그대 마음속 날개가 자라면서
내 향기는 허공에 묶이고
그대 마음속 동굴 패이면서
뿌리 묻을 땅 잃어버린 나는
푸른 눈을 감고
떠도는 무덤 되고 말았어.

어둠의 켜가 되어
어둠 속에서만 눈을 뜨는 내가
바로 그대였어.

## 수자골, 영애 언니

언니를 쓸어가 버린 것은
동변동, 수자골, 지모리, 핏줄 이어 흐른, 그
강물입니다
떠나가는 발자국 지우며
싸락눈 내리던 날
말촉나무 말라붙은 줄기 찢으며 움트는 소리
밑뿌리 하얀
십 년이 부러집니다
상달이면
촛불 띄워 보내는
말굽바위 숨찬 어깨 위에
달개비 꽃물 얼룩진 달무리 출렁이다
죽음도 환하게 떠오르는 물길 비추며
돌아와 기다리는 언니의 강
여드름보다 먼저 돋아나 따끔거리던
내 사춘기와 함께
동인동 3가 309의 1번지, 라일락 꽃 이파리 쌓던, 그
방에 묻었습니다
그때부터 지금까지 나는
가출 중입니다.

## 수자골·만배 할배

아인기라,
영 갓뿌린기 아인기라

마당귀 거머쥐고 날풀 일어서는
안마당 한 번 밟아 보믄 내 맘 알끼라
그 사람 산 이력 다믄, 다믄 밟히고
아이끄정 따신 내가 난다카이
큰물, 그리 들었다 싸도 그 집,
까딱 없었데이
기왓장 날라가고, 기왓장 같은 세월 날라가고
처마가 널찌고 난간이 뿌라져도
떡, 버팅기는 골격 보믄
함부로 니러앉을 집안
아인기라

약속처럼
한 철씩 꼬박꼬박 엉키는 담쟁이 넝쿨
그 집 단도리 하는거 보믄
참말로 뿌리꺼정 뽑아 갔뿌린기
아인기라.

# 흐르는 보름달

-방아다리 산장에서 · 1

무덤이 더 가까운 그대 집에서
무덤 속 그리움과 술을 마십니다
취한 기운은
가랑잎 바스러지는 소리 밟으며
산을 내려가고
사초를 하는 바람 소리
그대 맨발을 끌고 다닙니다
흐르는 보름달
골짜기 가득 떠도는 어둔 세월 거두어들이면
무덤 속 그리움 승천을 하는
달맞이꽃 아픈 가슴 터져 나오고
그대 술잔, 빈 무덤으로 떠오릅니다.

# 돌 속에 피는 꽃

-방아다리 산장에서 · 2

가까이 다가갈수록 멀리
달아나던 강줄기
저무는 하늘 불싸지르며
피 노을 번쩍이는 구름 봉우리, 봉우리 일으키다
슬픈 제 무게로 가라앉는
돌이었네, 돌 속에 피는 꽃이었네, 그대
꽃불 심장이었네.

## 낙석 주의보

-방아다리 산장에서 · 3

밑뿌리 흔들리는
가문비나무 가쁜 호흡 소리와
돌멩이 떨어지는 소리
저물도록 가슴에 쌓입니다
젖줄 끊어진 강에서
굽이굽이 검버섯 돌아 사무친
등 굽은 추억은
아침마다 해 한 덩이 건져 올리던
그리운 물길 보려고
자꾸만 산을 끌어내립니다
무너지는 소리로 연명하는 산 하나
낙석 주의보 팻말이 되어
스치는 바람 가뭇없이 이끌리고
강의 비명 소리
수도꼭지에서 쏟아집니다.

## 이슬방울 속 눈을 뜨는

-어머니 집

이슬방울 속눈을 뜨는
뜨락에 깃들어
금방 깨어난 깨꽃 잠어린 이마 위에
분홍빛 연한 부리를 부비며
실안개 쪼아 첫 울음 터트리는
새 소리 사이로
놓쳐버린 시간 다믄다믄 놓이고
쪼르르 달려 나오는
순한 맨발 보입니다.

사방 길을 트는
숨길 가파른 비슬산 부푸른 젖가슴 헤치며
방위너설 파고든 동굴 속길
해 종일 해를 따며 탱탱히 익어가는
은방울 꽃길 은초롱 꽃길 등꽃 분꽃 꽃길 속길
하나하나 불러들이며 저무는
빗장이 없는 나무 대문 하나
지금도 그곳으로 타박타박 돌아가는
순한 맨발 보입니다.

## 하류에서

-금호강 · 1

물고기를 닮은 아이와 아이의 아비가
어미의 주검을 죽을 때까지 건져 올리는 강, 하류에서
스스로 흘리는 눈물 속에 진동하는 그대
죄처럼 쌓인다.

※1993년 겨울. 심각한 오염으로 죽어가는 금호강을 보며.

# 가븐다리

-금호강 · 2

여물 써는 소리 건너, 건너
옥단목 치마 한 폭 칭얼칭얼 다 풀리는
강물 소리 건너, 건너
또 나를 끌고 가네요, 어머니
깜뿍이 씹던 여섯 살 여울목에서
어느새 여기까지 와버렸을까요,
갯벌 비릿내, 썩은 조개 추억
내 삶은 아니었어요
제 몸의 무게로 제 목을 치는 가븐다리처럼
겁 없이 받아들인 세월의 향기, 기억하지 말아야 하나요
세상 기침 소리 끊긴 지 오래
빈 몸 켜들고 아직 나를 끌고 가는 어머니,
무덤은 따뜻한가요.

* 가븐다리: 소에만 기생하며 먹기만 하고 배설하지 않는다.

# 거품

-금호강 · 3

꿈꾸던 곳에서 꿈처럼, 사라져야 하리,

(다시는 태어나지 않으리라)

온전한 죽음을 위하여
죽어서는 폭발하는 슬픔 속으로 하얗게
뛰어내려야 하리.

# 제 4부 거짓도 썩이 거름이 되는

# 습관

필름이 딱 끊기도록
술을 마신 이튿날
어제의 팔과 다리가
가지런히 걸려 있는 옷이며
제자리에 놓여 있는
시계와 모자와 가방과
신발을 보며

마음은, 적막하게 떠나가는 그대를
버리고 나를 버리지만
단 한 가지 소지품도 버리지 못하여
일용할 머리만 커다란
습관의 쓸쓸한 무게를 삼키며 살아 있는
나를 보며.

# 너무 좁아요

-달팽이 · 1

너무 좁아요, 하늘을 볼 수 없어요
더듬이 높일수록
발목 한 번 세우지 못한 슬픔이 쌓여
그대에게 이르고 싶어 아프게 기어 다닌
자국만 보여요
꿈속에서도 구겨지는 잠 펼 수가 없어
오래전에 죽어버린 내 뼈가 젖어요.

# 스스로 집이 되어

-달팽이 · 2

스스로 집이 되어 잠들어도 집을 찾아, 까칠한 어둠 뒤척이는 꿈뿐이구나, 깊은 어둠으로도 다스리지 못하여 낮보다 더 밝아 목이 메이는 밤, 물컹, 미어지는 시간의 관절을 접어넣어 껍질이 패이는 저물녘이거나, 심줄 시퍼렇게 일어서는 아침이거나, 들여다보면, 글썽글썽 맺히는 살뿐이구나.

# 유리에게

너를 보고 있으면
무엇이든 또글또글 뭉쳐버린
돌멩이가 되고 싶다
오랫동안 갇혀 있던 슬픔으로
싸늘하게 막아서는 배반의 뼈
쨍그랑쨍그랑 깨트려 버리고
부서지는 곳마다 반짝이는 너에게 찔려, 따뜻한
피가 되고 싶다.

# 바람에게 · 1

1.
번개를 꺾는 순간순간 불이 되지만, 다가서면
뒷모습인 너에게.

2.
눈 뜨면 생각부터 보였습니다

묵은 통증처럼
한 생각 지나갈 때마다
몸속 뼈들 삭아서 깊이 가라앉거나
가루가 되어 몸 밖으로 날아가 버려
딱딱한 기운 전부 사라지고
흐르는 소리 가득합니다.

## 바람에게 · 2

자주 끊기는 줄기의 길 가물가물 이어가는
잎사귀 하얗게 파먹으며 달은 떠오르고
슬픔이며 기쁨으로 함께 흔들리던
달빛 한 움큼 움켜쥐고 일어서지만, 다시
잃어버리는 너에게.

## 가뭄 · 1

타는 불이거나, 뼛가루 휩쓸리는 바람이거나, 주검이거나
벼락 치는 하늘에서 번쩍이는
번개 기둥으로 만나자.

## 가뭄 · 2

정오의 태양, 아무것도 만들지 않았다 침엽수 무성한 이파리 위, 물살 무늬 자르는 구름으로 머뭇거릴 때 금이 가는 햇살에 입술 부빈 물방울, 살빛 푸른 알을 낳아 거꾸로 잠긴 뿌리 아래 묻으며 가라앉았다 깊이, 기억의 동그라미를 파며 줄어드는 그림자 잠시, 배경이 뒤집힌다 수면 위로 떠 오르는 알들, 무수한 이파리, 한꺼번에 들어가는 추억, 축축한 제 발자국에 찍혀 다시, 뒤집히는 배경 화석이 되어가는 모래바람 입안 가득 쌓이고 추억을 뜯어 먹은 물줄기 추적추적 밟히는 바닥, 내디딜 때마다 들어서는 사막이 보인다 새하얀, 햇덩이 목을 매는 중천에 수평선 하나 길게 눕는다.

# 바닷소리

바닷소리가 내 잠의 기슭을 허무는 밤이면 나는 지느러미
번뜩이는 파도를 타고 숨이 멈출 때까지 그대 몸부림 속을
달리는 꿈을 꿉니다. 바닷소리가 텅 비어 있는 내 혈관 속으로
밀려오면 나는 그대와 함께 푸른 바다 아가미 살 속 가득
키우는 꿈을 꿉니다. 밤이 깊어갈수록 높이 출렁이는 바닷소리
꿈의 심지를 돋우며 내 잔을 채워주던 몽마르트르, 그리운
통나무집 약속이 허물어져 떠내려갑니다, 그대여.

# 새가 되고 싶다

새가 되고 싶다
무거운 두 다리보다
가벼운 날개를 달고 싶다
사랑이여 파묻힌 땅에 뿌리내려도
자꾸만 가지가 비틀리는 사스래나무 사슬을 쪼아
묶인 세월 풀어버리고
슬플수록 멀리 나는 새가 되고 싶다.

## 회생

-달빛 바라기

냉랭한 나뭇가지
목이 걸려 있는 저 불치의 달빛 속
뜬소문처럼 둥 떠 있는 길 보입니다

두터운 윤곽으로 포장된 길
꼬이고 꼬인 골목길
자주 이승의 길을 잃고 떼밀린 내 발길
어지럼증 뚝, 뚝 떨구며 떠 있습니다, 그러나 길은
또 다른 길을 이어 길을 보내고
짧게 비벼 끈 담배꽁초와 사랑할 시간을 놓쳐버린 12월의
꿈,
쌓이고 쌓여
지상에서 지붕이 가장 넓은 집이 됩니다

그 집 벽 속에는
추운 잠으로 웅크린 산과 쿨럭쿨럭 가슴 앓던 강 떨어져 내
리고
그 빈 곳으로 다시, 반짝반짝 못 박히는 슬픔의 창
창문을 열면
내가 떠메고 가야 할 어둠
가득하였습니다

먼 어둠 속을
한 바퀴 밟아 나오는 바람 소리, 돌아오면
결빙의 하늘 조금씩 부수며 새하얀 생살 돋아나는
달빛 됩니다, 달빛 되어
한껏 부풀어 차오르거나 한쪽으로 기울 때도
한 소절 울음으로 풀어지는 꿈, 꿈꾸지 않아도 좋겠습니다,
흐르는 눈물
달빛 바랜 살에 닿아 사무치는 소리 덩실덩실
춤추지 않아도 좋겠습니다

땅을 향해 한없이 죽어도
언제나 미수로 그쳐 버리는 그믐밤
캄캄히 가라앉으며 무게를 견디던 무덤 빠져나가, 어둠은
텅, 텅 몸이 열려 텅 비어 갑니다, 바라만 보아도
좋겠습니다.

## 노을

그대는 아직
감나무 사이로 길을 내는 초가지붕 위에서
(학 같은 울음 터트리고파 산처럼 주저앉아 기다리는 하늘)
입니까.

## 뿌리

-묵사의 땅에서

보입니다, 나뭇잎 다 떨구고 나서
더욱 선명한
둥치며 우듬지며 가장귀의 길 보입니다
들립니다, 중용의 정신으로
삶과 문학을 지켜 온
잔잔한 생전의 목소리 들립니다

뇌곡리 곤지암
불길 흔들던 울음소리
자꾸만 중심이 기우는 한 시대의 가지 위에
섭리의 꽃 송이송이 피워 올려
단단한 열매 꿈꾸는
힘이 되었습니다
자주 뒤집히던
저 혼돈의 바람 속에서도
한 줄기로 흐르는 청미천
오갑산 정수리에 끓여 부은 쇳물을
새하얗게 실어나르며
스스로 푸르른 여강이 되었습니다

여강이 되어

범람하는 세월 물살에 모으며
오랫동안 청태 낀 이 땅의 혈을 뚫어
사람, 사람마다에서 자라는 그늘 푸른 나무
역사의 토양에 깊이 내린
그 뿌리 보입니다.

*묵사 : 작가 유주현의 호

# 내 가야 할

-산행 · 1

선연한 빛깔로 피고 지는
들꽃들 길입니다
타는 듯 진한 낙엽 냄새
밟아 오르다
떨어져 내리는 잎사귀 속으로 구르면
실금으로 깨어진 하늘, 조각조각 떠도는
구름의 길입니다
아직 푸르른
그대 소식 전해 오며
선뜻 일어서는 들녘 하나
빈 세월
어질머리 허옇도록 흔들리며
내 가야 할
바람의 길입니다.

## 거짓도 썩어 거름이 되는

-산행 · 2

이제 그만 내려가야지
생각하면 생각이 지워져
흐르는 물 소리 더욱 깊다
잘못 든 길이라 여겼던
서리갈대 흐드러진 사잇길
돌아보면 그리움 무성하구나
거짓도 썩어 거름이 되는
낙엽 속에
지난날 부러진 나무둥치가
속살 고운 버섯 키우고 있다.

## 제4집
# 오늘을 선물한다

# 제1부 다시 시작하자·

## 구름패랭이

떠도는 것 어디 그대뿐이겠습니까
돌아보면 다 떠도는 풍경
온통 들떠서 떠돌다가도 불쑥
뿌리 내리면
가문 어느 땅인들 꽃 피우지 않겠습니까
무엇이든 마음먹기 달렸다
생각이 여기에 이르면
부질없다. 부질없다 여겼던 곳에서도
연필심 같은 사랑이 싹트고
사가사각…
연필 깎는 소리
자잘한 풀잎들 몸 부비는 소리
이처럼 세상은
살아 있다고 무수히 터뜨리는
소리의 자국들
그대를 거쳐 그대가 확인했던 가슴을 거쳐
백지 한 장보다 못하다는
詩 한 편
하늘에 남기겠지요

# 오늘을 선물한다

-향일암에서

해탈문 들어선다

마음을 헐어 길을 내었나
반야굴 지나온
몸이 환하다
지키지 못한 약속 어쩌지 못해 구름 밀어내며
배를 띄워 보내며
안부를 물어오는 수평선
괭이갈매기도 제 울음 속에 가라앉아 득도를 하는
하늘 가까이
자질한 가지마다 염주알 같은 열매 올려놓고
천 년 해로한 뿌리 사리처럼 빛나는
나무가 있고
묵상에 잠겨 있는 절벽 서늘한 기운으로
원효의 그림자 밟아 오르는
지극한 보폭으로
선뜻 등을 내어 주는
거북바위가 있다
바라보면 문득 승천하는 바다
계단마다 서려 있는
안개를 지운다

사람아, 무엇을 망설이느냐

햇덩이 하나 금줄을 치며
오늘을 선물 한다

# 빙하

말하지 마라, 진정한 말은
마음을 읽어버린
눈빛에 있다
미움과 사랑이 그러하듯
돌아서는 그대가 싸늘하게 내려놓는
얼음의 무게
사랑의 또 다른 표현일 뿐
우리가 이루어 놓은 불꽃 같은 시간이 있어
밤마다 별들은
쩡쩡한 울림 수면에 쏟아
땅과 하늘을 한 선상에 묶어놓고 있다
여기에 오면 거칠게 밀려오던 파도 동면에 들어
더 이상 어떤 분노도 일지 않는다
다만 단 한번의 역류도 허용하지 않겠다
않겠다, 하얗게 버티던 자세가
균열을 세워
금이 가는 몸 지탱하고 있으니
물기가 묻어나는
어느 슬픔엔들 스며들지 못하리
세상은 또 믿었던 곳에서부터 얼어붙어
기필코 넘어서고야 말겠다는 날 선 오기가

자신을 투영하는 마지막
모습인 것을
그러나 아무리 멀리 있어도
서로에게 심어 둔 가슴이 있다면
본성인 투명함으로
결빙의 깊이를 지날 수 있을 것이며, 결국
흐르고자 하는 곳으로
흘러 갈 것이다

## 한 남자를 만났네
-석탄 박물관에서

한 남자를 만났네

흙먼지 자욱한 갱도, 전설의 유품과 함께
박제되어 있었네

그도 빛나는 청춘의 한때가 있었으리

누군가의 애인이었을, 남편이었을, 아버지였을 모습
항거의 벽을 향해 온통
들려 있었네

저 필생의 뚝심 하나로
캄캄하게 쳐들어오는 침묵 뚫어내며
더 이상 막장은
없다
없다 그렇게 자세를 굳혔으리라

피로가 딱정이처럼 달라붙은 머리카락 몇 개
흩어질 듯 내려온 파리한 이마 꿈틀꿈틀
돋아나는 붉은 정맥
마지막 순간 그는 뜨겁게 품어 주어야 할
젊은 아내를 생각했을까

아직 타고 있는 분노의 불길 한 가닥 내게 옮겨붙어
돌아오는 길 내내 이글거리는 나를
배웅이라도 하듯
싸늘하게 식은 석탄 더 미, 검은 폐허의 시간을

불쑥 내미는

한 남자를 만났네

# 민들레

-광부의 아이들

카지노에서 삶의 밑천 다 털리고
자살한 삼촌을 묻어놓고
학교에서 주는 급식을 먹는다
그 밥이
도박장 식대 봉사라는 것을
알기나 했을까, 다만 혼자 남은 세상 목이 메어
아버지 뼈가 묻힌 광산으로
발을 옮기는 길섶
목 잘린 민들레 줄기가
허공에 빨대를 꽂고 빨아들인
바람이며 구름의 빛깔조차 거뭇거뭇
응고되기 시작하는
이 땅이 서러워
이젠 한 무더기 폐허가 되어 누워 있는 갱도
그 젖은 나무에 찍혀있는
못 자국이 서러워
질리도록 말간 하늘 바라보며
땅 울음인 듯 노랗게
맺혀나는 얼굴
얼굴들

# 낮잠

나는 쓸쓸해서 떠도는 섬이 되었습니다 바다에 귀를 빠뜨린 채 몸져누운 잠 속으로 오랫동안 잊고 살았던 개암나무 그늘이 들어서고 일용할 그물을 깁다가 돌아보시며 환히 웃으시는 젊은 어머니 내 진땀 나는 미열의 가슴 열고 아직 핏물 배인 기억의 딱지를 떼어 냅니다

'얘야 왜 이렇게 옹이가 많으냐'

내가 이룬 것이 까맣게 뭉친 이 응어리들이라니, 선명하다 내가 만든 흉터들, 불거지고 갈라 터지면서도 기질처럼 맺혀 있는 뜨거움이어, 삶에 들뜬 가지 하나가 설익은 열매 툭 떨어뜨리며 뒤척입니다

열매가 떨어질 때 상한 자국 발갛게 부어올라 바람이 불 때마다 쓰라렸지만 바위를 뚫으며 뜬눈으로 뻗어 가는 뿌리가 있어 굳게 다문 둥치가 제 그늘 거두어들일 무렵 간당간당 달려 있던 이파리 몇 개 멀리 수평선 넘어서고 있습니다

## 부력浮力

물에 빠진 낡은 신발 한 짝을 본다 무수한 발자국이 찍혀있는 물살의 길 밟고서도 발바닥이 들려 있는

옆구리가 터져 나와 아픈 내장이 다 드러나도록 푹 잠긴 물의 깊이를 감당해야 했으리 물고기들이 쏟아놓은 날빛 푸른 알과 철버덕 내려앉는 새의 젖은 날개가 버거웠을까, 삶의 행간마다 비릿하게 번지는 출렁임을 풀어 서서히 마음을 벗는 바람과 아직 간절한 무엇이 남아 반짝반짝 생각을 뒤집는 수면 사이에 한 줄 예리하게 그어지는 수평선, 외발로 살아온 시간 안에 허공이 들어와 자리를 튼다 바닥을 향해 누워서도 이루어낸 하늘의 둘레 눈물겨워라 그렇게 버려지고도 그림자 부풀려 떠오르고 있는 모습, 조금씩 차오르는 검붉은 기운으로 속이 뒤집힌 듯 제 몸을 게워낸다 아무에게나 둥둥 떠다니던 날들이 가라앉고, 마침내 신발이여

뒤꿈치에 실린 무게가 목숨을 좁혀오는 수압의 속도를 꽉 누르고 있는 저 지극한 자세가 배경이 되어

해 한 덩이 넘긴다 남은 시간을 증명하듯 진한 노을이 깔리고 개망초 웃자란 방죽의 높이가 먼저 저무는 물왕리 저수지에서

# 화석의 새

죽지에 모으는 힘, 집중적입니다 퍼덕일수록 더욱 단단하게 박히는 바람 소리 새기며 안으로 굳혀가는 자세가 삶의 뼈대를 이루고 있습니다

어디쯤 내려가면 만날 수 있을까 바위에 등뼈를 기대며 골똘해집니다. 안녕 반점처럼 번지는 통증으로 예민해지는 마음 오래된 자작나무 밑둥이 내려앉고 아직 할 일이 남아 있다는 듯 질긴 뿌리들 자꾸자꾸 올라옵니다

지독한 고립과 편견으로 굳어버린 땅, 봄이 되어도 창을 열지 않아 날개는 여전히 위태로운 균형 속에 놓여 있습니다

그러나 사랑이여, 따뜻한 불빛에 몸을 태우던 기억으로 초점 모아지는 가슴이 있어 가장 빛나는 문신 남기기 위하여 준비하는 이별의 순간 알고 있어 자유를 꿈꾸는 추억과 몸을 바꾸며, 또 여기서 길을 낼 모양입니다

## 능소화

그대 미친 향기 입술 부비느니, 스스로 얽어버린 줄기 진저리치듯 타는 눈빛 불거져 욱신거리는 하늘

밤마다 달을 훑친 느릅나무 한 그루 바짝 움켜쥔 제 심장 파고드느니, 용서하라 저 진땀 나는 허공에 꽂혀 하얗게 죽어가는 시간이여

우리가 사랑이라 불렀던 붉고 푸른 이름들 모두 그대 안에 피고 지느니, 아름다워라 그대 독한 발음 꽃잎 속으로, 속으로 시름시름 잠기는 목숨 두리니

## 우포늪 우렁이

기다리다, 기다리다 둥둥
떠다니는 구나

이 질긴 그리움의 껍질 어디다 벗어두나, 아득하다
마음이여, 물무늬 진한
몸이여

휘청이지 마라, 다 삼켜버릴 듯 번져나다 또 저렇게 떠나는
안개
안개의 젖은 발자국 보이느니, 그대 함부로
몰리지 마라

어떤 참담한 깊이가 먼저 지나갔는가, 물억새 골풀이
생이가래 새파랗게 솟구치는
저 자욱한 중심으로 모두
맞물려드는 시간

차갑게 가라앉은 늪, 그 둘레가 멀다

# 다시 시작하자

사는 일 벅찰 때 가볍게 떠나자

가막만 여자만
해 종일 반짝이는 조개껍데기 같은 바다
생각하면 생각이 먼저
돌산대교 건너간다

풍경처럼 앉아있던 갈매기들
개펄을 쪼아 물고
반갑다, 반갑다 서방파제 날아오르며
그리운 얼굴 불러낸다

오랫동안 기다린 듯
목이 흰 나무들
성큼성큼 그늘을 펼치는
길은 어디서나 바다로 이어져
밤이면 멀리
집어등 불빛 비추며 세상 모든 슬픔과 기쁨
한 품에 안고 잠드는가

오동도여
상처가 없는 삶이 어찌 뜨거울 수 있으리
못다 한 말들
동백나무처럼 줄지어 서고
그 무슨 상처에서 후끈 지피는
열기 같은 꽃잎

그래, 다시 시작하자
내일은 내일의 바다 새롭게 맞이하자

시누대 터널 걸어 들어가며 내가
피고 또 피어난다

# 지우개의 노래

지워버리지 않고서는 다가갈 수
없는 길이 있다
미간의 주름 문지르면
이루지 못한 목표들 내지르는
비명의 굴레
그 절대 명名명命 도르르 밀려 나가 텅 빈 뇌관 속으로
하늘이 흘러들어온다
가위눌림처럼 잠을 마비시키며 닳아버린
계절의 끝에서
뜨거운 상처에 담뱃불 비벼끄듯 그렇게
슬픔을 잊어버리는가
그러나 그대여
고물고물 자라는 뿌리와 함께 실눈 뜨는 풀잎들
한 줌 선한 흙의 온기에 가슴을 뻗어
뿌옇게 바래지는 기억 비비며 뒤척이는 소리와
살아 있다고 터뜨리는 온갖 숨소리 충만한
땅이 보이고
그대 침묵의 언어가 다시 살아나는
저 중증의 몸

안타까웠던 이름 다 불러보기도 전에 먼저
사라진다 해도
지문처럼 남아 있는 추억 있어, 스스로를 조금씩
지워낼 수 있어
우리가 꿈꾸었던 세상 그 눈빛으로
지상에서 가장 아름다운 미소
만들어 낸다

그대 또 다른 완성을 위하여

## 붉새

흐르는 노을 그대라 부르다 저무는 강변 베고 누워 뒤척이는 물 소리 그대라 부르다 이네처럼 멀리 있어 잊혀지는 모습 그대라 부르다 '카페 기다리는 하늘' 투명한 유리창에 찍혀 실금 가는 몸 벗어버리다 어느새 스쳐버린 슬픔에 몰려 깊이 무너지다 왜 나는 날아가지 못하는가 오후 여섯 시와 일곱 시 사이에서 쓰러질 듯 일어서다 더 이상 전개할 수 없어 들어서는 꿈 마지막 노래처럼 부르다 부르다 그 붉은 풍경으로 사라지는 허구를 사랑하다 허물이란 허물 다 데리고 세상 밖으로 건너가다 다시 반짝이며 건너오는 저 많은 허구의 연인들, 지워버릴수록 캄캄한 빛으로 살아나는 그 반짝임을 만나네

# 홍옥

과수나무 줄 서 있는 작은 오두막으로부터 얼마나 멀리 흘러왔을까, 한사코 달라붙은 내 응석의 몸짓 주렁주렁 풍경을 따라가면 새콤달콤 씨앗 몇 개 입에 물려 주며 반짝이던 햇살들

한 입 가득 깨물리는 순간순간 다 몸이었구나 절로 익어 절로 썩을 몸 썩어 문드러질 운명처럼 전부 단내 나는, 끝도 없고 시작도 없는 불치의 몸

어머니 당신은 아직 붉은 울음 도지는 씨앗 속에 갇혀 있습니다

# 보름

당신
내 창백한 손을 잡고
자잘한 돌멩이 마른 살을 부비며
지천으로 누워 있는 돌밭을 건너
화정면 상정리
옛집 찾아가는 길
팽나무 가지마다 낭창낭창 감긴
당산 그림자를
허기진 달빛이 내려와
다 먹어치워
추억만 성성한
골목을 지나
몸 안 가득 차오는
빛살의 기운으로
남은 시간을 추스르면
잃어버린 기억들이 불콰하게 달아올라
거나한 가슴, 가슴 넉넉히 비추는
그 날의 사람 냄새
찾아가는
당신

# 갈현동에서 분당까지
-지하철에서

말을 배워가는 진영이와
밀을 잃어가는 당신을 위하여
말을 만들어
말의 밥상 차립니다

텃밭, 풋나물 같은 말 쏙쏙 솎아
갖은 양념 버무려 무친 감칠맛 나는 표현들
삼킬 때마다 새록새록
새잎 돋아납니다

후끈, 땀 흘리며 구워낸 생신 흰 토막과
살가운 마음 찰찰 넘치는
물김치 한 보시기
뜨끈한 국물과 자르르 윤기 흐르는
날들의 찜이며 조림이며
당신이 잃어버린 말들을 고봉밥처럼
푸고 또 푸고…
김이 무럭무럭 나는 세상 한 상 가득 차립니다.

갈현동에서 분당까지

# 하느님의 정원

1

오빠가 살고 있는 북미시간 작은 마을 메드워드
저녁 공기들 느슨하게 배불리는
이방인의 땅이었다
평생 풀지 못한 숙제
그 수수께끼 같은 정 때문에 나는
열아홉 시간을 비행했고 오빠는
우리라는 상징의 모든 표현으로 촛불을 켜놓고
두터운 성경책과
오래 잊고 살았던 고향 사람들의 정을
저녁 식탁에 초대하였다
백발이 성성한 모습에서 잠시
치열했던 삶의 속도가 보였지만
더 이상 어떤 뜻도 세우지 않았으므로
추억의 한때를 완성하듯 우리는
빛날 수 있었다

2

다만 땅이었느니 피 냄새 묻어 있는 한 톨의 씨앗이여 이미 여러 번 떠나 온 시대를 향해 자주 목이 휘는 줄기가 가장 진정한 모습이 아니더냐 밤이면 태평양을 건너온 달빛 달맞이

꽃 망울 터뜨리는 소리 율법에서 놓여난 별들 지붕을 걸어 다니는 소리 그 소리들을 따라가는 내 몸은 내 안에서 나를 불러내는 또 다른 이름의 꽃입니다

3

사람살이
다를 바 없네
저토록 번성하여
피고 지는 잎새들
서로를 향해
그늘을 이루었네
고추, 애호박, 가지 여무는 텃밭
모국어처럼 옮겨다 놓은
호수가 있어
이제 어디에서나
회복기 환자처럼 살아도
좋겠네

4

아침마다 오빠는 성가를 부른다 아직 열정이 묻어나는 목청 하나 날아가 어느 우수한 종족의 깃발인 듯 펄럭이는 가지

끝에 열린다 유충의 알을 품은 뿌리들의 땅 입술 부비며 천천히 부풀어 오르던 그림자 피부색이 다른 이마에 성호를 그으며 가라앉는다 제 그늘에 덮여 있던 잎새들 술렁술렁 우거지고 새 울음소리 천둥과 번개의 흔적 말끔히 지워 내는 하늘, 문득 변화가 심한 대륙성 기후 사이로 선물처럼 선명한 무지개 선다 고국에서 방금 도착한 소포를 풀며 가장 평화로운 미소로 이방인들과 포옹을 나누는 모습과 몸 속 허공을 들여다보고 골똘해지는 정원의 늙은 소나무, 나는 아득해서 석류나무 아래 연서를 파묻던 사춘기 시름시름 앓던 그 어지럼증으로 건너가 다시 이방인이 된다

# 대추

탕진하듯, 푸른 욕망 다 쏟아버리고
바싹바싹 말라가는
그대를 봅니다
이제 우리
생살 태운 시간의 불 지펴 들고
바람 앞에 서는 일만
남았습니다

"야이야, 조서방이사 그러타 치고 니는 몸이 어떤노, 사람 사능기 다 그러코 그런기라, 우짜든지 마음 좋게 묵어라, 니 놓고 이레만에 내다 본 그 날맨치로 산뻬알 대추알이 얼매나 실하게 달리있는지, 쪼매 따서 보낸다 찬바람 나거들랑 따끈하이 다려 무거래이"

어머님 그곳에서도
걱정이 그리 많으십니까
설핏 다녀가시는 듯
대추 몇 알 빨갛게 익은 제 가슴 뒤집어
토닥토닥 등 두드려 구르고
서늘한 바람 한 줄기
내 고단한 몸 지나갑니다

## 시작 노트 · 1

아버지는 대문에서 집안이 바로 보이는 것을 무척 싫어하셨다. 해서 마당 가운데 정원을 만들고 대문 앞과 부엌 앞에는 넝쿨 꽃을 심으셨다. 4월 생일을 염두에 두었는지 막내인 내 방문 앞에 흰빛 보랏빛 라이락 두 그루 심어주셨다.

사춘기를 지나면서 라일락 피고 지는 것을 지켜보며 밤을 새울 때가 많았으며 그런 시간들을 통해서 문학과 만날 수 있었다. 이미 그때 다섯 오빠 중 넷째인 이윤창 시인은 한국문단에 등단한 후였고 나는 시보다 먼저 소설에 접근하고 있었다. 그러나 제대로 정리된 작품 하나 세상에 내놓지 못한 채 결혼하게 되었다.

어두웠다. 지척을 분간하기조차 힘든 캄캄한 마을, 의령군 화정면 상정리 남편의 고향집에 도착했을 때는 달도 없고 별도 없는 그런 밤이었다. 병중에 계시는 시부님 때문에 서둘렀던 결혼식, 그러나 막내며느리를 끝내 못 보고 돌아가신 탓으로 내 신행길은 상복을 입은 문상길이 되었다.

그 첫날의 낯선 얼굴들과 낯선 풍경들, 그러나 이제는 '부추'를 '소풀'이라고 부르고 '팔'을 '폴'이라고 발음하는 상정리 사람들의 정서에 익숙해지고 마을의 단감나무며 선산의 풀꽃이며 재실로 이어지는 긴 골목이 눈을 감아도 선명하게 보인다. 조상의 뼈를 묻는 묘지가 있어 어디에서 살아도 어김없이 찾아가는 곳, 내 발자국 쌓인 탓일까, 36년의 세월이 이처럼 나를 이곳에 깊이 심어놓았다.

시는 있는 세계를 기술하는 것이 아니라 있어지는 세계를 보여주는 것이라 했던가. 보름달이 뜨면 그 달빛 속에 상정리 그때의 사람들과 어우러지는 남편과 내가 보인다. 먼저 세상을 떠난 부모님과 형제분, 그리고 친구처럼 다정했던 친척이 다 모여서 한 마당 축제를 벌이는 모습이 누렇게 익은 들녘의 벼포기처럼 출렁거린다. 나는 늘 사람과 어울리는 것을 좋아했고 사노라고 겪는 순간순간의 부대낌조차 시가 있어서 극복하지 않았나 싶다.

그래서 나의 시도 누군가에게 위로가 되고 사람살이에서 절실하게 이루어지는 따뜻한 그 무엇이기를 바랐는지도 모른다. 유년을 보낸 대구에서 삼 남매를 낳아 기르며 집안에 대한 자긍심을 키웠던 내 젊은 시절, 단 한 순간도 떨어질 수 없었던 아이들도 장성해서 분가하고 지금은 손주 재롱이 더없이 행복한 나이가 되었다. 늦게 만난 시 덕분에 오히려 운영하고 있는 시학의 사람들과 몰두해서 보내는 시간이 많아진 지금도 나는 둥그렇게 보름달이 뜨면 모두 빛깔과 향기를 나누며 서로가 피어나는 꽃잎 같은 사람들, 아무래도 나는 이러한 사람들과의 정을 내 시 속에 나의 감성적 세계의 한 마디로 삼고 있는 것 같다. 덕분에 시를 쓰는 시간보다 시를 품는 시간, 즉 하늘을 보는 시간이 길어지고 있다.

얼마 전 넷째 오빠 이창윤 시인을 만나기 위하여 미국에 갔었다. 36년간 미국에서 살면서 교수로서 의사로 생활을 해 온 오빠는 북미시간 디트로이트에서 이젠 장로가 되었다. 도미하여 처음 디트로이트에 도착하였을 때 마중 나온 사람이 있어 무척 반갑고 안심이 되었다며 우리가 죽었을 때 사후의 세계는 아무도 모르고 정의 내릴 수도 없지만 누군가 기다리고 있다는 믿음이 있으면 편안히 눈을 감을 수 있을 것 같아서 죽음에 대한 부분도 이처럼 훈련을 하고 있다는 이창윤 시인은 인생을 회복기의 환자처럼 살고 싶어서 시 비슷한 것을 쓰면서 시인 비슷하게 살고 있다고 했다. 사진첩을 보듯 지난 시들을 볼 수 있는 기쁨이 있어 어떤 목적이나 다른 뜻을 두지 않고 삶의 일부처럼 시를 가까이 두고 그냥 이야기를 풀어서 주변을 서성이는 그런 시를 쓴다고 했으며, 그래도 서정시를 쓴다는 것이 살아가는 데 위로가 된다고 했다. 오빠는 광활한 이방인의 땅에서, 나는 숨 막히는 서울에서 안부를 전하듯 이처럼 시를 쓰면서 살고 있다.

## 제 2부 사랑의 힘으로

## 수석, 아름다운 再生 · 1

-물의 신

바라보면 그대 뜨거운 기도
눈물이 되어 떨어지네
목숨은 물속에 놓아두고
발끝까지 환해지는
몸이었네
마음에 둔 것 모두
퍼내고 나서야
증류수처럼 투명한 영혼으로
고여오는 물 소리
그 소리를 따라가면
지리산 윤곽이 꽉 차서 넘칠 듯
살아나는
그대가 있네

# 수석, 아름다운 再生 · 2

-통일석

들리느냐, 잃어버린 우리들 노래
목청 터지도록 울부짖다
서로를 향해 굽이굽이 휘돌아들다
뿌리 내리듯
그늘을 내리느니
그림자마다 진한 꿈이었구나
잠에서 깨어나 하늘을 보면
지난밤 별들이 발을 씻고 간 곳으로
둥그렇게 열려 있는 석문이여
번질 대로 번져나는 일몰이 되어서도 나는
가슴 뚫리도록 기다리는
한 무더기 섬이었다

## 수석, 아름다운 再生 · 3

-소

여기 계셨군요
어린 나에게 젖을 물린 채
성큼 들어서는 모습
어찌 그리 따스운지요
당신이 점지한 숨길마다 그렁그렁 맺히는 하늘
두 눈 가득 담고 있어
어느 저승인들 환하지 않겠는지요
살 점 한 움큼씩 빠져나가도록
되새김질했던
저 많은 땅 전부
당신이군요
어머니

# 수석, 아름다운 再生 · 4

-부부석

기억하나요 우리가 처음 만난 강변
한 몸 이루었던 그 물살을
들리나요 그대에게 이르고 싶어
깃털이 뽑혀 나가도록 퍼덕이던 울음소리
쓸쓸한 마음 물수제비뜨듯
던져 버리는 그대 때문에 오랫동안
갇혀 있었어요
살을 깎아 연서를 쓰듯
몸 밖으로 길을 트는 나를 보세요 그 세월 모두 눈부신
무늬가 되었어요
무늬마다 각인된 사랑으로
이름을 지어
이제 가벼이 불러 주세요

## 재회

-김삿갓 묘소에서

낡은 삿갓 하나
어라연 버들고개 뉘엿뉘엿 넘어간다

'술 한 잔에 시 한 수…'

방랑과 몰락과 매문의 그림자 끌고 다닌
발자국마다 술상을 차리는가
억새풀 휘어지는 무덤가  무더기  무더기 둘러앉은
저 많은 낭인들…

나 여기서 그대를 만나
그때처럼 어우러져도
빈 술잔뿐

주거니 받거니 산을 권하며 여기까지 따라온
하늘빛 붉다

## 계곡

완택산 공봉 넘어가는 구름 한 점 뜨겁다 안부를 묻던 붉고 푸른 낱말들, 노을빛 삿갓 쓰고 깊어간다

내 청춘 어느 한때 그대에게 이르렀는가, 범람처럼 넘쳐나는 절정의 무늬들…

저무는 물살 굽이굽이 일어서며 손을 내미는 저 사무침의 암벽들이여

## 폭포

따르고 따라서 비어 있는
술잔 하나
그대 전부인가

'다시는 태어나지 말아라'

격류처럼 살아나는 계곡 물 소리

이승 저승 모두 모아 철철철 쏟아지는 물 소리
넘어 넘어서 흘러가는
이 내 마음이여

성불하소서

# 우음도 사람들

축제를 합니다 바다가 떠나버린 곳에 남아 있는 섬
또 다른 바다의 상징으로 둥둥
떠오릅니다
바라보면 소 울음소리 노을이 되어 막아서고
여기까지 달려온 모든 길과
나날의 노여움까지
한눈에 지워버립니다
바닥을 딛고 일어서는 갈대들
어둑히 머리 풀며
제 속을 비우며
바람이라도 되어 한번 살아보라고
스스로 휘어져 보라고
폐교처럼 쓸쓸한 마을 입구
흔들어 보입니다
물때를 짚어 식량을 가늠하던
순한 팔뚝으로
하늘을 향해 펼쳐 던진
필생의 그물은
달마가 빠뜨린 발자국 몇 개 건져 올리며
내일의 바다를 불러냅니다

칠면초 새파랗게 번져나듯
소금기 묻어나는 곳에서도 장승을 세우는 사람들
섶다리 위로 별을 달아 주는
서로의 눈빛으로
온기를 나누는 밤이면
마을의 지붕들은 별자리와 가까워져 더욱
아름다워지고
쭉정이 같은 세월도 점점 여물어
다시 그 젖은 꿈으로 어우러져 둥둥
축제를 합니다

## 축제, 추억마을

한 컷 매화나무를 보고 있습니다 나무의 피부를
닮은 얼굴, 얼굴들

고물고물 어울려 어깨를 기대며 웃고 있는 선희,
선체, 수야… 마악 터져 나오는 꽃망울들이 손을 대면
금방 물감이 묻어날 것 같은 모습으로 가지 끝에
내려온 하늘 흔들어 보입니다

한 번만 용서했더라면, 따뜻이 안아 일으키고 그 고백을
들어 주었더라면, 이름을 부르면 금방 입속 가득 꽃잎 돋아
나는
내 반생의 그리움으로 다시 한번 그를 불러 낼 수 있었을 텐
데

그때 하지 못한 말들 펑펑 터뜨리는 매화나무를
배경으로 멀리 이어지는 섬진강 줄기가 한눈에
찍혀 나옵니다. 언 강을 녹여 낸 마음일까요, 아직
손끝 시린 물살 물고 반짝이는 햇살들

지금 가고 있는 이 길도 저 강을 흘러가는 것임을
잘 압니다

# 2월, 여의나루

강 하나 품었습니다, 흘러가면
다 길이 되는 것을
스스로 쌓아 올린 높이에 갇혀 차갑게 정지된 세상
허를 찌르듯
어둑살 몰아세우는
바람 소리

더러는 범람하며 더러는 가라앉으며
울컥 쏟아 내는 물굽이마다
새하얗게 출렁이던 달빛
달빛 같은 사람들

완강하게 버틴 무게로 굳게 다문
섬이 되었습니다

## 3월, 예수

기억하는가 한 계절의 문장을 완성하기도 전에 떨어져 무덤이 되어버린 잎새들, 이렇듯 나의 시는 미완에서부터 시작된다네
이 한 생각만으로도 맥박이 살아 얼어붙은 관절 풀리고 뿌리들은 그대 깊은 하늘에 닿아간다네
생과 생의 이음새마다 그렁그렁 맺히며 거침없이 불거지는 식물성 영혼, 목숨 놓아 버린 곳에서 뿜어내는 후끈한 기운으로 오스스 한기를 떨쳐버린다네
다만 내가 누리는 얼마간의 고요를 위하여 뜨거운 물에 담그는 몸, 수없이 지나가는 시간의 바퀴들이여 생명은 이토록 되풀이되느니
나는 지금 물푸레나무 굽어드는 잎새들 땅에서 썩고 썩어 피처럼 진한 저 비린 냄새 받아 마시며 서서히 푸른 숨 차오르고 있다네

## 4월, 여의사거리

막자를 놓친다 나를 놓치고 실려 가는 막차 속에서도 문득 문득 달뜬다 달이 뜬다

흐드러진 벚꽃나무 사이로 줄서 있는 가스등, 여의공원 지나 여의나루 지나 어찔어찔 어지럼증 묻어나는 꽃잎, 꽃잎마다 피어나는

나와 달빛 사이에 참 많이도 드러나는 모습, 모습들이 환히 웃으며 어우러지며…

빌딩 숲 검은 윤곽 다 풀려나간다

더 멀리 풀려나는 강물 잠시 붙잡아 놓듯, 흐르는 풍경 꽉 누르고 있는 여의사거리 저 붉은 신호등

# 5월, 장미에게

너의 치열한 향내 하늘에 닿았구나

꽃이여
무엇을 위하여 기억의 전부를
가시로 바꾸었나

짧은
너의 생애를 바라보다
타는 듯 숨이 살아
아직 이해할 수 없는 너의 무덤 앞에
뜨거운 피 한 방울로
엎드린다

## 초대

강물 같은 한 생을 묻었습니다 어둑히 번져나는 강의 깊은 뿌리, 비릿한 흙 속살을 엽니다

꿈꾸는 일이 사는 일이라 하염없던 날들이여, 도모했던 길 모두 놓아 버린 저 황량한 바람 소리…

그 밤에 나는 달을 낳아 미루나무 높은 가지 끝에 걸었습니다

약속처럼 흘러온 길이 보이고 화안히, 생전보다 선명한 상처가 달을 비춥니다

달은, 이미 떠나버린 그대 나머지를 비춥니다

## 바닷가에서

-일몰

저
꽉 찬
침묵 한 덩이
폭발할 듯 예민한
수평선 위에 올려놓으며
밀리고 밀리며
떠나는
너

# 갈증

당신
절정처럼 굽이치는 파도
벌컥벌컥 들이키는
젖은 입술
노을이 되었나요?

기다리지 마라, 기다리지 마라 끊임없이 부르트는
저 붉은 하늘을
세상 모든 물살마다 둥둥
떠다니게 하였나요?

# 캠프파이어

그해 여름
흑백 사진 한 장으로 남아 있네요

우리가 다시 환해져서
지새우고 지새워도 꺼지지 않는
불의 몸으로
활활 타오르는 불길을 돌며
축제처럼 태어나던
해변의 밤

한 컷, 색이 바랜 기억 속에 뜨겁게
살아 있었네요

# 불꽃나무

이미 버린 그대 또 한 번 버려야 하나, 저 어둡고 쓸쓸한 길목 서성이는 잎새들이여

바라보면 모두 눈에 밟히는 것을, 한순간 다 살아버릴 듯 넘어서던 그 눈빛인 것을, 삼키지도 뱉지도 못하는 세상 불을 놓으며 아직 타오르는 가슴인 것을

무엇이든 오래 참으면 씨앗이 되나, 들뜬 꿈에 시달리던 뿌리 하나 마른 가지처럼 뻗어 나와 불씨 몇 개 허공에 던지며 빈 몸을 떠돌던 바람 소리 건너가네

# 성하신당 童男 童女

-사랑의 힘으로

격랑의 세월 건너가는 이여, 그렇게
돌아와 섬이 되는 이여

목을 놓고 우짖는
저 파도 소리
누구의 전생인가

그날그날 피어나는 꽃잎이거나
단 한 번의 낙화에도
홀연히 번져나는
저 향기는 또
누구의 슬픔인가

다만 童男童女 우리 주검은
발원의 지극한 불길 되어 다시
살아나느니

사람아

우리에겐
이처럼 전설이 있어
추위와 굶주림과 두려움
벗어나 있어

여기, 사랑의 힘으로 지어진
영혼의 처소에서
칠흑 어둠을 지나서도 길길이 뛰는 바다

그 깊이를 다스린다

---

성하신당 동남동녀童男童女 비시에 새겨진 詩
태하성하신당은 울릉군의 수호신을 모신 곳으로 개척 초기 울릉도를 지키기 위해 숨진 애절한 사연을 담은 동남동녀를 모셔두고 있으며 울릉군은 음력 3월 초하루 울릉군수가 제주가 돼 풍년풍어를 기원하는 제를 올리고 있다.

# 연포리 연가

다시 시작하자, 다시…
하얗게 뒤집히는 시간을 건너오는
파도 소리
물어뜯긴 자국 선명한
수초 몇 뿌리
또 몸을 바꾸고 싶어 철철철 진땀 흘리는
영혼을 보여준다

"이승 아니면 저승에서라도"

가슴에 묻어놓은 이름
연포리에 가면
사랑은 흐르는 것이 아니다
멈추는 것이다
가물가물 이어지는 해안 툭 끊으며
산처럼 막아서는

바다가 있다

# 시작 노트 · 2

시는 체험이라고 했다. 시를 쓰기 전에 먼저 인간을 사랑하고, 인간을 사랑하기 전에 먼저 인간의 고통을 이해해야 한다고 했다. 나는 지금까지 늘 사람과 함께 부대끼며 사는 쪽에 있었다. 그래서 나의 시도 내 삶 속에서 진실하게 이루어지는 따뜻한 무엇이기를 바랐다. 그러나 시는 사람의 일생처럼 첫 이미지가 형성되면서부터 이미 그 운명이 예정되었는지도 모른다는 생각이 든다. 맨 먼저 선명한 주제로 방향을 잡고 출발하여도 우리들의 삶과 사랑이 그러하듯 처음의 발상으로 마감하는 경우가 극히 드물기 때문이다. 시는 첫 연을 통하여 전면의 완성도를 가늠할 수 있다고 한다. 그래서 첫 연을 하나님의 계시와 같다고 했던가. 아무튼, 한순간에 발견한 어떤 깨달음 같은 것으로 전개되기도 하고 결구에서는 나름대로 최선의 것을 발견하기도 하는데 이것은 혼란과 고통을 이겨 낸 과정에서 얻어지는 지혜의 산물일 것이나. 이처럼 나의 시는 동시대를 살아가는 사람들의 고뇌와 그 위기감을 견뎌 내는 과정의 모습들을 끌어안고 있으며 내 생의 궁극인 동시에 해명과도 같다.

'우음도 사람들'은 한 시인의 우직한 삶을 통하여 근간 내 시력으로 보아낸 아픔의 미학이라 하겠다. 생활의 터전이었던 바다가 매립되어버린 그 상실의 땅에서 장승을 세우고 축제를 하며 상대적 빈곤감을 함께 극복해 가는 사람들의 사는 모습이다. 순응주의와 화해 정신의 바탕 위에서 저녁 밥상을 차려놓고 둘러앉듯 훈훈한 입김이 묻어나는 분위기, 그리고 내일을 위한 꿈과 희망의 메시지이기도 하다.

'수석, 아름다운 재생' 연작 시편에서는 글꾼들이 글감을 찾아 헤매듯 수석의 감이 되는 돌을 찾아 돌밭을 뒤지는 돌꾼, 그 꾼들의 정서와 그들에 의해 발견된 돌의 인상을 주제로 삼았다. 돌들은 여기에서 새로운 이름을 얻게 되는데, 그 순간부터 '수석'으로 몸이 바뀌게 되는 것이다. 이것이 바로 '아름다운 재생'의 모습이 아니겠는가.

전시된 수석을 보았다. 저마다 독특한 분위기를 연출하는 '수석, 아름다운 재생' 출품작 하나하나가 다 살아 있는 생명 같았으며 어떤 경지를 보여주는 것만 같았다. 제 몸에 새겨진 문양의 결을 따라 드러나는 자세며 표정을 보고 있으면 그들과 공유하며 이루어진 시적 합일의 세계가 흡사 치열하게 단련된 장인정신의 진면목을 보는 것 같기도 하고 세월의 풍화가 남긴 자국처럼 어떤 서늘한 기운으로 다가오는 것 같기도 하다.

이렇게 수석의 몸에서는 수세기 동안 묻어놓은 무슨 슬픈 비밀 같은 아득한 기운이 가득 차올라 그 아련한 느낌들이 아름다운 무늬가 되어 나에게로 번져오는 것 같았다. 사람의 마음에도 무늬가 있다면 아마 이런 느낌의 무늬가 아닐까 하는 생각이 들었다. 그래서 나는 꼭 하고 싶은 말이 있다는 듯 나를 붙들고 놓지 않는 절실한 그 무늬가 주는 느낌을 옮겨 보았다.

나에게서 시는 신앙과 같다. 언제나 존재 위에 존재하는 또 하나의 존재의 눈으로 세상과의 괴리감을 꿰뚫어 보는 유일한 통로이며 인간의 삶을 위로하고 고상함을 지니게 하는 내공의 힘 같은 것이다. 상처가 없이 어찌 인생의 깊이를 알 수 있으랴. 상처야말로 인간을 가장 아름답게 만드는 진정함인 것을…

시는 그 상처에서 피어나는 꽃이라고 하지 않았는가. 사노라고 겪는 여러 가지 일들 속에서 한 편, 한 편 점지되는 시는 선험적인 분위기로 표현되어지는 경우도 있고 혹은 주지적일 때도 있지만 모두 내 분신이다. 그러하여 시는 오늘을 사는 우리들의 영원한 자화상인지도 모른다.

# 제 3부 마음이 먼저 햇살입니다

# 동망봉에서

동망산 봉우리 사라지고 소나무 은행나무 아까시아
오래오래 살아남아 무성하구나

그 질긴 뿌리
전부 영월을 향해 들려 있구나

'내가 그대인가, 그대가 지금
나인가'

둥치가 휘도록 하늘 부둥키며 하염없이 흔들리는 나뭇가지
내 슬픔 하나 더 보탠다

안으로 삭인 세월 고스란히 서려 있는 사리빛 자욱한 땅
뚝뚝 떨군 잎사귀 끌어다 묻으며
절 한 채 들어선다

# 마음이 먼저 햇살입니다

들립니다 남태령 고개 넘어오는 말발굽 소리

역사의 저편에서 눈발처럼 달려와
조상의 뼈를 묻은 선바위 아래
낮게, 낮게 엎드리다
돌무께 지나 옥녀봉 지나 하얗게 길을 내며
계절을 알려오는 바람 소리
그 소리를 따라가면
안골 뒷골 뜨신 끈으로 이어져
관악산 한 자락 펼쳐놓고 척사대회를 하는
정월 대보름 어울마당

'모야! 윷이야!'

후끈 달아올라
한 세상 어우러져 글썽글썽 살아도 좋을
정 많고 눈물 많은 얼굴
얼굴이 보입니다

'이제 실한 뿌리를 내려야지'

반짝이는 가장귀 들어 올리며
함께 심어놓은 나무들
키가 자란 만큼 제 속을 넓혀
그늘을 이루고
둥그렇게 손을 잡으며 해를 건져 올립니다

산포 마을 광창 마을 장군 마을
현이네 석이네
이처럼 땅이 되어서
오랫동안 간직한 만큼 피어나고 있어서

마음이 먼저 햇살입니다

## 과천 큰 마당놀이

사람아

우리는 무엇으로 여기까지
흘러왔는가
조부는 농부였느니
오랜 침묵으로 바라보다 서로에게 휘어진 저 산
봉우리마다 허기진 세월 허리에 감고
血을 누빈
잎새들 눈물이 묻어 있다
썩어 거름이 되어서라도 열매를 맺어주마
풀꽃처럼 꽂혀
한세상 거두어들인 어머니, 어머니가 일구어 낸
아직 후끈한 땅에서
힘찬 도리깨질 하늘 휘감아
햇살 가득 부려 놓고 그날의 타작마당에서
징과 꽹과리 현악의 운율
덩실덩실 어우러져
예인의 피를 나눈
정 많고 한 많은 백성의 추수
춤과 노래가 시작된다
땀 냄새 배어나는 관악의 바람, 붉디붉은 청계의 운기

저처럼 피어나
노을이 아름다운 도시
그 절정을 보여 주는구나

사람아

## 악수

-주암체육공원에서

이곳에 오면 모두
친구가 된다

푸른 웃음
온몸으로 밀어 올려
제 그늘 키우는
작은 나무들
새들에게 내어 줄
둥지 하나씩
가슴에 품고 있다

바라보면
세상은 또 얼마나 조급한가

그러나 사람아
천년의 시작인 듯
오늘을 살자
말씀과 설렘으로 내일을
꿈꾸자

화목하라

화목하라

햇살이 먼저 다가오며
손을 내민다

# 낙산길

참 잘도 빠져나간다, 비틀비틀
저 취기 어린 욕지거리

저런 모습으로
누구 또 한바탕 몸싸움한다, 외마디 비명처럼
거덜 나는 바람 소리

하얗게 지새우는 창문마다
각혈하듯 쏟아지는
달빛
달빛으로 꿈을 나누는가

여기에 오면
온갖 독설도 다 이해되는 골목이 있다

막다른 날들도 고불, 고불고불
참 잘도 이어지는
삶이 있다

# 모항에서

사시사철 피어 있는 내소사 소슬꽃 창살 대궁에서
목마른 영혼들 걸어 나옵니다

적벽강 건너온 모래바람 속 둘러앉아 조개를 구워놓고 소주를 마시며 덩싯덩싯 해신굿 한바탕 자지러지는 꽃잎들 춤사위라니요

어느 살가운 장단에 동했는지 줄포 지나 격포 지나 그대 삭이지 못한 마음 하염없어, 가자 가는 데까지 가보자 길길이 뛰는 하늘 움키며 일어서는 꽃물든 바다

무엇이든 다 받아들이리, 굽어드는 해안으로 속엣말 남김없이 쏟아 내고 있어 또 한 차례 어우러지는 가락마다 파도 소리 질펀합니다

# 우산각길

그대 낡은 오두막이여
아직 서성이는가, 이 우산 속 같은 마음 한 채
다만 후둑후둑 듣는 지붕
그 안이 보인다

저 다그치는 빗소리
모아들이며
따뜻한 방에 누웠어도 오금이 저리는 잠
일으켜 세운다

아, 아 이제 모두 털어버리자 조금씩
서로에게 다가가자 씻은 듯
푸르른 새벽

골목 휘어지는 곳마다 내려온 하늘
가없이 열려 있다

## 서울 성곽

승인동 문화의 집을 지나갑니다 올망졸망 창문이 있는 산길을 지나 이미 과거인 그대를 지나 북한산 멀리 풀어 보내는 그 날의 함성을 지나 끊임없이 길을 쌓던 내 집념의 시간을 지나

팔각정 매점에서 맥주를 마신다 부글부글 뒤집히는 세상에서 무엇을 지키고 무엇을 견디며 살아야 하나 성곽을 에워싸며 묵묵히 보초처럼 서 있는 나무들

또 한차례 퍼붓고 싶은 하늘이 보입니다 그대를 향해 몸을 세우는 근성의 가지들과 흩어질 듯 펄럭이는 길 꽉 누르며 '아니다, 아니다 아직은 아니다' 침묵으로 포복하는 성벽을 향해 자꾸만 눈에 힘을 모으는 저 중천의 햇덩이 하나

# 물속의 나무

산근山根 모으는 둑길에 서네

참 많은 것 떠나보내고
돌아오는 물 소리
어지러운 꿈 한바탕 나를 질러가네

긁힌 자국 하얗게 덮으며
내 생의 방편이 되어 주었던 것 모두
물밑 돌이 되어 잠겨 있네

상심하여
금이 가던 허공
누군가를 부르는 듯
말을 걸어오네

둥치가 기우는 쪽으로 잎을 떨구어요
무게를 줄이듯 그렇게 살아요
둥그렇게 패여 있는 나이테 굽이굽이
그늘을 부려 놓고 있네

점점 깊어가는 생각의 힘으로
부푸는 물살들
삶의 지문이 묻어 있는 수면
조금 들어 올리네

하늘이 뻥 뚫리는
저 꽉찬
고요
아름다워라

물의 중심 다 드러나네

## 봉익동 은행나무길

바싹 마른 잎사귀 끌어다 묻으며 아무리 파묻어도 서걱이는 소문들과 어울리며 징후처럼 몰아치는 비와 바람 속에 뿌리를 내립니다 잎새마다 노랗게 질린 얼굴, 꼭 그만큼 질려 있는 삶이 보이고 하염없이 풀어내던 말 주렁주렁 달고 있는 저 무성한 시간 속으로 뚜벅뚜벅 걸어가는 뒷모습들이여 젖은 목숨끼리 푹푹 썩어도 좋을 세상, 거기 그렇게 서 있는 그대를 봅니다

# 6번 출구 25시

우리에게 시간이 조금만 더 남아 있다면
배꼽을 감춘 소녀들 재잘거림 풀어놓던 만둣가게 앞 지나가며
유리창 가득 김 오른 더운 숨 살아
싱싱한 식욕 느껴보겠네

로타리 분수대 옆 뿌리 박고 지상의 욕심 내다 버리듯
꼬박꼬박 잎을 떨궈버리는 나무, 마른 가지 위로
어둠 깨물며 기다리던 달덩이 하나 높이
들어 올리겠네

비틀, 발목이 걸려 찢어진 그림자 벗어 버리고
언제나 출구의 반대쪽을 향해 펄럭인
막막함 앞에 출구처럼 그 시간을
세워두겠네

필름이 끊기듯 자주 잃어버리던 길 환해지고
흐릿한 기억 속에 묻어 둔 몸 잠시
환해져서
사랑하는 이여
부질없다, 부질없다 지고 또 지듯 다만 그렇게
다시 한번 지워져도 좋겠네

# 갈남항 갈매새

능선과 능선 이어주던 길 문득 사라지고
생각하면 생각에 취해 휘청
넘어지는 해안

펑펑 쏟아지며 따라오던 눈발 그쳐 수평선 끝없고
흔들리는 목선처럼 묶여있는
내가 보이네

그러나 아직, 지척의 어둠 밀어 내며 집어등 불빛 들어 올리며
고만, 고만 마주 보는 선들이 있어 연신내 지하철 입구
어둑히 저무는 한 사람, 넉넉히
비추고 있어

새들은 이제 고단한 날개를 접었으니 그대여, 오늘은 여기서
차오르는 파도 가슴에 묻으며 뜬눈으로 지새우는
바다가 되겠네

## 말의 자궁

꿈에서 저승을 보았어 무거운 삶 벗어나는 순간 가파른 숨길 막아 새 숨 불어넣고 축축한 살점 발라 새살 채워 주는 빛처럼 가벼워진 영혼들 지하 깊숙이 점지된 땅에서 반짝이는 물이며 공기를 마시며 살아나고 살아났어 하염없이 흘러들어오는 하늘 한가운데 시 한 편 고이고 있었어 마지막 문장 유두처럼 물고 한꺼번에 태어나는 물음표, 정신을 연결하는 고리가 되었어 제 몸 속으로 날아다니는 입술 절로 벌어지는 입 속의 입술 점점 커다랗게 벙글어 마침내 사라지는 저 많은

????????????????? 꿈인 듯 생시인 듯 내가 또 태어났어

# 상현 산방에서

안개가 저수지를 가리고 있습니다
자욱한 저 아래
아직 바람의 고삐를 잡고 있을 물살 푸른 손목
생각을 하면
우리들 대화도 뿌리내려서
우거지고 있을 것만 같아
물수제비 띄우며 던져 넣은 그 날의 섬
어디쯤 가라앉고 있을까
물의 깊이가 궁금한
이 가을
하나둘 가슴 옮겨오는 새들
쟁쟁한 목청으로
해 한 덩이 물어 올릴 때까지
제 무게에 눌려 금이 간 무릎뼈, 통증처럼
절뚝거린 안개
서서히 걷어 내며 일어서는
방죽이 되겠습니다

## 저 바다가 길이다

-진혼제

부서지거라 남김없이
흩뿌려다오
천 길 아찔한 생의 벼랑들아
한번 간 물살은 다시 오지 않는다, 다만
뜨겁게 역류했던 날들
물속에 빠뜨리며
바람으로 불려갈 뿐이다
사무침 굽이굽이
제 살 다 퍼내어 주고
둥둥 들어 올린
허공에서
외마디 비명으로 지러 가는
물줄기
어느 전생에 닿고 싶은 걸까
떠나거라
도지는 가슴아
쓰러질 듯 일어서는
저 바다가 길이다

## 백야도 연가

해안을 따라가네

파도여

넘고, 넘고, 넘어서다
어둠을 넘어 집을 지었나
흰 돛배처럼 펄럭이는
몽돌밭

갈매새 날려 보낸 봉분 사이로
달은 떠오르고
달빛 같은 등대 하나
달 따라 한 바퀴 돌아오며
그대를 지나
나를 지나
어느새 뒷모습이다

우리, 언제 이처럼 멀리
풀려났는가

섬이여

사랑이여

# 오늘은 큰칼 대신 바람을 부려 놓고 있다

1

바라보면 그대의 섬 사도
그림자만 앞세우고 찾아온 나에게도 선뜻
길을 내어 준다

오래 참았다는 듯 자욱하게 열리는 바닷길
공룡의 발자국 퇴적층 무늬 우툴두툴
들어 올리는 바닥에서
젖은 몸 게워 내며 다가오는 바다이끼
아직 시퍼런 눈빛 만난다

어쩌면 이 길은
억울함이 모여서 일구어 낸
기적 같은 땅이거나
슬픈 사랑이 두고 간 무슨 사연이 아닐까
아니면 지난날 항전에서 수없이 베어진
꽃잎 같은 영혼의 행렬이 금방
지나간 것일까

내디딜 때마다 가슴이 밟힌다

2

그 날의 함성이 매몰된 지붕 위로 쏟아지는 노을
피처럼 진하다
서로에게 뿌리를 묻으며 조금씩 가라앉는 섬의 무게
서서히 중심이 잡히고
밤과 낮 사이에서 터질 듯 예민한
검붉은 빛살
하늘에 문신을 새겨 넣으며 내려온다
따끔따끔 들어서는 허공
수없이 뒤집히고 부서진 흔적
거두어들이다
홀연히 일어서는
거북선
그대 깊이 시를 완성하느니
어떤 시대에도 올곧게 지탱해온
정신의 심장부
눈멀고 귀먹었던 역사 어둠을 씻어 내다
미래로 웅비하는 해도를 찾았으리
망막에 어리는 염원의 빛 더욱 푸르러
정 많은 백성 가슴 적시는
한조차 눈부시다

바다여
이제 무엇을 보여 주고 싶은가

오늘은 큰칼 대신 바람을 부려놓고 있다

# 날아올라라, 깃털보다 가볍게

-날개

날아올라라, 깃털보다 가볍게
구봉산 깃들여 한 품에 일어서는 당신이 보인다
돌아보면 역사는 또 얼마나 무거운가
허리가 휘도록 이어져 온 모습을 걷어 내면
오늘을 살아 내는 진정한 정신이 있다
여기, 꽃불 같은 가슴 밝혀 들고
손을 내미는 이여
날아올라라, 세상 어둠 다 지우며
전율처럼 지나가는 용주사 범종 소리
그 소리 따라가면
제 그리움으로 물이 들어 온통 젖어버린
저 무성한 세월의 잎사귀들
서로를 향해 반짝이는
삶의 빛이 되느니
날개여
날아올라라, 깃털보다 가볍게

## 가을에게

뭐라꼬예? 모둥기 다 지탓이라꼬예! 어데예, 그기 아인기라예 맨 첨에는예 낭구 끝에 매달려 허공이나 훑터 내리는 바람인 줄 알았어예 지피던 가지 하나 붙잡는다 카능기 애꿋은 잎사구만 우수수 떨과 놓고예 귀신 헛배맨추로 해를 따 묵고 달을 따 묵고 댕기는 데로 묵어 치우민서도 지풀에 놀란 그림자 그치 착 감기드민서 숨이 딱 머저뿌리는데예 내사 마 와이리 얄궂은 맘을 자꾸 묵는지 몸은 또 우째서 밑뿌리꺼정 이래 흔들리쌌는지 참말로 알 수 없능기라예

# 너에게 주고 싶다

솟대 끝에 마지막 햇살이 걸리면
속눈썹이 싸리울 같은 아이들
얼어붙은 먼지를 차며 돌아오는 곳
사람들이 만들어 놓은 창을 밝히려
다투어 내려오는 별빛을 보며
축제처럼 술렁이는 겨울 가지들
길은 강을 향해 휘어 있고
계곡의 돌들
물빛 여러 번 바꾸고 나서, 더욱
골똘해지는
저 수와리 흰돌의 마음

너에게 주고 싶다

## 제5집

# 나무나라

□ 자서

내게서 시는 과거로 가는 추억의 여행이기도 하다. 특히 이 시집에 수록된 나무 나라 연작 시편은 2002년 개강해서 지금까지 운영하고 있는 詩學 '시, 아름다운 세상'과 인연을 맺은 그들을 염두에 두고 쓴 것이 많다.

가까이 있거나 혹은 멀리 떠나 있거나 다 내 가슴 속에 살아 있는 사람들

시가 체험의 언어이며 상처의 몸이라면, 시인은 그 의미를 공유하는 생명체로써 사물을 직시하고 그 사물의 진실과 상처를 바르게 볼 수 있는 순수한 눈을 회복해야 할 것이다.

자연과 더불어 살며 자연과 친화를 이루어 그 일부가 되려고 끊임없이 회복을 시도하는 것만이 이 느닷없는 불통과 불화의 시대를 극복할 대안이 될 수 있는 올바른 詩의 정체성이 아닐까.

다시 사랑이여, 지워진 그대가 내게 가득하다.

2009년 한여름에

이 기 애

# 제 1부 나는 지금 면벽 중이다

# 길

-나무나라 · 1

퍼붓는 눈송이 다 받아 마시고
고물고물 뿌리에서 밥을 지어 먹이는가
마음을 풀지 마라 얼어붙은 흙터
옹이가 덧난다

## 수화

-나무나라 · 2

오래된 상수리나무가 만들어 놓은
길이 있습니다
그 길의 입구에서 아직 서성이고 있을
한 사람을 위하여
혼불 지피듯 눈이 내리고
그 눈길 따라
무심히 차버린 돌멩이 무겁게 박혀 있는 몸으로
길게
강 하나 따라옵니다

물살 맑은 기질처럼 투명하게
솟구치는 성에 기둥
지난날 허기와 굴욕의 시대 묻어 날리는
저 눈발 뒤집다 몰아치다
길이 됩니다

부러질 듯 꼿꼿한 줄기 허공 질러 놓고
불어나는 가슴 받아 안으며 풍경처럼
쌓이는 발자국
함께 살아도 좋을 눈빛 젖을 물리며
조금씩 생을 다듬어 가는

나무들의 삶
부르튼 허리 수그려 서로에게
문자를 보냅니다 사랑합니다
사랑합니다

선잠에 걸려 있는 그림 속으로
타박타박 걸어 들어오는
선연한 감성과 몇 개 은유가 보여주는 세계

눈물겹습니다

# 재회

-나무나라 · 3

내 그리운이여

바람길 지치다 터뜨린
등걸 휑한
사잇길

저 혹독한 이별의 간극을 건너

싸륵싸륵
싸락눈 싸매는 소리 가장귀마다
목청 푸른 귀방 하나
틔워 주련

하얗게 파묻히는 시간의 가지 끝에, 잠시
눈꽃으로 완성되는
우리

## 뿌리의 땅

-나무나라 · 4

붉게, 붉게 매몰되는 햇덩이
끌어안으며
어둠은 어둠에게 빛은 빛에게 순하게 섞이는
뿌리의 땅
조금씩 닿아가는 보폭으로
그대에게 스며들어
첫 잎새 밀어 올려 언 몸 녹여 줄
따듯한 둥지 하나
마련하리

그리하여 사랑이여, 생의 한순간 환히 켜 들고
꽃 한 송이 피어나는 날
다시 시작되는 또 하나의 세상
만날 수 있으리

# 삭풍

-나무나라 · 5

찬바람 몰아 오네요

딱딱한 해 하나
겨울 가지에 괴어놓고
파열음의 밑둥 까맣게 식어버린
팔과 다리 섬뜩섬뜩
잘려나가는데요

지난 여름 다친 무릎뼈 비집고
햇살 한 웅큼 삐어져 나오네요 그러나
세상은 아직
풀릴 기미조차 없고요

휘청, 넘어지는 제 슬픔 일으키며
골격을 추스르는 저 어정쩡한 각도에서
누군가를 호명하듯 다그치는 소리
솔채꽃 한 송이 피워 올렸던
벼랑의 옆구리, 꿈틀
근성처럼 일어서는데요
독도참치, 동아소리사, 옛날순대국, 한국코인…
낙엽 지듯 뚝뚝 떨어지는

간판들

캄캄한 흙더미 속에서도 추억의 뿌리는
자꾸만 자라서요

멀리 바람의 혀가 풀려요

# 둘레

-나무나라 · 6

안녕?이라는 말이 사랑!인 줄 아는
배경의 운율을 따라 잃어버린 길 모여들어
있는 듯 없는 듯 달이 부풀고
시름시름 앓던 그 저녁
어둑살 짊어 오는 창백한 달빛
입술 축이며
서로에게 젖어 드는
본능의 속도

…잘 지내시죠?… 잘!…

멀리 있어도 둘레가 되는
달무리 춤사위
더운 숨 깃들이는 나뭇가지 위에서

반짝
반짝

어둠 터뜨리네

# 면벽
-나무나라 · 7

온몸, 새파랗게 속 눈 뜨고
무섭게 기다리는 곳에서 내 꿈의 잎맥들
있는 그대로 한 상 가득
하늘을 차린다

가끔 발가락 사이로 수맥이 흘러들어와
깊은 곳으로 정신을 이끌어
불면의 머리카락 쌓이고
수북한 생각 뭉텅뭉텅 빠져나가
분열을 일으키는 저
어지러운 높이

나는 지금 면벽 중이다

# 후식

-나무나라 · 8

잘 부수어진 흙처럼 부드러운 기도가 전부인 식탁을 물리고 조금씩 밀고 들어오는 봄기운으로 자작나무 허물 한 겹 아프게 벗습니다

너무 멀리 와버린 이젠 돌아갈 수 없는 길 내려놓으며 맹독성의 그리움 깨물고 피어나는 꽃잎, 꽃잎 같은 얼굴, 다친 마음 안쪽 화끈화끈 가려워 옵니다

피기도 전에 져버린 시간 불을 지피고 잎차를 끓입니다 후식이 더 진한 그 기운에 접목되어 휘발성이 강한 그대 언어 자욱이, 차향 걸러 내립니다

비밀한 내용 하나가 애달픈 사랑과 어떻게 만나는지, 어떤 별자리로 나타나는지 궁금한 밤, 그러나 아직 뼈가 시린 몸이 묻어납니다

## 중심

-나무나라 · 9

기류를 타지 못한 세상과의 접속
잘못 걸려온 전화를 놓듯
서둘러 끊어 버리는
헛개나무 우듬지가 수상하다

또 무엇을 도모하려는가, 냉기 속에 웅크린
실뿌리마다 내미는
질긴 손바닥
진땀이 배어 있다

혈맥을 뚫고 튀어나오는
꺽진 마디 세워 좌판을 두드리며 파르르
떨리는 손금
먼 우주로 쏘아 올린 문자들 무럭무럭
허방을 메운다

헛개나무 곁가지 맺혀있던
옹알이 몇 개
쓸쓸한 분위기를 정리하듯
지평을 구르고
나무들은 모두 제 적막한 중심을 향해
힘을 모으고 있다

# 잠

-나무나라 · 10

오늘은
대책 없이 뻗어나는 열정의 그림자부터
불러들인다

그렇게 돌아오는 동안
바람은 거듭거듭
살과 피를 훑어가리라

처음부터 없었던 기억을 지우던
머릿속 지우개도 지워 버리고, 차마 지울 수 없어
자주 휘어지던
그 사랑도 지워 버리자, 그리고
텅 빈 시간의 혈관
수액이 가득 차오를 때까지
침묵의 무게 늘어나는 방향으로 덩그렇게
나이테 걸어 두자

물 위를 걸어온 맑은 영혼들
이슬방울 깃들어
숨길 더욱 팽팽해지고
상처의 배후를 모두 쓸어 담아

원시의 제단 위에 올린다

'새가 되거라'

한번 날아가면
다시는 돌아오지 못하는
전설의 비파새
서로 어긋나던 먼나무 사스레나무 겨드랑이 사이로
수시로 드나들며
핏줄에 구멍 내던 깃털 같은 씨앗들
한 톨씩 빠져나온다

저 여린 것들, 어떻게 숲을 이루고 어떻게
그늘을 이루는지
둥치가 점점 굵어지는
나무의 잠
차가운 이마의 강 건너오는
맨발이 찍힌다

# 수혈

-나무나라 · 11

여자가 있네

바라만 보아도 지류가 흘러
죽어도 춤출 수 없는
다산의 몸
수없이 불려 갔던 그곳으로
또 한차례 불려 가
불룩한 배를 열고 계절의 행간마다
몸을 퍼뜨리네

두근거리는 입김들
두터운 관념의 껍질 위로 손을 뻗는 동안
품을 듯 다가오는 지열을 향해
추운 목숨 옮겨 보내며
몰아쉬듯 토해 내는 저 숨 다 건너
어느새 해가 지네

가거라, 낡은 언어여, 눈물이 도는 이미지들이여
처음처럼 설레며 마지막처럼
펄럭이네
어떤 생에 감전되어 뒤척이는지 비릿한

피 냄새 번지는 언덕
솟아나는 순간조차 우툴두툴
느낌의 무늬 새겨지고
별빛 몇 점
필생의 점등을 시도하네

강보에 싸인 채 가쁜 호흡 뿜어 내는 핏덩이에게
더운 심장 수혈하는
빛의 방
아직 살을 에이는 땅울음 덮고
불끈 누워 있는

여자가 있네

## 사랑초

-나무나라 · 12

조금씩 어둠이 밀리고 서서히 풀린 하늘
흘러들어온다, 이미 우리
추억인가

# 득음

-나무나라 · 13

이처럼 살아나는 것은
제 안의 기운으로 비틀리고 비틀리는
소리나무
미처 音이 되지 못하고 터져 나오는
저 소리의 피붙이들

뿌리째 흔들어 놓은
허공이 있기 때문이다

# 수업

-나무나라 · 14

오늘은 고로쇠 방에 자리를 폅니다

목마른 가오새 배불리 먹여 준
그 마음일까요
시퍼런 대팻날도 깎지 못한 진정함으로
무게를 버리고
목숨 뽑아낸 흔적조차 아름다운
결무늬 만들어 잠 속으로 풀풀
날아듭니다

가끔, 방황하는 청춘의 붉은
발자국 찍히고
머리맡에 수북수북 쌓이는
대팻밥 같은 날들
세상과 만난 기억으로 하얗게 탈진한
내 꿈을 마셔 보세요, 지붕을 열면
야금야금 달을 파먹는 구름
수액이 흘러넘친 시간의 슬픔
부려 놓습니다

또 누가 사무치는지, 지상의 꽃을 예감하는

저 피 말리는 영혼의 향기
메마른 안식의 십자가 너머 파릇파릇
생기 불어넣으며

젊은 당신을 불러냅니다

# 시인학교

-나무나라 · 15

눈이 왔다 지난 밤 내어민
새순의 볼이 얼고

마지막일 거야, 오스스
고드름 떼어내며 몸을 일으키는
잔가지들

오늘은 뭉치자, 꼭 한번 보자
멀리 혹은 가까이
전화를 건다

마른 꽃씨가 먼저 도착하고
사방에서 길이 달려와
금방 풋풋해지는
뜨락
삼월 산그늘
자취눈 덮으며
내려온다

밀고 당기는 거야, 손잡고 있을 때
방울 소리 들리면 바로

싹 틔우는 거야

뿌리의 방 따듯해질 때까지 모두
한 곳을 보고 있다

당죽나무 사이, 나무 그네 위, 보송보송
날아다니는 작은 생명들

덕유봉 뭉게구름 잠시 허리를 펴고
오랫동안 기다린
제 마음의 무늬 덩실덩실
일가를 이루어

나지막이 띄워 보낸다

## 축제

-나무나라 · 16

꽃 편지 왔어요, 매화마을에서

꽃그늘 흔들리는 물살 배경으로 낭자한
햇살 받았어요, 나는
황여새 부드러운 목청 하나
답신으로 보내고

그러나 그뿐
무엇을 주고, 무엇을 받았나요, 허기지듯 자주
황사가 서리고요

더 이상 둥지를 허락하지 말아요, 뭉텅
쏟아 낼지 몰라요, 땅에 심은 기억조차
깃털이 되어 훨훨
날아갔어요 그러나 또 축제는
열리네요

어제의 한기 묻어 있는 돌판
추억 한 상
내어놓으며, 가는 듯
오는 듯

속 눈 여미는 곳

멀리 떠돌던 영혼
찾아드네요
후회로 가득 찬 바람 소리 다독다독
재워 놓고, 그 날처럼

해맞이 해요

# 계림 소나무

-나무나라 · 17

둥치가 잘리는 순간 하얗게 죽어버리는
뿌리가 있다, 외줄기 꼿꼿한
길 따라가면
호수에 빠뜨린 제 모습
서늘히 다물고 있는
천 년 그림자

어느 왕조의 슬픔이
저토록 오래 파묻혀 있었는지
잎새마다 눈물 묻어나
하루에 두 번
아득한 시간 깨우는
종소리가 된다, 한 무리
타종하는 새들
날아오르는 방향으로
수면이 몰리고
몇 생을 거쳐 이어 온
혈통의 줄기 꿈틀꿈틀 돋아나
겹겹 푸른 물 드는
계림의 소나무

사랑했던
그 어느 순간보다 간절한
눈빛이 된다

## 그렇게
-나무나라 · 18

꽃잎 밀어내는 저 나무
이름이 뭐더라, 언제부터 저기 살았지
생각하는 동안
몇 개 무덤이 생겨나
배회하던 바람 바싹바싹 단내 나는 햇살 뒤집어
꽃향 속으로 들어가는

관심은 그렇게 빛나는 것이지

한 나무 그늘이 한 나무를 지향하는 동안
그리운 이의 창, 노을빛 번져나
가장 먼 가지부터 몸을 휘어, 하나 둘
꽃등 켜 들지
맺고 풀거나, 풀고 맺거나
다 부질없는
인연의 마디마다 눈금 그어놓은
꽃길 휘돌아
거침없이 젖어 드는 시간의 눈시울 지고 피듯
발자국 소리
그렇게 서성이지
돌아보면

다 눈에 밟히는 것들
어둑살 갈피갈피 빛살 불러들이던
구절초 짙은 눈빛 먼저 저물어
다가올
모든'그렇게'를 위하여
타는 듯 펄럭이는
사월의 밤

또 그렇게 지나가는 것이지

# 화목

-나무나라 · 19

귀를 막지 마라

젖은 날을 갈아 스스로를 자르는
달빛 소리

하얗게 죽은 가지 둥둥 치며
바람새 돌아오면
사계가 분명한 산야 들어 올리며
풀꽃 같은 길 펼치리니
어떤 미움도 용서도 없이
변절처럼 꺾인
불구의 가락, 절뚝절뚝
다 지워지기 전

베어내거라

한 개비 잘 마른 장작이 되고 싶다

## 푸른 업보

-나무나라 · 20

비가 온다 황사의 하늘 나누어 먹고 조금씩 건조해져서 사운사운 꽃이 피던 기억과 불멸의 벼랑 이마를 찍으며 죽어 간 봄날 그 하루 꿈을 묻는 동안 세상의 채널 또 한 번 바뀌고 꺾인 가지 끝에 매달리는 이슬방울, 느린 속도로 허공이 내려온다

이렇게 오래 시들 줄 모르는, 이 그리움은 죄악이다 잘리고 잘려도 움을 틔우는 인간의 푸른 업보, 툭툭 떨어지면서도 마른 등걸 죽도록 감아 오르는, 저 生의 꽃모가지들이여 강은 어김없이 제 깊이로 돌아오고 일정한 보폭으로 거리를 좁혀 오는 산, 어디에도 그대가 남긴 흔적은 없다

## 사월의 시

-나무나라 · 21

변하고 싶다, 나는
변화되고 싶다

수 세기 동안 묻혀 있던
땅을 열고
펄펄 용암의 불을 당겨 오는
죄 없는 뼈 하나

푸른 신랑이여

실뿌리 끝까지 포도알 열리는
만삭의 나라에서, 영원히
처녀림인 그대

신부가 되고 싶다

# 연리지

-나무나라 · 22

능수벚 길을 따라 서호에 갔습니다 어느새
치매의 그늘조차 환한
황혼빛 덮으며
꽃비
뿌리네요

저토록 마주 보며 길게 늘어뜨린
가지를 밟고
물 밑에 빠뜨린 제 그림자
물어 올리는
해오라기 한 마리
돌아오는 길, 늘 끝인 것만 같아
마지막 불빛처럼 깜박이는 역사에서 머뭇거리다
그 마음 흔들어 깨우듯
흐드러지다

차창 두드리며, 뛰어들며
꽃잎 자박자박
원고지 칸칸 채우는
연리지 한 그루 따라오고 있습니다

# 참살이 방

-나무나라 · 23

클릭해 보세요

강원도 영월군 주천면 도천리
햇살마을 보이지요

약속한 비, 그러나
기억의 전부 흙탕물 덮쳐도
무너지지 말아라
끌로 따내기 *, 따끔따끔 맞물리는
그리움의 방
자주 돌아가고 싶은
근성의 몸짓 저며 넣으며
눈물이 번지면 다시 파내라고
나눔의 기쁨으로 그레질 * 하라고
커서를 깜박이는
그대!
누구?

조상의 땅에는 언제나
둥근 하늘이 있어
세월의 내루 * 밑 주초석 들여놓고

저를 베어주세요 맑은 영혼
금을 그어 주세요
산을 살찌우는 나무들 노래

비산의 비애는 무진장 깊어
어떤 부목도 보송보송 生의 속살로 자라는
햇살마을

클릭해 보세요

* 끌로 따내기 : 끌로 파내기
* 그레질 : 주초 윗면과 기둥 바닥을 밀착시키는 작업
* 내루 : 누마루

# 분재

-나무나라 · 24

넝쿨 가시 찔려 낭자한
햇살 먹어 봐, 나는 아직 너의
씨앗이야

벼랑나무, 뿌리석포, 백등나무, 소사나무…
나이테 밖으로 내어미는
칭칭한 입술 마셔 봐
정액이 묻어나는 아침을 손질하며
피어나는 대로 달아날
어린 여자를 또
사들여
발끝까지 캄캄한
그늘의 시간
해장술 한 잔 확 부어 넣는다, 그래
죽어서 사는 거다
쓰린 위벽
동전 몇 개 떨어지는 소리
길게 이러지는 정오의 무력증
주머니 속에서 구겨지고 머뭇머뭇
흔들리는 그림자
풋내나는 몸 옮겨 심어 봐

거짓말처럼 새빨간 노을 좌 악 펼쳐 덮으며
빠르게 벙그는

머리카락 올올이 꽃길 열린다

## 시인에게

-나무나라 · 25

이제 하산하십니까, 배경의
노고단이여

바위를 깎아 낸 듯 새겨진
달마의 눈썹
방랑기 어린 눈빛에
웃음 점안하고요
꽃비로 세수한 동안의 이마 위로
지리산 윤곽이 둥싯
떠오르네요

휘몰이 굽이굽이 꺾어진 바람 길
천천히 등짐 지고 돌아 나오는
저 완벽한 능선
다 생의 골격이라니요

'씻어 내라 씻어 내라 소리소리 지르' * 는
'내림폭 곁에 누워'
하늘 가득히 시를 쓰던
추억은 꽃별처럼 빛이 나는데요
팽팽한 시간의 가지를 치며

'속살 터지는 아픔 안으로 감추고 뽀얀
알몸으로' *  세상과 맞선
오체투지 당당한 둥치의 자세
이미 오래전부터
사스래나무로  살았던 게지요

반짝반짝 마음 뒤집은 이파리마다
접동새 울음 묻어나
하산의 발자국 깊어지는
그대 완곡한
시의
길

이제 잘 보입니다

* 이시연 '바람 시편' 중에서

# 제2부 붉나무 등피에 불을 놓습니다

# 서어나무

-나무나라 · 26

당신, 너무 많은 거 보고 들으며 묵묵히
가파른 비탈 견뎌 왔나
말을 다 잃어버리고

일생 까칠한 턱수염이나 키우다가
키우다가 오늘은
해 담은 다리 지나 불광천 걸어 약수터 오르는
앵봉산 초입, 한 그루
서어나무로 서 있네

울컥 불거지는
근육질의 몸 다 드러내 놓고
공기며 바람이며 촘촘히 적어 넣은
저 말주머니

이파리들이여

그림자 한번 진하다

## 참숯가마

-나무나라 · 27

나를 사랑했던 남자는
제 고른 등뼈를 잘라 다리를 놓아 주고 활활
불의 몸이 되었다

한 가닥 불길 속에 뛰어든 생이여

나는 남아 저문다
보랏빛 연기가 되어 어둑어둑
기억의 뿌리까지 저문다

# 일산 호수공원에서

-나무나라 · 28

연인들이 불어 날리는 비눗방울 속에
호수가 있다

조형의 무지개 베어내며 그 물살 꺾어 수북이
꽂혀 있는 여름갈대
하늘이 뿌리 쪽으로 기울어 무릎 아래
청태를 키운다

제 마음의 무늬로 그늘을 만드는 나무들
지난겨울 아프게 동여맨
흔적 터뜨리며 붉게
웃고 있다

물방울 하나로 목숨과 이어지는 풍경

버찌를 따먹은
까만 입술 콩새 날아들고, 다섯 살
할아버지 걸어 나온다

# 계수나무

-나무나라 · 29

멀다 만월이여 그 오랜 수음 발효되어
극점을 이루었나
발원의 잎새 뿌리 내리느니

마음으로 보면
다 흐르는 길이다 불길 다스리는
물길이다 뇌수가 불어나
생각에 힘을 주며 치렁치렁
달무리 감기고

전설에 갇혀 있던
말문이 열려
초승의 나뭇가지에도 그대 울울한
몸이 핀다

# 주천강 미륵암

-나무나라 · 30

바닥을 보고 있다 강가 나무들, 역류했던 순간 투명하게 굳어 버린 상처에서 꽃이 핀다 그 꽃잎 신발을 만드는 동안 물총새 한 마리 총총총 물이 빠져나간 흔적마다 눈물 어린 목청 그려 넣는다 무성한 계절 꽃신을 신고 어둠이며 빛이며 천둥과 번개의 빛깔조차 탁탁 찍어 내는 죽비소리, 부처가 되고 싶어 스치는 햇살에도 얼굴 터지는 돌들, 먼 강의 입구에서 맨발로 걸어와 가부좌를 튼다

번뇌는 모두 흘려보냈으리
저 꽉 다문 입술

참 오랜 참선이다

# 홍수

-나무나라 · 31

박꽃마을 떠내려간다 금호강, 비릿한 물살

스무 살 영애 언니
하얗게 늙은 박 속 파고 들어간다 천정 깊숙이
똬리를 틀고 있던 구렁이 한 마리
승천을 한다 지붕이 폭삭
내려앉고

거친 발음으로 흩어지는
어머니

과수나무 뽑혀 나가는 붉은
문장 안으로 49번
국도가 달려온다 부릅뜬
기억의 넝쿨 하나 툭
끊기며
떠내려가는 바가지
죽은 사람들의 지문이 번식한다 둥둥
잃어버린 시간이 범람하는

언니의 강, 아직

내 손을 잡고 있는

## 푸른 노래

-나무나라 · 32

그에게서 서늘한
이끼가 쓸리기 시작하면서
딱따구리들 더 이상
찾아오지 않았다

'숲을 사랑하라' 서양의 한 할머니가 잠시 반짝이고

갈라 터진 시간의 껍질 벽에 걸며
그의 여자는
성성했던 날들, 빛나는 눈빛
끄집어내
푸른 노래를 부르다 화면 속으로
사라진다

지난밤
천둥 맞은 비 땅의 체온에 스며들고, 텅
빈집, 문득
거세지는 바람
빈집을 끌고 다니는 이파리
이파리들
유령처럼 떠도는

배회의 쓰린 발자국
이끼가 쓸린다

그 어떤 뇌파의 연결선이 남아 연민한
정신의 가지 하나

딱딱딱 세상을 두드린다

# 그 후

-나무나라 · 33

바라보면 토사의 땅

위험한 각도로 발이 묶인 나무들 비스듬히
어깨를 기대온다

돌아보다 굳어 버린 벼랑 하나
마음 밖에 묻으며
불안한 세상과 접속을 시도하다
쓰러진 몸 가닥가닥
뿌리로 바꾸었나
상한 심줄 모아 아프게 휘어지는 저
비탈의 둥치들

장마에 녹아나는 것 어디
그대뿐인가, 내 오랜 슬픔이 녹아
무슨 참담한
生의 아가리처럼 군데군데
컴컴한

그 끝이 다 시퍼렇다

## 태백에서

-나무나라 · 34

한여름에도 발이 시리다 발원의 물살 베고 누워, 닳고 닳아 제 윤곽조차 지워 버린 계곡의 돌무더기

소나기 몇 줄 긋고 가는 쪽으로 우뢰가 지나가고 수마가 휩쓸어도 여전히 아름다운 산상의 나무들, 길섶 늘어선 개미취 사이로 종아리를 걷고 힘껏 서 있다

사는 일이 밥알에 섞인 탄가루 같아서 사랑조차 거뭇거뭇 물들던 날들, 여섯 살 소년을 철길로 내몰며 복병처럼 숨어 있던 시간, 폭발하듯 터뜨린 막장이 보인다 그러나 문득

목이 타는 열정으로 하얗게 몸을 벗는 그 밤의 자작나무, 휘어진 가지 위에 달덩이 하나 낳아놓고 얼굴을 내미는 달맞이꽃, 별 몇은 잠이 들고 반짝이던 순간순간의 기억이 남아 잠들지 못하고 뒤척이는 하늘 길게 유성이 진다

# 실종

-나무나라 · 35

사람을 찾습니다
미루나무 꼭대기에 걸려 펄럭이는
벽보 한 장

푸른 기운 다 지워지고 순한
미소처럼 가벼운
한 남자를 보셨나요, 각혈하듯
붉은 노을빛 하늘

발자국이 보이지 않는
장산 입구, 마른 눈빛만 남은 生의
전단지 뿌리며 뒤집히는
허공에서

다가올 추위와 이별을 예감하며 점점
앙상해지는
나무, 바싹바싹 타드는
나뭇잎들

## 매미

-나무나라 · 36

푸닥거리합니다 삼대를 빌어 낳은 목숨 잦아들어 이승의 껍질이 되었습니다 한 방울 눈물에도 피가 돌아 펄펄 끓던 시간의 목청, 뚝뚝 쌓는

빈 마음 움돋아라 어둠 차오르면, 소리는 점점이 구천에 흩어져 피 묻은 음절로 피륙을 짜는 하늘, 초저녁별 몇 발등에 떨어지고 잃어버린 기억 붉게 번져나 붉나무 등피에 불을 놓습니다

# 푸른 손가락

-나무나라 · 37

문득, 그리울 것이다
나무들의 방, 깃털 같은 저녁 이야기 가볍게 날리며
자판을 두드리는
푸른 손가락

화면 가득 어둠 흘러든다 피로한 눈 씻어 내듯
이마에 하얀 별이 돋아
'안녕, 내 사랑' 커서를 깜박이며
창이 뜬다

별일 속에서도 별일 없이
하루의 슬픔 마감하기 위하여
크고 작은 짐승과 미물에 이르기까지
그 많은 이름
다 불러들이며 움푹, 늘어나는
둥지의 그늘

다만 반짝이고 싶어 그 날의 발자국 모두
가지 끝에 내어 건다
풋잠을 질러가는 가위눌림처럼
방황의 낯선 얼굴 다가와

제 삶의 무늬로 표정을 나타내기 시작할 무렵
이슬 젖은 발바닥 들어 올리며 말갛게 들어서는
불면의 잎사귀들

무척, 아름다울 것이다 서로 가까이
밀착되어 있는 그 느낌으로
멀어지는

저 별빛 같은 시 한 편, 그대여

## 병실 일기 · 하나
-나무나라 · 38

네 명의 환자와 세 명의 간호인 그리고
휠체어 한 대 잠을 자는
청구삼성병원 506호

회복한다는 것은
오래된 연인처럼 익숙한 몸짓으로
고통과 친해지는 일

# 병실 일기 · 둘

-나무나라 · 39

아무것도 할 수 없는 공간
묶여있는 나와
자꾸만 지워지는 그대 사이에
사각의 창이 있습니다

잃어버린 세월 실어 나르며 달려오는
불빛 바퀴들
슬픈 세상의 속도가 보이고
그 속도에 치여 금이 가는 마음 붕대를 감으며
통증처럼 밀려오는 기억을 모아
등불을 켭니다

변하지 않는 것은 아무것도 없다
스치는 바람 소리

이제 우리
남아 있는 그리움마저 지워 버리고
불면의 밤 견디는 일만
남았습니까

## 병실 일기 · 셋

-나무나라 · 40

이제 곧 폭설이 내리고
하얗게 덮여 버릴
그렇고 그런 이야기들이
예감처럼 찍혀나는
창살을 봅니다

창밖에는
뱉지도 삼키지도 못하는 세월
들여다보듯
우두커니 서 있는 은행나무 한 그루

삶은
별실에서조차
발등에 떨어지는 불덩이 같아
찬비를 맞으며
노랗게 매달리는
잎사귀들

그대 지워진 기억 한 조각
목에 걸려
숨이 막힙니다

## 병실 일기 · 넷

-나무나라 · 41

그대 선물한 황금오리 한 마리 싹둑 잘려나가고 뼈대가 부서져서 차갑게 식어버린 휴대폰, 청소부 아저씨가 복도 의자 밑에서 찾아다 주었다 이렇게 불통이 되어버리는 사람들 …

세상을 향해 던진 꿈이 깨어져 유리 조각처럼 날카롭게 빛나는 시간, 낯선 불빛 욱신욱신 파고드는 병실의 밤 여섯 개의 침대가 다 차고 누군가 방귀를 뀌거나 코를 고는 날은 오히려 사람 냄새가 나서 잠들기 좋았다

온종일 계산하는 보험금 액수가 위장된 표정을 밟으며 자라고 참을 수 없이 냉랭한 분위기에 가위눌려 금이 가는 잠 속으로 무슨 흉흉한 소문처럼 휘청휘청 넘어지는 발자국 소리, 앵앵 앰뷸런스 한 대 또 달려온다

# 병실 일기 · 다섯
-나무나라 · 42

사는 일이 남의 일 같은, 저
불빛 같은 날들
꼬박꼬박 먹어치우고도
정전처럼 단절되는
민정형외과 입원실 606호
새파랗게 날이 선 바람 소리, 아득한
귀울음 질러간다

어질어질하다 그대여

사랑은 뒤꿈치가 잘려나가, 자주
중심이 기우느니
허기를 게워 내는 허공에서
예민한 절망 하나 걸어 나와
몇 개 상처를 지우고
손금이 환한 달이 뜬다, 반짝
반사의 빛 살아나
여기까지 끌고 온 내 얼얼한
그림자 비춘다
까칠한 기억 붙여 물고 자욱이
뿜어 내는 눈빛

눈빛들이
피붙이처럼 살가운
하루를 물리며

유리벽 뚫고 들어온다

# 집으로 출근하는 여자

-나무나라 · 43

그 여자의 집은 열쇠다, 발 빠르게 뛰어도
잠가야만 집이 되는
여자의 방
가까워질수록 전투적인 몸 비틀어
꽉 다문 시간 문을 열고
어둡게 달라붙은 그림자 훨훨
벗는다 가장 익숙한 것부터 지워내는 기억을 업고
자장자장 불치의 꿈부터 먼저 재웠다 그러나

사랑은 지워지면서도 빛나고

다만, 너무 쉽게 잠드는 생이 슬퍼
생생하게 깨어나는 침상
젖몸살처럼 아릿한 추억을 앓았다 가끔
빛바랜 벽지에서 중중의 그리움 들떠 오스스
미열의 바람 들이치고
하얗게 지워지는 목숨 틀어막으며
가장 멀리 돌아 나온 길 멈춘 듯 걸려 있는
12월의 달력 한 장
시도했던 모든 지름길 다 모여
펄럭인다 비골뼈 깊숙이 금이 간

세상이 아파 절뚝절뚝
길을 버렸지만 그 배후에는 언제나
자물통을 지나야 만나는
그 남자가 있다

# 하늘 아래 한 뼘 아래

-나무나라 · 44

이제 막 시작되는
눈발, 풍경처럼 내가 또
흩어지네

분열하는 내 발자국 덮고
구불구불 떠다니던
길을 덮으며
지치고 상한 마음 다독다독
포개지는 눈
눈

맨 처음 만났던
정갈한 미소가 먼저 돌아와
아랫목은 어느새
온기가 돌고
그 밤의 아궁이에 불을 지피며
발갛게 달아오르는
얼굴 보이네
나지막이
하늘이 내려오고, 사랑한다
사랑한다 놓쳐 버린 순간들 쌓이고 쌓여

하얗게 묻히는 길

이제 우리 추억이 되어도 좋겠네

# 회복

-나무나라 · 45

몇 개 충혈을 집어낸다 안압이 심한
높이에서

조금씩 살아나는 기억을 도려내듯
따끔거리며
속눈썹에 매달리는 붉은 풍경들, 자주
핏줄이 터지는
슬픔으로 처방되지만
신경이 죽어버린 말을 끊고
비상벨 같은 술을 끊어도 눈에 밟히는
길, 아직 유효한
의지의 가지 위로 새는
절망처럼 내려앉고
흔들리면서도 바람은 제 깊이로
성호를 긋는다
건조한 목청 비듬처럼 쌓이는
머리카락 사이로
뿌리들이 살을 부비며
추위를 견디는
땅, 또
나를 놓친다, 그러나

어두웠던 어떤 시대에도 뜨거웠던 메시지
사랑, 충혈처럼 나는
회복되고 있다

## 세모

-나무나라 · 46

촛불을 켠다, 낯가림이 심한
상처에 불을 붙인다 하루하루 지워지면서도
그 무슨 그을음처럼 끈질기게 달라붙어
확, 불꽃 당기는…

저런 것이었나, 아프게 돌아보며
남은 생을 보내야 하는
저 여자의 심지에도 꽃불 필까, 그래
조용히 저물자, 발바닥만으로 바싹
바싹 세상을 견디자

벌을 쓰듯 몸을 세우면서
물살 떨리는 호수를 만나면, 더러
물구나무도 서면서

연한 잉크 빛 새벽 머리를 감고
가벼운 영혼 하나
겨울 가지 위에 앉아있다

## 오늘에게

-나무나라 · 47

그리우면 옷을 버리는 거야 잘 가 내 사랑, 겨울 가지들이 허공을 모아 돌아오는 동안만 생각할 거야 발목을 자르고 손목을 자르는, 이 달빛 있어 견딜 수 있어 숨이 탁탁 막히는, 이 어둠 있어 살 수 있어 노래를 부르던 빈방의 기억도, 철썩 등을 치고 달아나던 그 날의 바다도 내일은 까마귀밥이 되거나 쥐똥나무 거름이 되겠지, 그러나

슬픔은 다 재활용품이야 달그림자 척척 안겨드는 골목을 풀어 너에게 보내는

## 단장면 사연리

-나무나라 · 48

그래, 사무치면
사랑이야, 흠집 많은 구룡나무 우듬지
이슬이 맺힌다

저런 모습으로 저물었으리라

한 방울 투명한 공허 속에 안간힘을 쓰듯
허리를 비트는 굴헝이 보이고
더 이상 새로울 게 없어
해묵은 무장처럼 낡아 가는 날에도
울음 속에 묻어 둔
제 깊은 그늘이 있어
떠나간  새들이 돌아오는 길
알고 있지

늘 발밑이 절벽이었던
시간의 땅에서
바싹 마른
얼굴을 내미는
가지들
다 지워지고도 순한 미소가 남아

우거지는
단장면 사연리 겹겹
에워싸인
길

하늘에 닿아 있다

## 안지岸芝

-나무나라 · 49

아직 비릿한 식욕 입안 가득 고이나요 꽃이 지고 잎사귀들 떠나간 땅, 새들은 다시 허방을 틀고 세상에 길을 이을 신발 한 짝 물어 오네요 참, 여러 곳에 있는 당신 여기서 다 놓아버려야 하나요 봄, 하고 발음하면 금방 서러움이 서리는 눈빛, 이 세상 떠나는 눈물로나 씻을까 패여나간 옆구리 후~ 불려온 민들레 씨앗 속에 아직 온기가 묻어 있어 작은 떨림까지 꿰뚫어 보는 뿌리들 기척이 시작되고 우리들 기억을 묻어 둔 무덤 위로 깃털 같은 발자국 찍으며 수런수런 바람이 살아나는 소리의 나라 온전히 물려주리라, 언덕 위로 파릇파릇 오르는 저 햇살, 누구의 뒷모습입니까

# 거미의 숲

-나무나라 · 50

말하지 마 지워지고 있어

깨울 수 없어 촘촘히 꽂혀 있는
소리를 자르는 중이야

손톱달이 뜨면 손을 잡아 줘
이승과 저승을 얽어매며 하얗게
죽어가는 넝쿨손
캄캄한 줄기마다 숨이 돌아
순양의 무리 물고 가며 돌아보는 구름
기억이 맺혀나고
수 세기 동안 기다린 바람의 나이테
슬픈 영혼처럼 감겨 있어

휘어지지 마 등뼈 하나 뽑아 들고
종소리 몇 개 부러뜨리는
저 어두운 길목 문득
환 해 져

병실의 창이 빛나고 있어

# 제 3부  그리운 내일입니다

# 숲속 요양병원

-나무나라 · 51

희망병동은 희망이 없다 여기에 오면
글씨도 표정을 버린다

크고 작은 배열의 어순을 따라
햇살이 굴곡처럼 꺾이고
한 계절의 끝에 깊이 서 있는
숲 속 나무들
서로에게 중독된 기억으로
삶의 행간에 사무치는
눈빛 몇 개 떨어뜨린다 그러나 우리
흐르는 눈물 닦아 줄 바람 그 어떤 격정의 몸짓도 없이
하루 해 삼키듯 그 날의 전문 지우며 오래 저무는
붉디붉은 구름 뜨거운 글씨가 되어 그렇게
손을 잡으며

어디 먼 데 보는 듯
당신 참 여러 갈래 일그러뜨린
표정의 면모가 사라져 길을 놓아 버린

저 풍경만큼 멀다

# 선주목

-나무나라 · 52

얼마나 더 기다려야 이 긴 살승의 날들
다 넘어설 수 있을까

세상 불바람 삼키며 캄캄한
천둥소리
천 년 채찍이 되어 감기느니

새는
아직 움츠리는 내 황사의 가지마다
울음 한 방울 떨구어
시간의 옹이 하나
새겨 넣는다

오랫동안 견뎌 온
가슴을 가르면
나이테 안에 살고 있는 저 붉고
향기로운 물결

뿌려다오 순식간에 져버린
삭신을 묻으며
흩어지는 목숨 껴안고
뿌리가 되는 나무

그대가 보낸 최후의 메시지이다

## 카페, 詩 아름다운

-나무나라 · 53

문이란 문 다 열려 있어 엄마는 또
소문만 먹고 아이를 낳아요

붉은 아침 덜컹거리는 침상
검은 비 내리고
꿈인 듯 꿈이 아닌 듯 바람에 휩쓸리는
잠의 꽃잎들
스스로 유폐된 기억으로
삶이, 죽음이
너무 쉽게 읽혀요

헤독하지 말아요 자주 남발한
난해한 이름들
땅에 파묻혀도 썩지 못해요

분명한 것은
살아있다고 솟구치는 저 풋것들의 노래가
세상을 다시 푸르게
빛낸다는 것
너무 많이 써먹어 상투적인 계절, 그러나
펴 가세요, 엄마의 방

처절하게 아름다워요

# 당신

-나무나라 · 54

추수를 막 끝낸 바지랑대 끝에 잘 익은 보름달 하나 둥싯 걸려 있다

상정리 옛집 뒤란과 헛간 안마당 꽃밭 한 바퀴 돌아 나오는, 그 길은 꿈길조차 환해서 섶다리 아래 너럭바위 아래 팽나무 아래 떨어뜨린 달빛 자국, 손을 뻗으면 손 안 가득 잡혀 오고 개울가 자갈돌 숨이 살아 제 몸에 새겨진 달빛으로 마른 살을 부비는 밤, 웃골 아랫골 꽉 잡고 있는 당산 그림자

오래오래 뜸이 든 빛살 한 소절 흥얼흥얼 빈 가슴 채우며 차올라 휘청, 불콰하게 돌아오신다

## 얼음골에서

-나무나라 · 55

밤이면 달이 부풀어 설원에 갇히는 꿈이 빛난다

서리는 냉기 속에서도 활활
불의 눈이 되어 바라보는
버짐나무 성성한
숲 그림자

투명한 가슴은
몇 개 구부러진 기억으로 추억을 연명하며
바람이 불 때마다 쟁강쟁강
얼음을 깨물었다

더 이상 눈물은 없다 추운 몸으로 다가오는
빙벽을 두드리다
사소한 일조차 완강하게 맞서는
길을 꺾으며
입안 가득 하얗게
씹히는 사막

그대 붉은 시간의 모가지 화인처럼 찍혀있다

## 밀회

-나무나라 · 56

물이 올랐어요 한 발만 들이면 확 당기듯
길은 이어지고

힘을 놓고 걸어요 타박타박 귀를 빠뜨리는
계곡의 골똘한 나무들
자잘한 벌레 집 들이는 대로 힘껏
그림자 넓히네요

창을 열어요 탱탱한 시간의 잎사귀들
버찌를 따는 바람과 입맞춤하며
입맞춤하며 하얀 속살 벙그는
산수국 꽃잎

빛을 삼키네요 먼 나무, 달구나무, 자귀나무
오래 숨겨 둔 오솔길 올라 나오는
그대 잔기침 소리
북한산 자락이 두런두런
나를 읽어요

# 빙의憑依

-나무나라 · 57

한 무리 주검의 행렬 보여요

경계를 허물 듯 쏟아지는 하늘, 진폐의 징후처럼
쿨럭이는 산

오래전 몸을 떠난
노여움은 노여움끼리 손을 잡고 우우
몰려다니는데요

또 어느 허기진 영혼을 들이는지
한여름에도 서늘한
계곡 냉기 속에 뿌리박은 자작나무 가지 부르르
부르르 몸을 떠는 소리

폐광촌, 다 풀어헤친
빈집 끌고 가는

검은 바람 행렬이 보여요

## 황지연못

-나무나라 · 58

여기, 돌아보다 돌이 된 그녀가 죽어서
살고 있다

업業처럼 업은 아이와 순종하는 개 한 마리

지금 이 바람
발원의 물살에 이르기까지 굽이굽이
역류하였으리

점점 부풀어 오르는 수면
먼 산의 윤곽이 다가와
뚜렷해진다

새 몇 마리 제 발자국 지우며 가볍게
가볍게 날아가고

새가 앉았던 기억만으로도
흔들리는 나뭇가지

무엇을 잃고 무엇을
얻었는가

전설의 노여움 승천을 하는

빈 마음 토닥토닥 하늘이 내려앉는다

# 장마

-나무나라 · 59

큰 비가 온대요 창문 꼭꼭 닫고 주무세요 너무 적막하지는 마세요 집이 허하면 꿈의 뿌리가 죽어요 그러나, 흐르는 목숨

다음 세상 더 푸르고 무성하리라고 제 치열한 상처의 결을 모아 빛나는 옹이 만드는 나무, 기억을 적시고 가장 익숙한 슬픔이 먼저 베이는 내 안의 꽃잎, 아직 붉은 당신의 몸을 적셔요

급류를 터고 폭포를 만드는 동천 너럭바위, 별 몇 점 물수제비 띄우던 날들, 목이 메이네요 끼니는 거르지 마세요 저녁 밥상 위로 자주 추억이 기웃거리고 고향은 이미 무너져 늑골 사이로 눈물이 새고 있는

새들이 부풀려 놓고 간 하늘 먹구름 빠르게 지나가고 과거에서 미래까지 한 품에 읽어 버려 소스라친 영혼들, 지상의 열매 떨어뜨리며 오늘의 심장 교환하고 있어요 그렇게 다 잊었거나, 시간을 거스르는 길 찾았거나, 서로에게 젖어 드는 계절, 가슴에 짐승을 들이고도 저렇게 가벼운 바람, 축축한 잎사귀 뒤집으며 사라질 듯, 사라질 듯 살아지네요

# 남천

-나무나라 · 60

무늬를 보면 안다
발가락 손가락 다 잘라 바치고도
수액을 내어 준
축축한 추억 마를 날 없이

그렇게 견뎌 냈구나 제 몸의 불길
불거진 둥치마다 바람의 채찍 파고들어
한결같다 저 물색없이 휘이는

그러나 칼칼한 잎사귀들
붉고 푸른 시간의 입술 깨물며
쓸쓸히 떠나는가

무엇 하나 이룬 것 없다 터질 대로 터진

계절이여, 마지막 순간까지 침묵하는
그 고요가 완성이다

## 바닷가, 까마귀밥여름나무

-나무나라 · 61

바다는 또 한 차례 휘몰아치다 하얗게 달신한 보 래알 성을 쌓건 말건 제 뒤집힌 속을 부려 놓고 달아나 저릿저릿 저물어 가는 바람 줄기

사는 것이 자주 당하는 일 같아 거꾸로 서는 시간에 기댄 슬픈 어깨, 자꾸만 기다리는 마음 벌레가 울고 먼 들이 넘어져 흔적조차 사라질까, 참 오래 그리운

수 세기 동안 무지개를 꺾던 눈으로 한 오름 빚고 있는 구름 불후의 그림을 보다 문득 적벽에 맺힌 피 한 방울, 뜨겁게 영그는 그대를 보겠네

## 서산, 그 추억 속으로

-나무나라 · 62

바람은 또 철새가 날아드는 방향으로 불어 갑니나

해가 지면서 힘껏
수평선 들어올리듯
남은 기운으로 최선의 눈빛 만들어
오랜 생각의 가지 끝에 매달린
까치밥 하나

어떤 변화의 징후처럼 한낮보다 더 눈부신
하늘 내려와
붉은 노을 띠를 두르고
염화 미소 가득한
관음 계곡 지나
해미읍성 나지막한 굴뚝
돌아 나옵니다

무논에서 쉬고 있는
노랑부리저어새, 쇠기러기, 말똥가리, 후투티
그리운 물떼새
꽉 딛고 있는
배경의 바닥 깊이가 실려

그대에게 가는 길 잘 보입니다

# 하늘공원

-나무나라 · 63

이렇게 볕 좋은 날은 하늘 계단 오르자

버려진 시간의 매립지, 바람과 눈물 스며들어
오래 묻혀 있던 비애를 닫고
번쩍 받쳐 든 땅

11월 햇살 온몸 뿜어
화살나무, 흰말채나무, 조록싸리, 댕강나무
나지막이 이어지는
천변을 걸어서

흐드러져 흔들리거나, 제 꼿꼿한
자세를 세우거나
바라만 보아도 좋을 모습
모습들

어둠의 속도에 잠식되기 전
유충의 알이며, 억새, 갈대, 숨겨놓은 길이며
가슴으로 흐르는
물빛 하늘이며

피고 지는 눈빛 하얗게 우거지는
저 인연의 서식지에서, 우화로 가는 길을 찾아

늙지 않는 추억을 만나자

## 쓸쓸한 여유

-나무나라 · 64

바다 탓이다 발등에 떨어진 바다, 잠시
잃어버린 균형의 어린 손가락
사각의 창틀 넘어온 햇살 마구 찌른다

종로 3가 위태로운 간판 사이로
손에 감자를 갈아붙이고 화기를 식히던
열다섯 너의 사춘기
그 치명적인 시간 함께 업혀 응급실 벽 걸려 있는
오직 밀물뿐인 바다

"어머니 준서 이제 괜찮아요 손등도 가라앉고 손가락도 아물었어요"

자장자장 아이의 통증을 재워도
다시 쓰기 시작하는 일기처럼 참 많은
말을 하는 바다

가위눌린 꿈처럼 뒤척이는 불치의 방, 반짝
불이 들어오고
아픈 허리 눠어도 좋을

저 쓸쓸한 여유

탈진한 시간 속에 거친 숨 꼭꼭 박아 넣으며
내가 또 회복되고 있다

## 토우

-나무나라 · 65

우리 무슨 일이 있었나요, 짙은
바람의 소리
오랜 방하의 기척들 깨어나 파릇파릇
밟고 가네요
있어도 죽은 듯, 없어도 살아 있는 듯
나를 감싸고 있는 그대
그대인가요
지반이 약해 자주
무너지면서도
씨앗을 파종하고 뼈를 묻은 땅
잊혀지던가요
비와 구름, 흐르는 시간 배우며
사랑했던 하늘
돌칼이 반달처럼 떠 있네요
그래요 더운 숨결, 늘
위험했어요 다시 떠나도
밤이면 죽은 나뭇가지 둥싯 달이 오르고
잃어버린 기억이 먼저 돌아와
귀 기울여 깃드는
화정면 상정리 돌밭 돌배나무
버리고 버리고 버려도
남아 있는
그대가 그대인가요

# 눈꽃나무

-나무나라 · 66

두명하다 싸늘히 얼어붙은

저 팽팽한
거부의 눈빛, 그러나
어떤 삶도 완성일 수 없다 펑펑
쏟아 내면서도

제 몸의 허墟를 모아, 꽉
다물고 있다

눈 뜨지 마라 불바람 세상

얼마나 더 태워 버려야
착齪을 놓을까

부서져 나가거나
잘려나가거나
가슴이 허공 가득 찬
마른 등걸로 서서
울컥울컥 솟구치는 가지마다 난무하는
속울음 하얗게 수습하며

한바탕
소신공양 중이다

# 매화 시학
-나무나라 · 67

바람의 연대를 생각했어요
다압 매화밭
나무가 일으킨
저 많은 구릉과 구름의 전설을 읽으며
오직 푸른 하늘만 선물한
그 마음 아시겠지요
낡은 어떤 이름도 새로운 별자리로 태어나는
꽃그늘 환한 어둠의 둘레
담뱃불이 날아다니네요
눈이 매워요 봄밤의 향기 눈물을 묻고
어디 허기진 영혼 깃들다 가나 꽃잎 훑어 둥둥
달문 두드리네요
처음이었나요 꽃술 익던 방
말갛게 걸러진 한 사발 말씀으로 몸을 채우고 다시
풋풋한 열매로나 열릴까 중얼중얼
참 오래 힘을 빠뜨리던
몰두의 눈빛 하나로 한 사조가 정리되네요

우리가 찾아 새롭게 세워도 좋을 시간
그 절정의 행간에서
자꾸만 안으로 자라나
스스로를 옭아매는 저 집념의 머리카락
끝이 안 보여요 그러나 모두
완성으로 가는 길
겹겹 사무쳐 흐르는 生, 牲의 골짜기마다
소문처럼 번져나는 향기
그대 가장 숙성된 모습이에요
이제 그만 피어나
만나 보세요

# 꽃비

-나무나라 · 68

그녀의 눈물을 바람으로 수정한다

어떤 간절함이 저토록 오래
환할 수 있을까
눈물방울 투영하며 흐르는
바람의 입자들
무슨 날카로운 감정의 현絃에
마음을 베인 듯
불그스레 핏물 번지는
허공, 봄꿈 한바탕
긋고 긴다

저 낭자한 꽃모가지, 그러나

그녀를 기억하는 것은
때늦은 사랑처럼 지고 또 지는
꽃잎이 아니다
질 일 하나만으로 치열하게 피는
가지의 높이에서
숨길 트는 바람이다

나무가 지닌
오랜 습성의 힘으로 뿜어 내는
시간의 향기
이 싱싱한 기운 가득 채워

그녀의 눈물을 바람으로 수정한다

## 꽃 지는 날

-나무나라 · 69

글방문고 폐업

자욱하다 삼십여 년 이루어 놓은
시간의 먼지

마지막까지 남아 있는 시집 몇 권 골라내며
8년 홀로된 시인의 아내
웃는 듯 우는 듯 꽂혀 있는
풍경을 정리한다

김춘수의 비중, 김상미의 비명, 노천명의 비애를 넘기는
오후의 창, 목을 놓으며
상처처럼 붉은
장미꽃
한때 세상과 이어지는 건
싱싱한 가시뿐이라고 찌르고 찔리던
본능의 절망도 시들고
지난밤 꿈속에 찾아온
그 참담한 미소로 눈에 힘이 풀어지듯
뜨거운 중력의 삶을 정리한다

분분한 꽃잎 지고 또 진다

이제 자신의 뿌리로부터 놓여나는
쓸쓸한 자유

하루해가 빠르게 넘어간다

# 각시당

-나무나라 · 70

누가 생목숨 끊어 파도가 되었나요 안개의 머리카락 몇 게 길을 트는 하늘, 인기척 한 번에 폭발처럼 일어나 들끓던 시간 빠져나가고 해일조차 가라앉아 뻘밭 건너오는 발자국 물구나무서는

우리 너무 먼가요 그게 나예요

더 이상 바다여자가 아닌 슬픔 새파랗게 속눈 뜨는 소리쟁이 무성한 울음으로나

그러나 오세요 다시 그리움으로 태어나 나무에 스며요 또 한 차례 세상이 바뀌고 물이 들었던 흔적마다 만선의 뱃길 찍혀 나네요 참 여러 곳에 엎드린 퇴적층 무늬 살아남아

자주 번개를 꺾어요 기다리던 땅에 뿌리 묻은 자귀나무 한 그루, 꽃이 있든 꽃이 없든 흔들리는 제 그림자 파고드네요 바위를 안아도 억새를 안아도 갈 곳 없는 허공의 연무, 귀를 놓고 풀어지는

저 기나긴 사랑, 안보이나요 그게 나예요

## 미포리에서
-나무나라 · 71

섬 몇 개 솟구친다 어린 물고기들 온종일 토닥거린 바다, 몸으로 밀던 당구공을 놓고 최후처럼 숨을 모아 손을 흔드는 그 순한 미소가 부표처럼 떠돌고

그런 날은 수평선 너머까지 환해서 하늘 끝으로 구름 몰고 가던 햇살 다 빠져나가도록 출렁출렁, 섬 그늘 실어 나르는 잎 넓은 해초 붉은 노래

파도가 일 때마다 내지른 피 묻은 음절을 제 몸 부서져라 옮겨 오는 은모래 한 입 가득 물고 갈매새 몇 마리, 오래오래 배경이 되어 앉아있다

## 입술연지수선화

-나무나라 · 72

어떻게 열어 보이겠어요 서 여린 비늘줄기

열매조차 맺지 못한 부화관의 공허
붉은 노을 차오르네요

내 사랑은
발등에 떨어지는
해 한 덩이
목숨의 생즙으로 향유를 만들어요

한 차례 회오리 같은 삶 지나가네요

배경은 언제나 오늘의 파도
천둥과 우뢰 다 받아 삼키고도 반짝이는
윤슬의 길 풀어
화피갈래 갈피갈래 물을 들여요

어떤 그리움이 이토록 오래 출렁일 수 있겠어요
세상 어디에도 닿지 못해 제 그림자 둥둥
뿌리 내리는 슬픔
하늘 땅 바다 시퍼렇게

그어놓았어요

그래요, 맨발로 걸어온 해안
추억은 또 불후의 시 한 줄 하얗게 물고 가네요

돌아보고 돌아보며 떠나가네요

## 오늘의 꽃잎 자욱하다

-현대문예 창간 10주년을 축하하며

너의 이름으로 불을 당긴다

징 소리여!
지난 십 년 미래 십 년
우리 조우는
울림에 울림을 딛고 일어서는
부활의 불꽃
멀리 더 멀리 확산 되느니
멈추지 마라
다함 없는 문향의 징 소리
무거운 가슴, 가슴 가볍게 두드리다
득음의 그 날까지
젖은 손에서 젖은 손으로 끊임없이 이어져서
청청하거라, 비정하여 어두운 세상
어느 곳이든
따뜻하게 들어 올리는
환한 목청
목숨의 허기 촉촉이 적시는
단비가 되어 다오
그대 사랑하는 일 하나로
불 그림자 태우는

저 축제의 촛불
징 소리여!

오늘의 꽃잎 자욱하다

## 정화의 등불

-김수환 추기경을 보내 드리며

당신은 이 시대의 정신입니다

사랑하라!
사랑하라!

다시 깨어나 눈발 성성 살아
휘날리는 길

가까이 있으나 멀리 있으나
오래 손때 묻은 묵주가 말씀처럼 빛나는
안식의 관 그 눈부신 반증을 향해
두 손 모으는 사람들
당신이 완성한 푸른 정신으로 성수를 뿌리며
매서운 바람과 어둠을 뚫고 이어져
뭉클뭉클 다가옵니다

당신이 남기신 두 눈과 간절한 성호
굴절이 심한 어떤 영혼도 깨끗하게 추수하는
저 빛의 세계
죽음 넘어 지향하는
참다운 가치며

정화의 능불임을 알고 있습니다만

오늘은 눈물입니다

세상이 어두울수록 서로 온기를 나누어야 한다

사랑하라!
너희와 모든 이를 위하여

어려운 삶, 상처받은 아픔 다독이던
당신의 기도가
부드러운 미소로 부활하는
생명의 연장선상

그리운 내일입니다

*2009년 2월 21일 세계일보

## 푸르게 만나자

-한강

푸르게 만나자, 저 발원의 물줄기

대수, 열수, 아리수 이름 바꾸며
수없이 흐려지던 곳 다시 맑히느니, 그대
노안의 눈빛조차 환하다
한강이여

서두르지 마라, 서두르지 마라 목숨 태우는 빛으로
흐름의 중심은 뚜렷해지고
온종일 건져 올린 태양 방죽의 그늘을 쌓는다

무엇이든 다 받아들이리, 굽이굽이 태어나
오늘이 되는 물 소리, 한 세상 건너가는 눈물까지
꿀꺽꿀꺽 삼키고
범람하는 대로 닥치는 대로 숨 막히게 살며 떠나며
가슴에 산을 품는 물거품들

손을 잡으면 부유물로 떠도는
어느 슬픔인들 씻어 내지 못할까
삶의 응어리 절정의 모래알
번쩍번쩍 들어 올리며 내려오는 저 영원히 젊은 하늘

그리운 수평의 나라로
깊이를 다하여 둥글게 흐르다 푸르게

푸르게 만나자, 우리

# 투병 유고 시

# 아름다운 영혼을 위하여

-하나님께 · 1

하나님, 사랑하는 나의 하나님
신앙하는 마음 사각사각 수박 먹듯 삼켜도
시험에 든 하루
서녘에 걸려 있습니다

## 금호강

-하나님께 · 2

나는 옛집 싸리문 곁에 앉아있습니다
어디로 갈까
침 탁! 치던 손가락
지루한 오후의 나무 그림자 흘러듭니다
한 소쿠리 가득 하늘을 인 젊은 어머니
흰 목단 저고리가 빠르게 지나갑니다

뒤란에서 모이를 쪼던 닭들, 길게
제 울음 풀어냅니다
그 울음 밭
작은 손 터지도록 꾹 쥐곤 하던
볼이 발갛게 자란 단발머리
금호강 푸른 눈빛으로 출렁입니다

손을 펴는 순간
병실 창 아리도록 풀어 내는
햇살 맑은 물빛
아, 하나님

당신은 아직 강변의 나무처럼 서 계십니다

# 기도 소리

-하나님께 · 3

어찌 그리 아름다운지요

먼 별빛 당기는
기도 소리

기억을 잃어버린 이방인들
하나둘 돌아와
불을 켜 드는
저 간구의 역사를 보세요

앞서간 인자의 뚜렷한 발자국마다
무슨 슬픔 찍혀 있어
공중의 새와 바다의 물고기가
나뉘어 살겠는지요

두려워 마세요
궁핍했던 그 많은 시간들에게 더 이상
끌려다니지 않아요

오직 눈빛 하나로 서로를 서원하는
당신의 순한 성도들
어찌 그리 아름다운지요

## 그 날이 오면

-하나님께 · 4

한없이 벙그는 꽃향 됩시다

그 향기에 싸인
만촌동 1번지
아이들 그림 속에 잠시
쉬었다 갑시다

가벼운 터치 한 번에도
그네가 흔들리고
스치듯 일어서는
마른 풀잎
바람에 몰려 거꾸로 흐르다
나직나직 겸손한 물살
받아들입니다

천국은 분명 있어요

하나님
사랑하는 하나님

남루란 남루 다 벗어 놓은 환한 높이에서

저 긴긴 요령 소리가 되어 우리에게
한없이 벙그는 꽃향 됩시다

## 투병

-하나님께 · 5

보고 계십니까
하나님

움직일 수 없어 제 몸 질러가듯
일용할 속도

게

워

내

고

있

습

니

다

# 부록

## 평론

# 변근석의 시 세계 『퉁소』
## 삶의 고뇌와 시적 진실

이기애 (시인)

### 1부. 그대 가슴에 꽃을 피우라

변근석 시인은 함흥시 원평면 어느 작은 마을에서 태어났다. 어린 시절 유복했던 기억이 채 여물기도 전 6·25전쟁을 겪어야만 했고, 민족의 비극 1·4 후퇴 때 전쟁의 희생양이 되어 전란 중에 잃어버린 가족과 두고 온 고향에 대한 뼈저린 상실감을 고스란히 안고 인생의 변방인 안동, 봉화, 부산 등지를 전전하며 고달픈 피난 생활을 해야만 했다. 하지만 그는 책 만 권을 읽을 것이라는 목표를 가지고 손에서 책을 놓지 않았고 학업에 전념하여 대학원 과정까지 이렵시리 마쳤다.

결혼 후 아내도 의과대학을 나오도록 뒷바라지했고 함께 서울에서 개인 병원을 경영하며 불우한 이웃들을 찾아가 오랫동안 의료봉사활동을 전개하였다. 슬하에 둔 1남 2녀 모두를 결혼시켜 일가를 이루었지만 고향에 돌아가고 싶은 간절한 꿈을 버릴 수가 없어 이순이 지난 후 병원을 정리하고 청계산 옥녀봉 산자락 아래 칩거하면서 고향에서 보았던 꽃과 풀, 새와 달을 정원 가득 들여놓고 시와 서예, 명상의 세계를 함께 구축해서 결국 시를 쓰는 시인이 되었다.

그에게서 고향은 시의 질료인 그리움의 원천이며 삶의 자세 또한 시이다. 시와 고향과 삶이 한 물줄기로 흐르는 시편들, 살아온 모든 경험을 포괄하면서 자신의 성숙 과정과 삶의 고뇌, 그 무게를 시적 진실성으로 극복해 가는 과정을 이 시집에 수록된 시편에서 읽어낼 수 있다. 이처럼 변근석 시인은 오래전에 고향을 떠나왔지만 시인 특유의 상상력을 통하여 고향과 고향 사람들을 자유롭게 만나고 있었던 것이다.

변근석 시인의 시는 사색과 명상에 그 뿌리를 두고 있다. 이럴 경우 시인의 작품에는 감정의 표출보다는 인생과 사회를 관조하며 스스로를 다스리는 사색의 힘, 즉 명상의 결과가 응축되어 나타나기 마련이다. 그렇게 명상을 시의 중심으로 삼았을 경우 그로 인한 정신적 반응 역시 시를 창조하는 원동력, 즉 절대적인 기운으로 작용할 수 있을 것이다.

그리고 정신의 움직임과 결부된 효과적인 방법을 통하여 명상이 범하기 쉬운 관념화의 경향을 배제하려는 노력의 소산으로 삶의 지문이 묻어 있는 시를 쓰고 또 치열하게 시를 연마하고 있는지도 모른다.

그러나 시인은 때로 시의 대상을 보면 볼수록 자꾸만 참담해지는 의식의 방황을 느꼈을 것이다. 그 의식의 발로야말로 삶의 고뇌이며 고양된 정신의 빛이기도 했으리라.

무릇 현대시의 다양한 경향은 모두 고뇌에서 출발하고 있으며 어떻게 이 참담한 현실감으로 다가오는 고뇌의 무게를 극복해 나가느냐의 문제로 집약된다. 이러한 맥락에서 볼 때 시인 자신의 순수한 탐구정신은 또 다른 영혼의 눈을 뜨고 세상에 대한 비평적 성찰을 이루었을 것이다. 그 성찰의 정신이 바로 이 시집 전부를 관류하는 바탕이 되고 있음을 알 수 있다. 이제 시인이 세상에 맨 처음 내어놓는 시집의 시 한 편을 살펴보기로 하자.

나는 몰랐습니다

겨울 어느 날
삭풍이 스쳐 가던 날
말간 공명이
내 안에 일어났습니다

언제쯤이면
내 삶의 가락으로 그대에게
닿을 수 있을까요
나를 건너서 그대를 건너서
달빛 따라 풀려나가는
울음소리

온 몸 떨리고 흔들리는 이 슬픔
바로 그대인 것을

나는 알았습니다

-「퉁소」 전문

이 시는 시인 스스로가 '퉁소'가 되어 자신의 인식 세계를 철저히 퉁소의 가락으로 풀어나가는, 다시 말하자면 의인화된 퉁소의 의지와 음절로 구성되어 있다. 모상이나 재현에서 창조의 영역까지 확장된 차원의 진폭을 보여준다.

'언제쯤이면 / 내 삶의 가락으로 그대에게 / 닿을 수 있을까요' 간절한 염원을 담고 있는 이 구절처럼 시인이 일생을 통해 온전히 가 닿고 싶었던 그대는 시인에게 어떤 대상이며 그 무엇일까, 누구나 이 시를 읽으면 한번 스스로를 돌아보며 자문해 보게 될 것이다.

'말간 공명이 내 안에 일어' 나고부터 시작하여 '나를 건너서 그대를 건너서' 물신주의가 판을 치는 세상 집단의 이기적인 가치관들이 쏟아내는 덜컹거림과 광신의 굴레 등 그 모든 병폐적인 삶의 요소들을 상상력의 날개를 달고 훌쩍 뛰어넘어 '달빛 따라 풀려나가는' 시성의 자유로움, 옛 선비들의 풍류 정신에 기인한 퉁소의 가락 '울음소리'가 되어 내적 통로를 추구해 나가는 시인의 정진성이야말로 그대라는 언어로 표상된 정신의 한 경지를 '온몸 떨리고 흔들리는 이 슬픔'으로 성찰하여 보여주고 있다.

이처럼 통소는 시인이 극복해야 할 삶의 주제이며 시의 소재였던 것이다.

밤새껏
잠든 해를 붙잡고 몸부림치다
새벽녘
허옇게 맥빠진 얼굴로
서산을 넘어가는
저
달·좀·보·소

-「허기」 전문

「허기」 시편을 살펴보면 시는 어떤 경우에도 표현되어지는 것이지 설명되는 것이 아니라는 시의 기본 생리를 시인이 잘 이해하고 있음을 알 수 있다. 시의 완성을 위해서 그만큼 언어를 절제한 흔적이 보인다는 것이다. 시는 안착된 그 순간부터 뿌리내리고 싹을 틔우고 꽃을 피우기까지 유충의 우화처럼 그 지형도를 그려놓아야 한다는 시적 진실성을 적용시키며 끊임없이 존재에 대한 물음을 자신에게 던지는 상태와 일련의 지평을 확보해가는 보폭의 느낌이 강하게 다가온다.

이처럼 변근석 시인은 스스로의 탐구성으로 한 세계를 이룩하고 있는데 이 시에서 나타나는 것처럼 그 인식의 단계가 어디까지 갈 것인가 기대해 보게 된다.

여기에는 직접적이거나 간접적인 시인의 체험이 내재되어 있겠지만, 시인의 상상력은 이 체험을 바탕으로 매우 확장되고 있다.

'밤새껏 / 잠든 해를 붙잡고 몸부림' 치는 상태가 현실이었다면 이 작품은 해와 달로 대비된 우주의 설화성을 그대로 지닌 채 환치시킨 자신의 자화상이기도 하다.

그러면 여기서 그의 시 세계의 단초가 되는 "삶의 고뇌와 시적 진실성" 인 삶의 자세를 시인의 언어에서 한 번 짚어보기로 하자

땅만 물어뜯을 것인가
.... 중략 ....
꺾인 무릎 옹골차게 다시 세워
흙먼지 이는 길이라도
일으켜야지

-「두더지」 일부

종일토록
분노의 모래알만을
삼키고 있다

-「소라」 일부

핏발 선 매눈 칼부리 같구나
.... 중략 ....
어쩌겠니
힘껏 기어가려무나, 그러나 아직
바다가 멀구나
아가야

- <갓거북이> 일부

달무리 속에 목을 놓고
바람 부는 대로
가슴을 엽니다

-「달맞이꽃」 일부

두터운 껍질 벗어던지는
자유를 꿈꾸며

고향 별빛 찾아 헤매입니다

-「우렁쉥이」 일부

나의 묘비엔
"구름 사랑한 구름처럼 떠난 이"
이렇게만 적어다오

-「둥근 하늘 · 5 /구름의 눈」 일부

인간이란 추구하던 것이 이루어졌다 한들 금방 또 다른 희망을 품게 되므로 결핍의 속성이 근원적으로 남아 있기 때문에 누구에게나 이 세상은 만족스럽지 못할 것이다. 그래서 시인은 보여지는 것, 즉 현상의 이면에 감추어진 시적 진실을 찾아 인식의 비전을 도모하는 시의 삽날을 들어 올렸는지도 모른다.

여기에서 다시 한번 시인의 고뇌를 생각하게 된다. 사노라고 '두더지'처럼 '땅만 물어뜯'었을 것이며 다시 '꺾인 무릎 옹골차게' 일으켜 세웠을 것이며 '소라'가 되어 '분노의 모래알만을' 삼켰을 것이다.

한 편의 시가 시인의 많은 체험과 상상력으로 이루어지듯 읽는 이에게도 그에 못지않은 상상력으로 공감을 불러일으킬 때 비로소 시에 대한 묘미를 느낄 수 있다. 시 「갓거북이」를 보면 정 많은 이 땅의 아버지로서 시인의 삶의 자세 그 성실성이 좋게 보인다. '핏발선 매눈 칼부리' 같은 세상에서 살아가야 하는 금방 태어난 갓거북이로 대칭된 아이들에게 "어쩌겠니 / 힘껏 기어가려무나, 그러나 아직 / 바다가 멀구나 / 아가야"라는 언표에서 유추해 보건대 조급하지도 않고 그러나 절대로 고삐를 늦추는 법도 없이 삶의 어려움을 극복해 가는 지혜와 순응적 세계관이 삶의 자세이며 바로 시인이 지향하는 시의 진정한 정신임을 알 수 있다.

자연은 최선을 다하지만 고요하다. 이보다 더 아름다운 모습이 있을 까, 변근석 시인 역시 이런 자연의 눈으로 모든 상처의 배후를 읽어 보 고 싶었나 보다. 삶의 현장을 파헤치던 시인의 시선이 점점 자연화되어가고 있다.

그리하여 시인이 「달맞이꽃」이 되어 "달무리 속에 목을 놓고 / 바람 부는 대로 / 가슴을" 열며 자신과 자연을 접목시키는가 하면 「우렁쉥이」에서는 "두터운 껍질 벗어던지는 / 자유를 꿈꾸며 / 고향 별빛 찾아" 세상사 훌훌 벗어던지고 떠도는 시인의 자유정신이 「둥근 하늘· 5 /구름의 눈」에서 "나의 묘비엔 '구름 사랑한 구름처럼 떠난 이' 이렇게만 적어다오"라고 함으로써 그 초월성이 더욱 선명하게 드러나고 있다.

자연은 우리에게 다양한 얼굴로 다가오는 다감한 모습인가 하면 한없이 작고 보잘것없는 것이 인간 존재임을 자각하게 만드는 불가사의한 힘을 보여주기도 한다. 인간의 삶이 영원히 자연과 분리될 수 없는 것처럼 시에서도 중요한 제재가 되는 동시에 자연은 곧 서정시의 산실이기도 하다.

## 2부. 잠든 영혼을 깨우고 있다

그대의 과거는
오늘 속
미래 또한 오늘 속에 있다네

제 그림자 밟고 서 있는
느티나무 나이테
그 모든 세월이 다
오늘에 있다네

오늘이 무엇인지 안다면 이미
문 앞에 이른 것이네

가슴을 열고 차 한 잔 드시게

-「오늘 · 1」 전문

명상시의 면모를 보여주는 「오늘 · 1」에서 우리는 오늘을 사는 인간의 본질과 사색의 힘을 느끼게 된다. 인간의 능력은 무한하지만 지구상에 존재했던 천재들도 자신의 잠재적 능력을 5% 이상 사용하지 못했다고 들었다. 인간의 뇌세포는 대부분 사용되지 못한 채 사장되어져서 결국 퇴화한다는 말이 되는데 그렇다면 인간의 잠재능력 속에는 엄청난 창조적 에너지가 들어있다는 이야기가 된다.

더구나 시인은 적어도 자신에게 잠재된 능력을 한순간에 발휘할 줄 아는 사람이라고 본다면 시인이란 어떤 존재인가. 끝없는 의문에 사로잡혀 있는 자신의 고통을 마치 스스로 즐기듯 영혼의 피를 찍어 언어로 빚어내는 언어의 연금술사라는 것을 시인은 염두에 두고 있으며 또 한편으로는 자신의 에너지로 그 성실성을 실현해 가고 있는 것 같다. '부제. 2 잠든 영혼을 깨우고 있다'라는 대목이 암시하듯 우리는 그러한 상태를 시인의 언어에서 발견할 수 있다.

시란 바로 이러한 정신세계의 산물이다. 이처럼 시를 통해 시인의 정신세계의 깊이를 가늠할 수 있으며 시 속에는 시인의 세계관, 가치관이 스며 있을 뿐만 아니라, 그가 겪었을 내적인 고통과 갈등까지 배어 있기 마련이다. 특히 시인의 갈등이 심화되고 그것을 극복해 낼수록 독자에게 주는 감동의 폭이 크다. 다시 말해 갈등과 갈등을 극복하여 화해로 나갈 수 있는 정신의 힘만이 바로 독자들을 감응시킬 수 있다는 것이며 그러자면 갈등도 범상한 것일 수 없고, 화해의 과정 역시 쉬운 것이 아니다.

주지하듯 '제 그림자 밟고 서 있는 / 느티나무 나이테 / 그 모든 세월이다' 오늘에 있다는 깨달음의 시선으로 '오늘이 무엇인지 안다면 이미 / 문 앞에 이른 것'이라는 달관의 상태가 바로 시인이 극복한 공간이며 '가슴을 열고 차 한 잔 드시게'는 그 공간을 공유하고자 하는 또 다른 차원의 성찰일 것이다.

일련의 연작 시편을 살펴보면 '언제 우리 피 뿌리지 않고 / 진정한 자유 나눌 수 있을까'라는 처절함과 우려의 목소리를 동시에 담기도 하고 '극한 대립 부서지는 거리에서 오늘을' 보는 화급하고도 다급한 오늘의 일들, 그 피할 길 없는 비극적 현실성을 직시하는 예리한 시각이 첨예하게 나타나고 있다.

가슴에 꽃 한 송이 피우듯 옥녀봉 계곡에 스며들어 퉁소 가락 풀어내며 살다가도 잠든 영혼을 깨우듯 성큼 일어나 어느새 저잣거리를 기웃거리며 방황하는 모습으로 불안한 오늘을 직시하고 있는 시인의 직관과 절실한 외로움이 내재되어 있는 시관을 가진 시인의 시, 그러면 여기서 또 시인의 언어 그 성향을 살펴보자.

정을 두었던 자리마다
번져나는 이끼처럼
어김없이 배반당하는 하루

-「산당의 돌무덤」 일부

이 한 몸 꼿꼿이 세워
쩍쩍
갈라진 세상
…… 중략 ….
꿰매고 싶어

- 「바느질」 일부

남과 북의 벽 끝에서
손을 내밀면
낭자한 어린 선혈
…… 중략 ….
내 안에 고인 눈물이 강이다
…… 중략 ….
기필코 기필코
저 강 건너야 하리

- 「洛東江」 일부

인용한 시 3편에서 보면 다소 시점의 차이가 있긴 해도 시인이 천착 하는 시대 그 비극성이 어디에서 기인된 것인지 역사적인 배경을 알 수 있다. 전쟁의 상흔 속에서 자라야 했던 시인의 체험은 「산당의 돌무덤」에서 나타나는 '정을 두었던 / 자리마다 / 번져나는 이끼' 같은 그 무엇이었을 것이며 '어김없이 배반당하는 하루'를 경험해야 했던 처참한 현실이었을 것이다.

그러므로 「바느질」에서 시인은 '이 한 몸 꼿꼿이 세워 / 쩍쩍 /갈라진 세상' 그 아픔과 불안정함을 꿰맴으로써 시대적인 상처를 조금이나마 치유하려는 대안을 마련하고자 했는지도 모른다. 여기서도 시인의 염원에 의한 화해 정신이 여실히 드러나고 있는 한편 「洛東江」 시행을 보면 그 성향이 더 구체화되어 가슴을 치고 있다.

'남과 북의 벽 끝에서 / 손을 내밀면' 포탄이 터지는 거리에서 '낭자한 어린 선혈'의 피를 뿌렸던 땅, 그 처참하게 각인된 기억들이 결국 '내 안에 고인 눈물이 강'이라는 구절로 표상되고 있으며 '기필코 기필코 / 저 강 건너야'만 도달할 수 있는 곳, 남과 북으로 갈라진 겨레의 비극, 그 현실감을 상기시키고 시인의 절대 정신의 귀착지인 고향과 고향의 사람들을 만날 수 있다는 인식을 토대로 하고 있다.

## 3부. 사랑엔 거리가 있다

시라는 개념이 흐르는 물처럼 유동성을 지니고 생명체처럼 끊임없이 진화하는 것이라면 변근석 시인이야말로 끊임없이 깨우치는 생명의 영원성으로 자신과 가족, 이웃과 사회, 주위의 모든 것을 보듬으며, 다 함께 따뜻한 인성으로 돌아보고 있는 것이다.

강변을 거닐어도
고을고을
헤집고 다녀도
채워지지 않는
서러움이 있다
빈손 흔들며
지나온 세월
하늘에 묻히고
개구리밥풀처럼
뿌리 들고 떠다니는 나는
늘 邊方에 서 있다

-「변방에서」 전문

대상을 차분히 바라보는 시안의 깊이가 보인다. 안식을 잃어버린 현대인들의 상징인 「변방에서」 깊숙이 '채워지지 않는 서러움' 같은 연륜의 진폭, 잔잔한 심성에 고즈넉이 깃든 외로움의 소재들이 '하늘에 묻히고' 어디에도 뿌리내리지 못한 변방의 삶이 오히려 안온하게 서정성을 살리고 있다. 이러한 시적 화자의 목소리는 시를 승화시키는 정서적 요소이다.

시는 인간에게 내재한 가장 맑고 순수하고 진실된 마음의 표현이다. 이렇듯 시가 일상적 언어의 의미가 지워진 자리에 사물의 속살을 환하게 드러내는 투명한 언어라면, 시인은 시를 살아온 인간의 절실함을 '하나의 섬'에 이입시켜 '아래로 아래로 흘러'가는 '돈오의 세계'에서 '더 낮추고 살아야 한다'는 범종 소리 그 맑은 울림 속으로 물처럼 흘러들어 자연성과 하나가 되고 있는 것이다.

어떤 선택의 여지가 있는가
탄생의 순간부터
죽음을 향해 달려가고 있다

몸 안으로 흐르는 시계
저 소리
왜 아무도 듣지 않는가

떠나야 할 때
그윽한 향기와 밝은 빛 따라간
수많은 영혼들

저 너머 피안으로 접어들기 전

째깍 째깍

남아있는 시간만이라도
제대로 살 수 있었으면

나는 다만
나의 시계 소리를
귀 기울여 들으려 한다

-「남아있는 날들 / 시계」 전문

시간현상학, 즉 모든 것을 지배하고 있는 실체를 시간이라고 본 것이다. 이렇듯 시간은 도무지 종잡을 수 없는 것이면서도 우리의 존재를 소멸이라는 종착점으로 끌고 가는 것이라는 사실만은 분명하다. '어떤 선택의 여지가 있겠는가' 이처럼 인간은 '탄생의 순간부터 죽음을 향해 달리는' 시계에 불과한 것을, 시간으로부터 자유로울 수 없다는 것을 인지하고 시인은 '남아있는 시간만이라도 / 제대로 살 수 있었으면' 하는 바람을 가져보지만 안타까움과 더불어 존재에 대하여 허무한 인식을 더 많이 갖게 된다.

'그윽한 향기와 빛을 따라 간' 그 시간이 스치고 간 자리에 '수많은 영혼들'을 보기도 하고 모든 시간을 '몸 안으로 흐르는 시계' 소리로 대치해 놓기도 하지만 짙은 상실의식만 자리 잡게 되는데 중요한 것은 그런 비의가 단순한 비극성으로만 끝나지 않는다는 점이다. 시인은 결구에서 '다만 나의 시계 소리를 / 귀 기울여 들으려 한다'고 함으로써 아직 남은 시간에 대한 희망을 버리지 않고 있다.

시인이 추구하는 세계, 그 진실성과 정체성이 시인의 지혜와 어우러져 하나의 덕목으로 이어지고 있다. 이와 같은 온건한 세계가 다소 불화의 세계를 수용하지 못했다는 아쉬움이 남겠지만 첫 시집을 상재하는 변근석 시인의 다양한 정서적 표출과 명상적 에너지에 힘입은 화해정신으로, 보다 더 견실한 정신이 이루어지리라 믿는다.

## 이시연의 시 세계 『요즈음엔 버리는 연습을 한다』
### 얼음장 밑으로 구르는 투명한 물 소리

**이기애** (시인)

지리산 산신령님의 젖가슴일 거라는
구름 위에 떠 있는 반야봉은
만복대쯤 올라보아야 제격이다
풍만하고 보드라운
두 덩어리 젖무덤이여
가뭇하고 동그런 젖꽃판까지

그런 황홀함을 통째 차지하려고
애써 반야봉에 기어오르면
길을 가로막는 가시덤불 숲과
험상궂은 바위와
깎아지른 벼랑을 만날 뿐
기대한 바람은 허망하게 무너진다.

우리의 사랑도
상처받지 않으려거든
너무 가까이 다가가지 말 일이다

오, 순수하고 아름다운
너와 나의
적당한 거리

-「적당한 거리」 전문

반야봉과 젖무덤과 가시덤불 숲과 벼랑과 바람을 소제로 구성된 이 작품은 지리산을 배경으로 하여 순수한 사랑을 표현하고 있는 것으로 보이지만 살펴보면 온건한 인품으로 서로를 지켜주며 정신적으로 살아가야 할 인간의 도리를 깨우치고 있다.

신령님의 젖가슴과 험상궂은 바위를 대비시킴으로써 시인의 육성에서처럼 '온갖 잡스러운 것이 판을 치는 시대'의 비인간성을 폭로하고 '자연환경과 인간의 존엄성과 서민들 살림살이가 만신창이 되고' 있는 현실을 '시린 가슴'으로 견디며 '맑은 햇살과 신선한 바람을 그리'는 시인의 내적 진실이 '적당한 거리'를 유지하는 세계, 즉 중용의 정신으로 인식되고 있음을 알 수 있다.

1) 눈부신 꽃송이 곁에서도
조금 비껴서 바라볼 일이다

-「이젠 좀 느슨해지고 싶다」 일부

2) 귀엽고 사랑스럽다고
혼자서만 차지하려 했던
탐욕이 부끄럽고 부끄럽다

-「부끄러운 고백」 일부

3) 너무 많은 것을 탐해 왔기에
요즘은 버리는 연습을 한다.
................ 중략 .....................
꺼질 줄 모르는 탐욕을 위하여
산을 내려와야 했다

-「하산가」 일부

4) 오늘도 부질없는 꿈속에서
아홉 송이 구름으로 펄럭이고 있다.

-「서포西浦선생의 눈빛」 일부

일련의 시편에서도 나타나듯 한결같은 자연성으로 순화시킨 중용정신, 즉 詩와 人을 함께 성찰하려는 시인의 지고한 시정신이 삶의 바탕을 이루고 있음을 알 수 있다.

1)은 눈부신 꽃송이로 비유된 욕망과 지나친 목적의식을 경계하고 있으며, 2)는 넘치는 탐욕으로 빚어지는 헛됨의 결과를 지적하고 있다. 3)에서는 이러한 것들로부터 벗어나려고 조금씩 버리는 연습을 하지만 다시 확인되는 그 갈등구조의 상황을 반추해보고 어쩔 수 없는 인간의 속성을 허망해하고 있으며, 4)는 서포西浦 선생의 눈빛이 되어 인간사 부질없음을 바라보고 있다.

'산을 만나면 이내 산의 그 풍성함이 되어 산을 시로 노래하고, 물을 만나면 그 물을 노래하고, 또 누구를 만나면 이내 환히 웃으며 그 사람을 노래하는, 그런 품성을 지닌 사람, 이라는 윤석산(한양대 교수) 시인의 말처럼 어디에나 잘 동화되어 살아가는 시인에게 소주 한잔 따듯이 건네고 싶다.

어머니
눈이 시리도록 푸르른 날에
내림폭 곁에 누웠습니다
어머님 품속처럼 포근하진 않아도
가슴이 시원하게 트여옵니다
남산만큼이나 큰 바위를 타고
끝없이 물살이 쏟아집니다
씻어내라 씻어내라

소리소리 지르면서
........... 중략............
어머니
내림폭 곁에 누워서
한나절 내내 간절하게
어머님 깨우침 한마디
귀 기울여 봅니다

-「내림폭 곁에 누워서/ 바람시편 · 52」 일부

'눈이 시리도록 푸르른' 시각적, 촉각적 이미지와 '씻어내라 씻어내라 소리소리 지르는' 청각적 이미지가 마치 물질문명에 찌든 영혼의 고뇌와 위선의 탈을 말끔히 씻어 내릴 것 같은 구문이다. 어머니 품속처럼 포근하고 가슴이 탁 트여오는 선의 경지, 그 인간 본연의 순수성에 도달하여 고향(어머니)을 잊고 사는 세월 속에 고향처럼 찾아오는 다감한 시인의 인정을 느낄 수 있다.

이렇듯 이시연 시인은 여정에서 만난 산목련 한 송이에서도 '한치 앞도 드러내지 않은 채 꼭꼭 숨어버린 가야의 부끄러움'을 발견하고 '숫한 인연들이 손짓하는' 병풍소를 다시 찾아가서 이승과 저승, 사물과 관념의 경계를 넘어 '쌍선봉과 신선대사와 월궁항아님을 씻어 내린 물줄기들이 벼랑으로 뛰어내리는' 부안댐 침묵의 물이 되어 존재의 원류적 고통과 시인이 내재하고 있는 초월적인 심상을 관조의 시각으로 이끌어내고 있으며 '속살의 아픔으로 몸을 풀고 있는' 처지에 갇혀 있는 현실을 직시하면서 시인이 추구하는 세계 그 이상형의 공간을 시 속에 담아내고 있는 것이다.

그 상징물이 '꽃비 내리는 봄날' 다산초당에서 '귀양살이의 외로움'으로 툭툭 무너져 내리는 꽃동백이 되기도 하며 '겨울 가뭄으로 목 타는 보문호수를 굽어보면서 목월 선생 그 카랑한 음성으로 도화桃花가지 반쯤 가리고 흐르는 달'이 되어 속울음조차 말라버린 시린 가슴으로 '우리가 가야 할 길을 타이르고' 있는 것이다.

속살까지도 몽땅 내주고
빈 껍데기만 둥둥 떠다니는
우렁에미의 눈물겨운 사랑입니다

-「상학 할머니 · 1」 일부

빌어먹을 년, 잡놈의 예편내, 엠병헐 놈, 왠수겉은 종자, 여시 같은 할망구, 호랭이 물어갈　인간...

-「상학 할머니 · 2/ 그리운 이름들」 일부

세상살이의 아쉬움과 애달픔과 원망들을 모두 불길 속에 사르는 것이리라, 자식 손주와 소중한 인연들의 애꿎은 일도 몽땅 태워 달라는 액막이의 소망도 곁들여서, 군불 지피기로 하루 일과를 시작하는, 인정이 쩔쩔 끓어 넘치는,

-「상학 할머니 · 3/ 군불 지피기」 일부

할머니의 신앙은 꼭 불심만은 아니다. 신 새벽마다 정화수를 떠놓고 비손을 하고, 가끔은 점을 보아 푸닥거리도 하고, 때로는 당신이나 서낭신이나 조왕신도 섬긴다. 좋다는 일이면 이것저것 가리지 않고 챙긴다. 그깟 신안의 대상이 대수랴, 치성드리는 신심이 중요할 뿐이지

-「상학 할머니 · 4/ 신앙의 대상은」 일부

상학 할머니 연작시편은 정겨운 고향냄새 물신 나는 따뜻한 시다. 인간다움의 정취를 지닌 시어들이 거침없이 전개되는 유장한 흐름, 한마디로 참 잘 읽혀지는 구절들이며 한 사람의 독자로서 과연 우리가 잃어버린 것

이 무엇인가! 하는 각성과 함께 스스로를 한번 돌아보게 된다.

척박한 시대, 마지막 보루라고 하는 모성 성으로 상징된 상학 할머니의 정신과 질펀한 삶의 가락을 통해 종교관을 정립하고 모든 문제들을 안으로 품어 녹여내는 사랑의 힘을 보여준다.

'빈 껍데기 둥둥 떠다니는 우렁이 에미의 눈물겨운 사랑'으로 승화된 보살심과 마구 터져 나오는 욕설 속에서 가장 인간적인 진실과 사람 냄새나는 구수함을 건져냄으로써 덕성을 쌓는 자비심을 표현하고 있다.

지성이면 감천이라고 하듯 '군불을 지피면서'에서는 고단한 일상 속에서도 끊임없이 지혜의 불길을 지피는 헌신의 자세와 사랑의 극치를 보여주며 혼란과 위기감에 시달리는 현대인들의 여러 가지 문제와 광신 또는 맹신으로 파생되는 종교의 문제들 '그깟 신앙이 대수랴, 치성 드리는 신심이 소중할 따름이지'라는 일갈로 이 모든 문제를 흔쾌히 수용해버리는 상학 할머니는 우리 모두의 고향 같은 존재이며 우리가 잃어버린 가장 순연한 정서임을 알아야 할 것이다.

마음이 곧 부처요 만물이 불성이라 했다.

이처럼 인생 여정에서 만난 온갖 것들, 자연과 불상과 역사와 인간과 관념들이 시인의 시 속에 용해되어 흐르고 있는 것이다.

첫 새벽 노고단에 올라 시린 눈뭉치로 세수를 하고 '얼음짱 밑으로 흐르는 투명한 물 소리'처럼 자신의 길을 정진하고 있을 이시연 시인에게 다음 태어날 시편들을 기대한다.

잎을 되돌려준 나뭇가지가 짱 짱 하다
텅 빈 하늘아래
마른 대궁마저 조촐하게 울리는
늦가을 어스름

-「어떤 계시」 중에서 ≪心象≫ 1999년 1월호 발표

# 김송배의 시 세계『시인의 사랑법-껴안기, 껴안기기』

## 인성 부재의 극복과 사랑의 조화

이기애 (시인)

### 1. 부재를 통한 절대순수의 시혼

첫 기억인 것 같다. 사방 듬성듬성 엮어 놓은 원두막에 누워 있었다. 반짝이는 이파리 사이로 주렁주렁 열려있는 사과 알들, 후끈한 바람 냄새가 흘러와 기억의 핏줄을 처음으로 흔들어 놓았다. 자라면서 조금씩 멀어지기 시작한 고향과 고향 사람들, 물길 시오리를 건너다니던 나룻배가 사라지고 하늘이 내려와 담긴 제비꽃 언덕이 사라지고 골짜기 입구에 우뚝 버티고 서 있던 감나무 두 그루도 사라졌다. 조부님이 일구었던 논이며 밭, 어머니의 발자국이 켜켜이 쌓인 과수원길, 이젠 눈을 감아야만 보이고 한없이 따뜻했던 그 사람들이 서로 이해가 앞서 가슴에 냉기를 품은 듯 싸늘하게 변해 버렸다. 물질로만 치닫는 시대의 참담한 실상이 남아 있을 뿐, 고향에서 고향을 잃어버린 것이다.

김송배 시인의 여섯 번째 시집『시인의 사랑법-껴안기, 껴안기기』를 읽으면서 잃어버린 세월의 모습들을 하나하나 만나는 것 같다.

오래전부터
그곳은 텅 비어 있었다
무너진 초가더미에 깔린
아린 기억 한 움큼
아직도 웅성이는데

혼자 수줍게 흔들리는 패랭이꽃
지금 이 농촌 외딴 마을은
모두가 '不在中'
큰 글씨의 팻말이 걸려 있었다

不在中 - 모두들 어디로 갔을까.

-「不在中 · 1」 전문

괴테는 "시는 체험"이라고 했다. '오래전부터' '텅 비어 있는' 것이 시인이 체험한 현실 공간이며 스스로 확인한 존재의 모습이라면 '무너진 초가더미에 깔린 / 아린 기억 한 웅큼'은 부재의 삶을 인식하고 그 위기감을 벗어나려는 시인의 극복 의지를 드러내고 있으며 '혼자 수줍게 흔들리는 패랭이꽃'은 다시 돌아가 꿈꾸고 싶은, 즉 귀소본능의 자아를 성찰한 시인의 정서가 내면 깊숙이 뿌리 내리고 있다고 하겠다.

(1) 녹수청산綠水靑山도 없고 / 만산홍엽灣山紅葉도 없다

-「不在中 · 2」 일부

(2) 화면 속이나 화면 밖에서도 / 너도 없고 나도 없다

-「不在中 · 3」 일부

(3) 목말라 그리던 꿈마저 / 이젠 누렇게 온 천지를 뒤덮는 허망

-「不在中 · 4」 일부

(4) 다만 어지럽게 뒹구는 낙엽들 제 갈길의 향방에 깔리는 어둠을 줏어 담는 시커먼 비극의 무덤 하나가 보였다

-「不在中 · 6」 일부

(5) 의식이 독초로 자라는 내면 어디엔가 / 언어는 썩은 냄새

-「不在中 · 10」 일부

(6) -- 목격자를 찾습니다.....(중략)..... / 오늘도 스스로 증언해 줄 아픔이 /

전신주에 저 혼자 매달려 젖고 있다

-「不在中 · 13」 일부

이처럼 위기의 시대, 그 상실과 번민을 소재로 하고 있으면서도 끊임없이 조화를 이루며 탐구해 가는 시정신의 발로야말로 이 시대의 모든 불합리성과 부도덕, 불신과 파괴 등으로 상처받은 인성을 회복하고 실종된 자아를 정립하여 부재의 상황을 탈출하려는 극복 의지이며 시인의 바람직한 자세가 아니겠는가.

이 「不在中」 시편 중 (1)에서는 자연 파괴에서 오는 우려의 목소리가 담겨져 있으며 (2)에서는 인간성 파괴에서 나타나는 '나'의 부재와 도시적 삶의 괴리를 질타하고 있으며 (3)에서는 상실된 꿈과 오염되어 버린 정신세계의 불안을 차라리 허망으로 표현하고 있다.

또한 (4)는 마침내 '어둠을 줏어담는 시커먼 무덤 하나'로 사라지고 말 세계 대종말론에 그 절망감이 닿아 있으며 (5)에서는 '의식의 독초로 자라는 내면 어디엔가 / 언어는 썩은 냄새'라고 함으로써 철저하게 스스로를 비워내는 시인의 정서와 보다 정직한 '나'를 찾아가려는 인식의 구도가 올곧게 나타나고 (6)에서 '-목격자를 찾습니다'에서는 느닷없이 들이닥치는 우리들 삶의 비극성, 그 처참한 전경을 '오늘도 스스로 증언해 줄 아픔'이 되어 있는 시인의 감성이 '전신주에 저 혼자 매달려 젖고' 있는 상태인 것이다.

시는 무엇을 쓰건 아름다워야 한다고 생각한다. 아름다움을 추구하는 자세야말로 화해로움을 추구하는 자세가 아니겠는가. 일련의 시편들을 살펴보면 절망과 좌절로 점철된 생의 순간순간을 냉정하게 포착해 냄으로써 시인이 추구하는 세계, 그 진실성과 정체성이 담겨있는 언어 하나하나가 더욱 진솔하고 이름다운 정신세계로 전개되는 것을 발견할 수 있다.

'이미 썩어버린 나무 그루터기' 같은 체념과 상처로 점철된 이미지가

'습관처럼 무력한 인간'들에 대한 연민으로 변형되고 있으며 '지옥의 울림만 하늘로 떠오르는' 비판의식 속에서도 '처절한 폐허 위에 서서 몇 년 전 푸른 숲속에서 우짖는 산새 소리'를 회상하며 현존하고 있는 모습들이 따뜻한 인성과 접목되어 부재를 통한 자아의 정립으로 지향하고 있음을 알 수 있다. 그러므로 끊임없이 시도하는 김송배 시인의 탐구정신은 또 다른 승화의 세계를 꿈꿀 수 있기 때문이다.

## 2. 사랑, 그 영원한 주제와 화해의 미학

태초에 '신은 동그라미 하나로 인간을 만들었다.'라고 한다. 공처럼 생긴 인간을 다시 '반을 갈라서 남자와 여자로 나누었기 때문'에 반쪽이라는 말로 사랑하는 상대를 표현한다고 한다. 그렇다면 김송배 시인의 말처럼 둘이 만나 서로 껴안는 것도 원래의 상태를 확인하려는 한 방편이란 말인가.

시집 『시인의 사랑법-껴안기, 껴안기기』라는 제목부터가 그러하고 '사랑은 영혼의 진리'라고 말하는 시인의 체험적 시론을 풀이해 보아도 그러하다. 「사랑법」 연작시편의 배경이 되고 있는 '나'를 찾아 '너'를 인식하고 화해의 구도를 근원적으로 추구하는 것 모두가 동일한 맥락에 닿아 있음을 알 수 있으며 '껴안기, 껴안기기'라는 구체성 있는 언어가 제시하는 절대순수의 터널을 거쳐 원래의 모습으로 돌아가려는 강한 회귀성으로 해독해야 할 것이다.

왜냐하면, 연작시편 모두가 사랑 그 자체를 주제로 하고 있으면서도 인격 완성이라는 현실 구조의 틀 하나를 더 껴안고 있기 때문이다.

> 나는 나를 미행하는 한 물체를 섬뜩하게 어느 날 보았다. 내 몰골을 빼

닮은 유령이듯 밤낮없이 그는 내 곁에서 나를 감시하는 충실한 충복이었다. 태어날 때부터 함께 점지된 나의 분신이었을까. 그러나 무섭다. 혼자일 수 없는 내가 어느 은밀한 골목에서 후줄근한 걸음과 마냥 지쳐있는 흐릿한 정신까지 불투명한 몸짓으로 그는 나를 옥죄고 있었다. 어찌 보면 언제나 쫓기면서 살아가는 나를 진정으로 이해하고 있는지도 모른다. 그는 밤마다 몸부림치는 내 영혼과 함께 누워 너는 너를 사랑하라, 사랑하라. 아아, 지친 육신 위에 잠시 반추되는 사랑, 그래 모두를 사랑하리라. 어느 날 문득 나를 닮은 또 하나의 내가 어눌하게 서 있다.

-「사랑법 · 1. 그림자」 전문

김송배 시인은 철저하게 자신을 탐색하고 있다. '나를 미행하는' 것도 나이며 '내 몰골을 빼닮은 것' 역시 나이다. '나를 진정으로 이해하고 있는' 나와 '내 영혼과 함께 누워 있는' 나 사이에 '또 하나의 내가 어눌하게 서 있는' 상태마저 오직 나일 수밖에 없다.

이처럼 모든 상황은 '나'로 인해서만 그 존재의 확인이 가능한 상태로 설정해 놓고 사랑을 통하여 찾아낸 진정한 정신인 '나'를 온전히 건져내어 성찰의 단계로 발전해 가고 있는 김 시인의 지혜가 돋보인다.

(1) '너'를 위해 옷깃을 세운 채 골목을 비틀거리며 영혼을 노래하는, 넉넉한 사랑을 손짓하는 시인과 함께 사랑하는 '나'이고 싶다.

-「사랑법 · 2 .너에게」 일부

(2) 무위의 어둠을 짓밟는 바람일지라도 그것을 탐닉하려는 너, 마냥 너의 환한 웃음은 나의 울음으로 흔들리고 있다.

-「사랑법 · 3 .꽃」 일부

(3) 울엄마 젖무덤 넘실넘실 자야 가슴팍에 묻힌다. 아무도 일러주지 않는 사랑 연습을 우리는 스스로 익히고 있었다.

-「사랑법 · 5 .풍향계」 일부

(4) 내가 움츠리면서도 그대들 살아 있음과 사랑할 수 있음이 동면에 묻힌다.

-「사랑법 · 7. 동목冬木」 일부

(5) '사랑해' 그 화음이 해뜰녘이거나 저물녘이거나 늘 나와 함께 푸른 강물로 젖어 있다. 멀고 가까움이 이젠 지워진 그 시인의 사랑 그리고 사랑법.

-「사랑법 · 9. 시인의 사랑」 일부

(6) 혼돈이 정류되지 않은 채 전신을 관류하는데 .......(중략)...... 백지로 다시 태어나기 위한 시간의 굴레가 이제 어지러운 영혼을 밀어내고 있습니다.

-「사랑법 · 10 .성 안드레아병원에서」 일부

(7) 이슬로 수혈하는 참으로 어리석은 사유가 그냥 잡초더미에 묻혀 그를 사랑했노라 빛바랜 상징만 말리고 있었다.

-「사랑법 · 11. 할미꽃」 일부

(8) 시는 사랑이다..... (중략).... 아무도 예감할 수 없는 그 시간 홀연히 향기로 다가와 나를 껴안고 나는 너에게 껴안긴다.

-「사랑법 · 12.시 또는 껴안기 껴안기기」 일부

(9) 아직도 내 곁에 탐스러운 유혹으로 남아있을지라도 나는 그대와 함께 사랑을 나누리라. 어느날 흙으로 돌아갈 때까지.

-「사랑법 · 13. 이브에게」 일부

이처럼 「사랑법」 연작시편 중 (1)의 경우 사랑과 조화를 이루며 시작詩作을 통해 추구하는 시인의 시 세계를 나타내고 있으며 (2)에서는 '무위의 어둠을 짓밟는 바람일지라도' 절망하지 않고 꿋꿋이 피워낸 꽃송이 같은 마음을 바탕으로 하는 시인의 영혼을 반추하고 있으며 (3)은 모성성을 수용하는 남성성의 한계를 사랑의 미학으로 풀어내고 있다. 아들은 어머니를 존경하지 않으며 오직 사랑할 뿐이라고 한 말을 공감하게 하는 부분이다.

그리고 (4)는 '내가 움츠리면서도 그대들 살아있음과 사랑할 수 있음이 동면으로 묻힌' 인식의 깊이를 시인의 따뜻한 인성으로 껴안고 있으며 (5)에서는 인격 완성을 위하여 껴안은 구조적 틀을 버리고 상처를 치유하는 사랑의 완성으로 모든 경계가 지워진 진정한 자유 심리를 보여주고 있다.

또한 (6)에 와서는 '너'와 '나' 사이에서 성립된 사랑의 정의가 더욱 확대되어 인류애로 발전하는 고차원의 세계관을 심어주고 있으며 (7)은 사랑의 허망과 생의 부질없음을 통감하며 이를 한 선상에 다시 올려놓고 있는가 하면 (8)에서는 이처럼 인간의 사유를 승화시켜 시심으로 끌어올리는 시혼의 경지를 펼치기도 하고 (9)는 사랑의 속성과 원죄의식으로 삶과 죽음을 규정지으며 근원의 상태를 회복하여 다시 돌아가려는 회귀성 본능을 정직하게 피력하고 있다.

이외에도 「처용에게」, 「황진이의 불면증」, 「오르페우스에게」, 「588」, 그리고 「호박꽃」 등 과거 아니면 미래, 이승 아니면 저승을 자유롭게 넘나들면서 시각이 닿는 곳마다 확실한 시 정신으로 그려낸 「사랑법」 연작 30편 전체에 관류하는 정서는 사랑의 산물인 화해의 미학을 바탕으로 하고 있음을 알 수 있다.

## 3. 생명 이후, 살아있음으로 향기로운 원형의 세계

> 未明, 어둠자락 붙안고 / 겨우 나 숨쉬고 있음을 알린다 / 문풍지 소리에도 / 가녀리게 일렁이는 그대 정서 / 그윽한 향내로 / 불타는 한 생명 // 겨울새 잠 깨는 소리 창밖에 쌓이면 / 나 혼자 어느덧 / 선명해지는 그리움 / 그렇게 모두 태우고 으스러져도 // 어둠 녹이는 새벽 눈발이듯 / 나 겨우 그대에게 적이 / 눈물로 살아있음을 알린다.
>
> -「燭香」 전문

김송배 시인은 향기로움을 집대성한 「歲香」, 「蘭香」, 「茶香」, 「土香」, 그리고 「酒香」 등 '香'이란 이미지를 생명과 사랑으로 포착하고 있다. 엘리어트는 예술가란 동시대의 사람들 보다 고도의 문화를 가지고 있을 뿐만 아니라 보다 원시적이라고 하였다.

이렇게 김송배 시인은 원형의 시혼으로 허상 속에서 형상을 발견하고 유한 속에서 무한을 느끼는 자연 정신으로 진리를 깨우치는 생명의 영원성을 노래하고 있다. 예를 들면 '어둠 자락', '문풍지 소리', '겨울새 잠 깨는 소리', '새벽 눈발', '눈물로 살아 있음' 등 원시적 빛깔과 향기로 역동하는 이미지들이 한결같이 생명력을 주시하고 있기 때문이다.

(1) 손 끝에서 / 향내가 꽃으로 피었다

(2) 차가운 세한도 속에서 / 무섬증 달래는 / 서설들이 얼어붙고 있다.

(3) 그 어둡고 긴 동굴 속에서 / 몇 억겁의 종유석 하나 찾아 나선 / 시인들은 무엇으로 사나

(4) 원형의 순백한 미소부터기 / 내 시선에 아늑하다 / 진한 향기 영원의 노래로

(5) 새 생명이 탄생한다 /.....(중략).... / 새 생명 탄생보다 / 먼저 제 한 몸 묻을 날을 잊고 있 다.

(6) 사랑이 머물다 간 빈 자리 /.....(중략)..... / 비로소 그대를 이슬로 느끼겠다.

위에 제시된 (1)은 「墨香」으로서 원시성으로 피워 올린 향기와 그 생명력을, (2) 「歲香」에서는 서설이 되어 얼어붙은 투명한 의지. (3) 「蘭香」은 '몇 억겁의 종유석 하나 찾아 나선' 시인의 방황과 절대 고독으로 가는 치열성을 나타내고 있다. 또한 (4) 「茶香」에 와서는 '원형의 순백한 미소'의 세계를 꿈꾸며 '진한 향기 영원의 노래'로 환치된 자아가 폭넓은 조화를 이

루고 있으며 (5) 「土香」에는 너무 쉽게 안주하는 '나'의 인식 범위를 날카롭게 지적하고 있다.

그리고 (6)의 「菊香」은 이처럼 몇 단계 실험을 거친 구조의 틀을 '비로소 그대를 이슬로 느끼겠다'라는 달관 의지로 숙성시킴으로써 '나'를 온전히 비울 수 있는 보다 심화된 근원에서 원형의 시혼을 성찰하고 있음을 알 수 있는 것이다. 동시대를 살아가는 우리들 자화상 같은 이 시집을 통독하면서 마지막으로 선한 「불국사에서」 중 다음 일부를 읽어보면 '나'는 무엇이며 '너'는 누구인가, 다시 한번 우리들의 삶을 비추어 보게 되는 것은 어쩐 일일까.

> 일주문 들어서면
> 흘린 땀 훔치며 나무석가모니불
> 합장 위로 뚝뚝 떨어지는
> 내 못다 아문 죄 한 웅큼..... (중략)....
> 아, 나를 풀어 주시렵니까.....(중략).....
> 말갛게 다시 들리는 범종 소리 ....(중략)......
> 이천 년 가람에서 듣는 속죄의 바람 소리였다.

김송배 시인의 시 전편을 주지하면서 흐르는 소리가 있다면 그것은 바로 '말갛게 다시 들리는 범종 소리'임을 알 수 있을 것이다.('97. 8. 『예술세계』)

# 이홍천의 시 세계 『작은 불빛 하나』

## 땅에 대한 애정과 삶의 정체성

이기애 (시인)

### 1부. 되돌아보기, 다시 출발하기

지금 우리는 위기의 시대에 살고 있다. 팽배한 물신주의가 판을 치는 세상, 모든 것이 너무도 빠르게 변화하는 어지러움 속에서 전통적 가치관이 무너지고 개인주의, 집단 이기주의 등등 사회적 갈등이 심화되어 어제 다정했던 이웃을 오늘 외면해야 하는 참담한 현실에 직면해 있다. 미래 또한 불확실하기만 해서 이제 더 이상 물질적인 풍요만으로는 인간의 삶이 온전할 수 없다는 것을 깨닫게 되었다.

이러한 자성의 목소리가 있어 다소나마 균형 잡힌 조화의 분위기를 조성하고 있지만, 아직 정신문화의 가치에 대한 인식도가 낮아서 물질과 정신의 호흡이 고른 문화적 수준을 이루지 못하고 있다.

이홍천 시인이 첫 시집을 상재하면서 나타내고자 하는 관점과 의지는 도시화로 인하여 자꾸만 침식되어 가는 땅에 대한 애정이다.

그리고 조금씩 사라져가는 것들, 이젠 추억이 되어 기억 속에 새겨진 풍광들과 옛사람들, 그 삶의 진정성을 추출하여 시 정신의 한 마디로 삼고 있음을 알 수 있다.

또한, 자연의 의미를 불러 모아 인간 존재의 항방을 되돌아보고 건강한 욕망과 성실성으로 오늘을 다시 출발하려는 극복 의지가 시인의 육성에서 선명하게 나타나고 있다.

"세상이 온통 보기만 하여도 배가 부른 황금들녘이었는데, 뿌옇게 뿜어대는 매연과 높이 솟아오른 회색 빌딩들, 너무 많이 변해버린 도심 속에서 절기에 맞추어 살아온 조상들의 정신과 지난날의 내 삶을 돌아봅니다"

-「시인의 말」 부분

말이 씨가 된다 했던가. 시인이 사용하는 언어를 살펴보면 시 정신의 중심이 되는 영혼의 내밀한 소리를 들을 수 있으며, 그 소리의 가닥으로 시 세계의 윤곽을 어느 정도 유추해 낼 수 있기 때문에 시인이 어떤 시어를 선택해서 쓰는가에 따라 운명이 달라진다는 말도 있을 수 있는 것이다.

메마르고 차가워진 사람들 마음에 작은 불빛 하나 비출 수 있는 따듯한 인성의 시편들이 보여주는 세계, 그러한 보폭의 힘으로 '별들이 두고 간 속삭임'을 받아 적기도 하고 '등이 휘도록 업어 올린 땀 냄새 바람 냄새' 속에 풀꽃처럼 꽂혀 있는 자아를 발견하여 '흐릿한 세상' 빛을 찾아 하늘 가까이 두 손 모으며 기도하듯 걸음을 옮기는 시인의 시선이 세상과의 일정한 보폭을 유지하려는 안간힘처럼 시를 쓰고 있다는 생각이 든다.

숨죽이고 있다 유혹하듯 붉은 매연의 불빛과 뭉게뭉게 검은 구름 게워내는 하늘, 겨우내 탈출을 꿈꾸다 육중한 포크레인에 찢겨 나가는 뿌리들이여, 아 언제쯤 황금 들녘 보려나 슬픔조차 잠식해 버리는 땅, 잃어버린 절기 가슴에 옮기며 그리운 흙을 꿈꾼다

-「농부의 꿈」 전문

시인은 도시인이 겪는 삶의 고뇌를 「농부의 꿈」을 통하여 이처럼 절실하게 나타내고 있다.

이홍천 시인의 시각에 감지된 시적 인식의 언어는 대체로 '매연의 불빛'과 '검은 구름 게워내는 하늘' 그리고 '포크레인에 찢겨 나가는 뿌리들이며 '슬픔조차 잠식해버리는 땅'이고 '잃어버린 절기'이다. 그러한 모든 것을

가슴에 옮기며 '그리운 흙을 꿈꾼다'라는 결구에서 시인이 발원한 꿈의 의미, 즉 흙에 대한 순수한 그리움을 다시 한번 되새기게 된다

> 오곡이 익어가던 넓은 들 어디로 갔나 멱 감던 아이들 빨래하던 아낙 모두 자취를 감추었다. 소멸과 맞서듯 매봉골 흘러내리던 그 청청한 물소리
>
> -「벌말/사라지는 것들에 대하여」 부분

> 반대
> 반대
> 그렇게 노여웠던
> 얼굴들
> 얼마나 지나야
> 화합의 장 이룰까
> 마음과 마음
> 하나로 모아질까
>
> -「지난 여름 과천에서」 부분

> 소음과 매연의 하늘 아래
> 흐르는 땀조차 무거워
> 마음을 뒤집는 잎사귀들
> 다가가면
> 그 상한 속으로
> 무너질 것만 같아
> 나는 이처럼
> 보고만 있습니다
>
> -「안부/가문비나무에게」 부분

시인의 상실감은 절대자를 향한 기도에서도 확인된다. '지금도 졸고 계십니까/ 도시는 쓰레기만 가득'하다는 「하늘 가까이」 연작 시편을 보면 오랜 봉사활동으로 수련된 시인의 심성이 안개비가 되어 적시는 땅에서 '나는 또 나를 잃어버리고/ 당신의 잠을 두드립니다'라고 신을 향해 외치는 절규에 가까운 목소리가 사람살이에서 뿌리 뽑힌 인성일 수 있고 점점 비정해져가는 도시인들에 대한 경종일 수도 있으며 참된 나를 발견하려는 존재에 대한 근원의식일 수도 있다.

이처럼 시인의 시에 투영된 자아의 모습은 상실과 반목으로 얼룩진 외부의 상처에서 시선을 안으로 옮기는 자아 탐구성을 거치면서 자신에 대한 관찰과 반성으로 점철되고 있다. 때로는 방관자처럼 객관성을 띄는 듯하나 그 성향을 자세히 살펴보면 전부 스스로를 겨냥하는 내부지향성의 특성을 가지고 있다.

「벌말」에서는 매봉골 청청한 물 소리로 소멸과 맞서듯 사라지는 것들에 대한 애정 어린 시선으로 간극을 이루고 「지난 여름 과천에서」는 마음과 마음 하나로 모아 화합의 장을 기원하고 있으며, 소음과 매연의 하늘 아래 마음을 뒤집는 잎사귀들을 보며 염려와 근심의 눈빛으로 「안부」를 묻듯 시화한 시인의 서정성을 느끼게 한다.

서정시란 어떤 것인가, 서정시의 본령은 현실 세계 모든 관념을 자아 속에 흡수하여 성찰을 이루는 화해정신으로 순한 인성이 녹여져 있는 맛과 향기일 것이다.

이러한 서정을 배경으로 한 시 한 편 읽어보면

내 생에 작은 불빛 하나 밝힐 수 있다면

성공한 사람보다
소중한 사람

되고 싶다

가난하여
눈물 많이 흘려도
흔들리지 않고
낮은 자세로 다정히
다가서는 사람

이웃의 삶을 먼저 돌아보며
향상 준비할 수 있도록
축복하는 사람
그런 사람 되고 싶다

내 생에 작은 불빛 하나 밝힐 수 있다면

-「작은 불빛 하나로」 전문

한 작품을 대할 때 관념적이거나 경험적이거나 개인의 수용 자세에 따라 그 이해의 차이가 있을 수밖에 없다.

그러나 시가 사노라고 겪는 온갖 어려움 속에서 위로가 되는 따듯한 그 무엇이 될 수 있다면, 또한 사람살이에서 절실하게 이루어지는 어떤 덕성을 지닌 것이라면, 바로 이런 시가 아닐까.

'성공한 사람보다/소중한 사람/ 되고 싶다'라는 시인의 평범한 토로가 오히려 시를 가까이 다가오게 한다. 이런 시구를 대하고도 이기심으로 가득 차서 자기 욕심만 채우려는 사람이 있다면 그는 참으로 비정한 인간일 것이다.

「작은 불빛 하나로」 세상을 밝힐 수는 없지만 '낮은 자세로 다정히/다가서는 사람'이라면 '이웃의 삶을 먼저 돌아보며/향상 준비할 수 있는' 따뜻한 인간애를 지녔으리라. 읽은 순간 시인의 기도 소리가 들리는 듯하고 참으로 마음이 편안해지는 그런 시다.

## 2부. 사랑, 그 영원한 진정성

사랑하는 사람아
늘 곁에서
방풍림처럼
지켜줄 것이며
징검다리 되어…

-「산장에서의 하루」 부분

시를 쓰기 전에 먼저 사람을 사랑하고 사람을 사랑하기 전에 먼저 그 람의 고통을 이해해야 한다고 했다. 이런 관점에서 볼 때 이홍천 시인은 사랑에는 그 책임이 따르며 서로에게 진실해야 만이 지속될 수 있다는 믿음으로 영원성의 바탕을 그리고 싶었는지도 모른다는 생각이 든다. 그래서 시인에게서 사랑은 시 정신의 원류가 되며 삶의 중심을 이루는 근원적인 동력과 같을 것이었을까. 위의 시 「산장에서의 하루」를 보면 그러한 시인의 심성이 잘 나타나 있다.

구릿빛 주름진
미소로 안아주시던
그 모습 그대로
오늘은
달빛입니까

차가운 밤
초롱초롱 은쟁반 비추는
당신 목소리

-「아버지」 부분

눈물로 지켜낸 칠 남매 두고
텅 빈 가슴으로 이 밤
무슨 꿈을 꾸고 계시나요

-「어머니」 부분

아시는지
가슴속 깊은 곳 흐르는
참회의 눈물 소리

돌아보면 나는 없고
그대만 있네

-「사랑노래 · 1 / 그 후」 부분

다가갈 수 없구나 그 날의 향기
잎사귀마다 베어지던
푸른 숨결

스치는 마음에도
푹 빠져들던
추억의 날들이여

-「사랑노래 · 5 / 바람꽃」 부분

누구나 자신의 삶에 대하여 회의를 느낄 때가 있을 것이다. 때문에 인용한 3편의 시를 살펴보면 사랑의 진정성과 부재를 동시에 드러내고 있음을 알 수 있다. 사람살이에서 사랑이란 끈이 어느 날 뚝 끊어져 사라져 버린다면 개인의 삶은 물론 세상은 어떻게 될까. 이러한 상실의 그리움과 허무적 심리가 사랑을 보다 승화시키고 사랑의 어떤 모습도 다 수용하려는 포용력과 각성의 상태로 나타나게 되는 것이다. 그러나 그 깊이는 각자 다를 것이므로 자신의 체험을 토대로 스스로를 한번 되돌아보게 하는 그런 시편들이다.

이렇듯 우려의 눈빛으로 보아낸 사랑을 보다 객관화시키려는 시인의 의지가 보여주는 세계, 그 수용의 범주가 어디까지일지 생각하게 된다. 시어를 살펴보면 시인의 시에 드러나는 사랑은 '구릿빛 주름진/ 미소로 안아주시던' 아버지의 부재를 '달빛'으로 환치시켜 간직하는 추억이며 '눈물로 지켜낸 칠 남매 두고/ 텅 빈 가슴'인 어머니를 사랑의 근원인 그리움의 대상으로 연민과 염려의 마음을 드리는 기도 소리 같은 것이다.

또한, 사랑 노래 연작 시편이 보여주는 것처럼 시인에게서 사랑은 '가슴 속 깊은 곳 흐르는/ 참회의 눈물 소리'이고 '잎사귀마다 베어지던/ 푸른 숨결'일 것이다. 이러한 이홍천 시인의 시를 통독하면서 찾아낸 것은 그 언어들이 한결같이 반성적 사유를 배경으로 하고 있다는 점이다.

시가 사실은 꿰뚫어 진실을 보아내는 직관으로부터 솟아오르는 힘 같은 것이며, 인간이 내재한 더 없이 맑고 순수하고 진실한 마음 상태의 표현이라면, 위의 시행들은 바로 시인의 진정성이며 사랑과 용서의 산물이 아니겠는가.

시는 체험이라고 했다. 그러니까 시는 자신의 진정한 고백이며 발자취라는 뜻이다. 이렇게 볼 때 시인의 시를 읽으면 우리는 시인이 처한 현실의 문제들을 먼저 생각하게 된다. 시인이 자신의 불행했던 순간들을 회상하고 그 상황을 극복함으로써 한 가정의 가장으로서 삶의 변모를 추구해 가는 과정에서 빚어내는 시편들, 그러므로 정말 소중한 것은 한 편의 수작보다는 생의 진실을 얼마나 반영했느냐 하는 것이 아니겠는가.

버려진 빈 항아리
금빛 햇살
그득히 담긴다

빈 가슴 채울 길 없어
구름 삼키고 바람 삼키고 부푼
눈빛이다가

황혼 무렵
고인 눈물 붉게 씻어내며
저리도 아픈 하늘
도해내고 있다

-「항아리」 전문

상처가 아물려면 상처보다 더 깊은 아픔을 감당하며 살아야 한다는 것은 시인은 알고 있다. 위에 인용한 시편에서 우리는 시인 자신이 빈 항아리가 되어 삶의 상처나 어떤 궁극성을 해명하고자 하는 것을 감지할 수 있다.

'구름을 삼키며 바람을 삼키고 부푸는'은 채움의 이미지를 통하여 생의 노정에서 성찰한 역설적 양면성을 담담하게 토로하고 있다.

어느 날 시인은 인간 존재란 흡사 내팽개쳐진 항아리 같은, 텅 빈 어떤 것인지도 모른다는 생각이 들었으리라. 그렇게 스스로를 다 쏟아내고서도 버려지는.

이 시에서 시인이 선택한 소재 '항아리'는 외부이면서 곧 내부이다. 외부의 채움으로 겪는 고뇌와 갈등을 고스란히 받아들임으로써 비워지는 내부의 세계, 다른 한편으로는 가득 쌓아놓은 외로움을 '아픈 하늘'로 토해내는 과정에서 애틋한 삶의 한순간마저 놓아버려야 한다는 비움의 이미지가 또 다른 의미의 분위기를 조성하고 있다.

그런가 하면 모든 것을 절대자에게 맡기고 자신의 깊이로 침잠해 가는 성찰의 자세를 보이기도 한다. 이홍천 시인은 이처럼 언어 사용을 절제해 가면서 항아리 속에 갇힌 존재의 고독감을 갈고 닦는 자성의 모습을 시를 통하여 보여주고자 하는지도 모르겠다. 여기에서 우리는 시인의 참된 자아와 인간적 면모를 느낄 수 있는 것이다.

### 3부 근원을 회복하기

시인은 이제 자신의 길을 찾아가는 정도에서 만나는 사물과 자연의 풍광들을 통해 반사된 자아를 성찰하고 있다. 이런 맥락에서 볼 때 이 성찰의 정신이야말로 시인의 시에서 무엇보다 중요한 성향 중 하나이다. 눈치 보지 않는 그런 시를 써야 하는데, 언제부터인가 사회를 의식하고 지나치게 남을 의식하고 또 주의 주장을 의식하면서부터 과도한 실험정신을 빙자한 파탄적인 시와 수다스럽고 거칠고 난해한 시들이 기승을 부리게 되었던 것이다.

물론 이런 시들도 평가 기준에 있어 그 나름의 지평을 열어가고 있겠지만, 이 어지러운 시류 속에서 사람을 사랑하고 땅을 사랑하는, 즉 존재의 근원 의식을 회복하여 조상의 숨결을 이어가려는 이홍천 시인의 시 정신이야말로 얼마나 순수하고 따뜻한가.

사회란 어느 한쪽만의 발전으로는 바람직한 성장을 기대할 수 없다. 특히 인간의 삶은 균형을 이루지 못하면 반드시 문제가 발생하게 되어 있다.

시는 이러한 결핍에서 출발하는지도 모른다. 그래서 시인이 추구하는 세계는 스스로를 비추는 거울과 같은 것이며, 그 거울에 비추어진 반사의 정신을 통하여 세상을 다시 비추어 보게 되는 것이다. 그러므로 시인의 꿈꾸기는 끊임없이 추구하고 탐색하는 과정이며, 또 다른 완성을 위한 길 찾기와 같을 것이다.

이홍천 시인은 벼농사가 주업인 전북 정읍에 있는 농가에서 태어났다. 지금은 어머니만 홀로 고향에 남겨놓고 경기도 과천시에서 20년이 넘도록 살고 있다. 그래서 그의 시에는 어머니에 대한 그리움이 많이 나타나고 있다.

「순천만에서」는 '하얗게 변해버린/머리카락으로 어머니는' 언제나 기다리고 있는 고향이 되어 있고, 「기석도에서」는 '먼 바다에/ 한 점 기다림으로/ 찍혀있는/ 섬'의 외로운 모습으로, 「폐선」에서는 '조막한 바람에 늙은 몸 뒤척이는/ 낡은 배 한 척'인 어머니가 거친 파도에서도 고요히/내려앉아 있는' 닻이 되어서 자식들이 돌아오는 길을 향해 펄럭이고 있는 풍경으로 표현하고 있다.

어디를 가나 무엇을 보나 영원한 기다림으로 서 있는 어머니, 이러한 시편을 살펴봄으로써 시인의 정서가 어디에서 연유되고 있는가를 알 수 있다. 이처럼 시인은 여행을 하거나 삶의 현장을 한없이 떠돌다가도 이렇듯 사물과 만남에 착안하여 어머니를 떠올리는 것을 보면 시인은 어머니와 함께 삶의 정체성을 의식하고 자신의 존재를 확인하고 있는 것 같다. 결국 시인에게서 어머니는 고향이며 애틋한 정이며 그리움의 대상이다. 이러한 인식의 토대는 뿌리 뽑힌 삶을 회복하여 의욕을 불러 일으키려는 극복성에 기인하고 있다. 여기서 시인이 근원을 회복하려는 의식의 발로라고 할 수 있는 시 한 편 소개한다.

떠오르거라, 다시

어머니 하얀 손길 따라
슬픔도

노여움도
둥그렇게, 둥그렇게

달이 익는다
그리움이 익는다

쌀가루 빚어 만든
보름달 하나

오늘은 하늘에 있다

-「추석」 전문

사람살이의 모습, 모습을 바라보고 있노라면 과연 무엇을 위해 과학과 산업으로 첨단문명의 발달을 시도했는가 하는 의문에 사로잡힐 때가 있다. 지금 현대인의 삶은 가치 혼란과 정체성의 상실로 인해 그 불안감이 극에 달해 있는지도 모른다.

이런 숨가쁜 시대를 살면서 그 걱정과 근심을 되새기듯 시를 쓰는 것은 어떤 의미가 있을까. 시인은 그래도 이런 각성의 의식이 있어 물질로만 치닫는 걸음을 잠시 멈추고 스스로를 돌아보게 한다는 믿음을 가지고 있는 것 같다.

시란 무엇이며 왜 쓰는가. 공자는 시 삼백 수에는 한마디로 사악함이 없다고 했다. 허균은 정신이 빼어나고 음향이 밝으며 격이 높고 생각함이 깊으면 가장 좋은 시가 된다고 말했으며, 이익은 시는 교화하는 것이니 힘써 그 뜻을 전달해야 한다고 했다.

이처럼 시를 쓰는 근본정신은 인간이 잃어버린 순진성을 회복하고 사물의 본질을 직시하며 삶이 가지고 있는 허위성을 깨뜨리는 데 있다고 본다.

그러므로 당면한 위기의 시대를 극복할 수 있는 대안이 될 수 있을 것이라는데 그 의미를 두고 있는 것 같다.

시인 목월은 시를 연마하는 치열성을 일컬어 '바위를 이마에 갈아서 하늘이 보일 때까지'라고 했다. 그러한 성향을 바탕으로 그 나름대로 심혈을 기울인 흔적이 보이는 시편을 소개한다.

바다에 갇혀
바다를
그리워한다

-「섬·1」 전문

얼마나 더 기다리면
수평선이 될까

아득하다

마음이여

바람이라도 될 일이다

-「섬·2」 전문

그대 생각을 하면
응어리진 가슴 쓸려나고
물살 따라 흐르고 싶어
바다에 빠뜨리는
내 슬픈
그림자만 보인다

-「섬·3」 전문

바다란 무엇인가. 섬이 극복해야 하는 대상으로서 출렁거림을 풀어내는 세월의 바탕이며 세운 터전인 것이다. 다시 말하면 시인에게 바다는 '바다에 갇혀/ 바다를/ 그리워' 하는 형극의 시간이며 '얼마나 더 기다리면/ 수평선이 될까'라는 시어에서 드러나듯 수평선의 의미는 온갖 결핍의 요소들을 수용하며 참고 기다려야 할 세월인 것이다. 그러므로 시인은 '바다에 빠뜨리는/ 내 슬픈/ 그림자만' 보이는 절대적 공간으로 바다를 설정해 놓고 있어 이 또한 근원에 대한 지향의식을 보이고 있다.

이렇듯 이홍천 시인에 나타나는 세계 인식은 무엇보다도 사람살이에서 따뜻한 곳보다 어둡고 추운 곳을, 밝은 쪽보다 소외된 쪽에 더 마음을 두고 조금이라도 그들의 고통을 나누려고 노력하는 봉사정신과 삶의 극복 의지로 시 정신의 줄기를 이루고 있음을 알 수 있다. 날로 세속화되고 어둠의 부피가 확장되어 가는 이 세계를 구원할 수 있는 통로를 발견하고자 고심하는 시인의 눈빛이 곳곳에 보이고, 삶을 바라보는 성실성과 깊은 사유가 묻어나는 시편이다.

이제 이홍천 시인의 첫 시집『작은 불빛 하나로』전편을 살펴보고 시인이 끊임없이 추구하는 문제들을 짚어 보기로 한다.

'나는 아직 그 곳에 풀꽃처럼 꽂혀/ 있습니다' (「그리운 고향」 부분) '얼마나 지나야/ 화합의 장 이룰까/ 마음과 마음 / 하나로 모아질까' (「지난 여름 과천에서」 부분)에서 보이는 삶의 정체성에 대한 문제 '소멸과 맞서듯/ 매봉골 흘러내리던/ 그 청정한 물 소리' (「벌말」 부분) '청정한 물고기 몰려다니던/ 천 년 연못/ 다 사라지고/ 흙먼지 깃발처럼 일어서는/ 현대아산의 개성공단' (「북녘 하늘을 보며」 부분)을 조심스레 바라보는 환경에 대한 문제들을 '내 생에 작은 불빛 하나 밝힐 수 있다면/ 이웃의 삶을 먼저 돌아보며/항상 준비 할 수 있는/ 그런 사람 되고 싶다' (「작은 불빛 하나로」 부분) 이렇게 구도의 자세로 모든 것을 끌어안으려는 수용성이 하나의 맥락이라고 볼 수 있다.

지금 우리는 사회적으로 팽팽히 맞선 두 흐름을 보고 있다. 하나는 보수요, 하나는 진보다. 이렇게 서로 대립만 한다면 과연 발전할 수 있겠는가. 그러나 개혁 정신이 없다면 또 어떻게 되겠는가. 정체성에 대한 것도 그렇다. 진정한 우리의 것이 점점 퇴색해 가는 것을 보면 그 상실감은 참으로 가슴을 아프게 한다. 진보나 개혁의 진정한 의미는 우리의 것을 발전시키고 그 전통성에서 더욱 빛을 내는 것이 아닐까.

이홍천 시인은 얄팍한 인간들, 그 이중성을 지적하고 사람살이의 아픈 부분들을 짚어내어 이를 시화함으로써 불화의 요소를 다소나마 극복해 보려는 노력의 일환으로 시를 쓰고 있는 것 같다. 이는 그의 세계 인식에 포착된 사회의 어두운 부분을 조금이라도 줄여 보고자 하는 의지와 밀접한 관계가 있다. 마지막으로 이러한 시인의 시혼이 담긴 시 한 편 선해 본다.

지난 날의 아픔을 본다.

돌아보면
그 상처 계곡 가득 메우고
검은 피 쏟아져
세상은 온통 핏빛이다

광부는 되지 않겠다
아들은 광부 만들지 않겠다
광부한테는
시집 보내지 않겠다
않겠다던
그 날의 막장
우리들의 겨울을 따뜻하게

지켜주었음을 알았다

규폐 중앙병원
그 애환처럼 잊혀져가는
산길 더듬으며
쓸쓸한 가을에 묻혀

태백을 걷는다

-「태백」 전문

# 유희정의 시 세계 『설앵초 은은한 향기』

## 존재, 그 푸른 눈을 뜨고

이기애 (시인)

### 1부 슬픔과 치유의 미학

유희정 시인의 문단 등단에 즈음하여 첫 시집 『설앵초 은은한 향기』를 상재하는 데는 나름대로 어떤 의미가 있을 것이다. 그녀의 연륜으로 봐서도 그렇고, 이 시집 전반을 관류하고 있는 그녀의 심성, 즉 시편마다 그 어느 것도 다치지 않으려는 지극한 조심스러움이 은은하게 배어 나오는 것을 봐도 가늠할 수 있다.

시의 흐름을 보아 크게 '서사시와 서정시' 두 줄기로 나눌 수 있다. 이런 맥락에서 본다면 유희정 시인의 시는 풋풋한 서정의 그릇이며 열정을 담은 그 내용이라 할 수 있다. 그러나 이 구분은 장르론의 한 형태일 뿐, 시는 바로 한 사람이 이루어낸 진정한 정신의 불꽃일 것이다. 이런 시각으로 유희정 시집 전편을 살펴보면, 그녀가 살아낸 세월의 빛깔이 더러는 슬픈 물살의 굽이를 이루어 아프게 통과해 온 흔적 속에서 소용돌이치고 있거나 조용히 안으로 가라앉아 존재의 푸른 속눈을 뜨고 말갛게 걸러지고 있음을 알 수 있다. 이 부분에서 우리는 시인이 이미 바람직한 문학인의 자세를 확립하고 있으며, 서정이 넘치는 원형적 사유의 아름다움을 수용하고 있는 세계, 즉 자신만의 공간을 구축해 놓고 그 정신의 경작지를 일구어낸 것을 감지할 수 있다. 이제 시인은 그 수용의 범주 안에 삶의 비극성과 시적 체험들을 재현해 보임으로써 아프게 통과해 온 지난 시간의 상처를 치유하려는 의지를 실현하고 있는 것이다. 여기서 시인의 육성을 들어보기로 하자.

늦게나마 꽃 한 송이 피우고 싶어 꽃씨를 심는 심정으로 한 줄 한 줄 시를 써본다. 은은한 향기의 꽃 한 송이 피울 수 있다면, 그 꽃이 고달픈 한 영혼이라도 위로해 줄 수 있다면 하는 바램으로 생을 직조하며 투영된 나름대로의 시각과 가치를 서투르게나마 풀어 내본다.

- 시인의 말 일부

이렇듯 시인의 말처럼 '한 번뿐인 생을 직조하며 투영된' 시인의 자아가 '나름대로의 시각과 가치를 서투르게나마 풀어내'는 과정이 바로 시인이 내포하고 있는 치유와 성찰의 한 단계일 것이다.

시는 인간만이 지닌 장인정신의 산물이며, 진정한 체험이며, 내가 나에게로 온전히 돌아올 수 있는 길이라고 했다. 이처럼 유희정 시인은 사람들이 잃어버린 순진성을 회복하고 사물의 본질을 직시하는 직관력으로 상실의 아픔을 승화시켜 자신의 시 세계에 반영하는 것을 시정신의 주축으로 삼고 있다.

우리는 지금 모든 것이 너무나 빠르게 변하고 또 사라져버리는 상실의 시대, 물신의 시대를 살고 있다. 이런 현실에서 시인의 시는 자신이 구축한 시력으로 상하고 다친 세계를 받아들이고 있으며, 그 대상을 통해 표출된 시적 산물이므로 그 진정성이 더욱 가치 있는 것이라 할 수 있겠다.

보내고야 말았구나
눈을 감아야
보이는 너
남은 세상 아무데도 너는 없다
야윈 손
많이 잡아 주지 못해
미안해

미안해

손을 흔드는

목이 잠긴 바람

한 줄기

-「미안해 - 슬픔을 딛고 · 2」 전문

「슬픔을 딛고」 연작 시편이 한결같이 보여주고 있는 것은 피할 수 없는 사람살이에서 어이없이 당면하게 되는 일들, 아니 겪을 수밖에 없는 비극적 현실이다.

동생을 잃어버린 시인의 슬픔은 처절하게 각인되어 아프고 서러운 빛깔로 그녀의 생을 물들이고 있다.

'깊은 병으로 야위어버린 동생을 보고 온 것은 꿈이어야 한다'「슬픔을 딛고· 1」 이렇게 시작된 슬픔의 한 부분은 다시 유년으로 돌아가 '여섯 살 그 봄날/ 당신을 잃어버리고'「슬픔을 딛고· 1」 아버지의 상실을 통하여 세상 곳곳에 방치된 슬픔을 돌아본다.

'연하골' 아버지 묻히신 곳

죽창에 스러져간 그 날의 영혼들

핏빛 노을 따라 하늘길 돌아 나오네, 서늘한

그늘 하나 내어주며 잠시

쉬어가라 하네.

-「선운사 가는 길 -슬픔을 딛고· 4」 일부

도처에 도사리고 있는 비의를 끌어안으며 치유하려는 시인의 의지가 민족의 비극인 전쟁과 접목되어 그 시대의 상처를 아우르고 있다. 비극적 현실을 시적 상상력으로 승화시킨 그녀의 시력은 스스로의 슬픔을 반추하고 그 흔적을 되새기며 자신이 걸어온 발자취마다 정한의 은은한 향기를 남기는 것이다.

유희정은 가슴으로 시를 쓰는 시인이다. 우리는 그녀의 시 편 편에서 우러나는 빛깔과 향기로 그녀의 시와 삶이 다르지 않다는 것을 유추해 볼 수 있다. 좋은 시가 지니고 있는 울림이 있다면 그것은 절실함이다. 그 절실함이 시인이 체험한 삶이라면 그 고통의 비명을 아름다운 음악으로 바꾸는 것 또한 시인의 몫이다.

시 예술은 자신의 상처나 남의 상처를 다 받아들여 치유하며 화해의 정신으로 다스리는 미학이다. 시를 상처에서 피는 꽃이라 말할 수 있는 것도 바로 이러한 연유에서일 것이다.

시인은 삶과 죽음을 한 선상에 올려놓고 '떠나고 싶어도/ 떨어지지 않는/ 질긴 고리'「슬픔을 딛고·6」로 구순 노모의 노쇠한 모습을 안타깝게 바라보고 있으며, 이 땅의 가난한 아이들에게 '그러나 아이야/ 아직은 겨울/ 눈물 묻은 땅 견뎌야 한다'「슬픔을 딛고·10」추위와 허기 속에서도 뿌리내리는 강인함을 배우라고, 그것이 삶이라고, 그 아이들에게 옹골찬 꿈 하나 걸어 주듯 시를 쓰고 있다.

'바다로 흘러간다 젊은 영혼들/ 무궁화 꽃이 되어…'「슬픔을 딛고·11」 어느 날 뉴스 시간에 방영된 젊은 소대장의 죽음을 화면에서 보고 그 가족들의 슬픔을 공유하고 있는 시인의 마음이 나타나 있어 애틋하게 읽히는 시편이다. 아래의 시편들을 살펴보면 이러한 시인의 성향이 잘 살아나고 있다.

그냥 지나가라고
속으로만 생각하고 지나가도
서운해하지 않겠다고
흰 새 한 무리

지저귑니다

-「지리산 -슬픔을 딛고 · 12'」 일부

저 많은 각도에서 반사되는
그대를 본다

-「돌 그리고 보석 -슬픔을 딛고 · 13'」 일부

하늘과 땅 사이
이승과 저승 사이
바람 따라 달빛 따라
풀려나간다

-「대금 -슬픔을 딛고 · 14'」 일부

모든 존재의 실상은 무엇인가. '저 많은 각도에서 반사되는/ 그대'를 보는 시인의 깨달음이 삶의 경험에서 나오는 힘이라면 그것은 생의 고백이며 동시에 치열한 정신의 소산물일 것이다. 또한 순응적 세계관으로 직시한 '바람 따라 달빛 따라/ 풀려' 나가는 그녀의 유장한 사유는 슬픔을 소재로 무심히 던져진 풍경을 시화하는 듯하지만 그 바탕에는 치유와 화해의 내성이 뿌리내리고 있다.

## 2부 사랑, 그 치열한 선택

시를 이해한다는 것은 바로 인간을 이해한다는 것이므로 한 편의 시를 읽고 그 감동을 공유할 수 있다는 것은 대단히 행복한 일일 것이다.

주어진 삶에 최선을 다하다가도 어느 날 문득 자신을 돌아보았을 때, 혹은 다른 사람과 비교해 보았을 때, 아무것도 내세울 게 없는 스스로의 모습, 그 초라함을 발견했다면 참으로 허망한 느낌이 들었으리라. 심하면 우울증으로까지 발전할 수 있는 상태, 누구나 다 한 번쯤은 그런 순간이 있었을 것이다. 유희정 시인인들 살아오는 동안 그런 상태의 경험이 없었겠는가. 결핍이 열망을 낳고 열망이 새로운 세계를 낳는다고 했다. 시인 역시 어디에서나 꼭 필요한 존재이고 싶었을 것이며, 그런 사람이 되어 보겠다는 의지의 치열함으로 시를 쓰는지도 모른다. 살펴보면 자신의 한계를 극복하려는 지극한 노력의 일환으로 모든 상황을 대처해 온 흔적이 이 시집 곳곳에 표출되어 있다. 시인은 조용히 그러나 쉬임없이 한 번뿐인 삶에 대한 강한 애착과 함께 긍정적 인식으로 자신에게서 출발한 사랑을 더욱 확산시켜 가정에서 이웃으로 또 사회로 조금씩 그 폭을 넓혀가고 있다. 그것은 마치 잘 익은 포도주처럼 향기로운 시를 빚어내려는 부단한 노력과 같으며 점층적으로 눈을 뜨는 존재의 확인과 같은 것이다. 그러면 시인이 선택한 사랑, 그 첫 모습을 보자.

> 우리가 처음 만났던 날
> 돌이켜 봅니다
> 갓 제대한 짧은 머리와
> 물방울무늬 하얀 원피스
> 그 날
> 우리는 그냥 웃기만 했지요
> 처음 나를 데려간
> 문필바위 마주보는 어머니 무덤
>
> -「당신」 일부

두 사람만의 첫 만남에서 '문필바위 마주 보는 어머니 무덤'을 본다. 이 부분에서도 '어머니 무덤'을 통하여 사랑을 확인하며 존재의 뿌리를 인식하는 시인의 확고한 정신세계가 잘 나타나고 있다.

이렇게 출발한 시인의 사랑이 '진종일 밭을 갈아야' 하는 '고뚜레' 의 시간이었고 '뒷걸음질쳐보고/ 주저앉아보기도 하지만/ 꿈쩍도 하지 않는' 상황을 견뎌내야 하는 현실이었으며, '굵은 눈물 흘리는 마음/ 하늘에 닿을 때까지' 가야 하는 생존의 유일한 길이고 '지는 해 안타까이/ 바라보다/ 스치는 눈길마다/ 머뭇거리는/ 노을빛' 으로 확대되어 마지막 불꽃을 이루려는, 치열한 열망의 통로임을 엿볼 수 있다.

서울 첫발 디딜 때
삼선교 다리 밑 완강한 얼음장
산동네 단칸방
푸쉬킨의 시 보물처럼
가난의 보따리 묶어 놓고
외줄을 타고 빙벽 오르며
여기까지 왔네

-「살다 보면」 일부

틈만 나면 역류하는
물고기들이 있네
내려오는 물살 맞부딪치며
머리에서 발끝까지
멍이 들며 천형처럼 거슬러가는
등굽은 물고기

-「만학」 일부

세상이 등을 돌릴 때, 나는
언덕을 올랐다 무작정
올랐다

승천이든, 하강이든, 추락이든, 도전이든

-「선택」 일부

슬퍼하지 마세요
당신의 몸
실한 열매로
익어가고 있잖아요

-「옥수수」 일부

위의 시편에서 유추해 볼 때 유희정 시인은 시의 생리를 잘 이해하고 있으며, 추억의 한때를 자신의 삶 속에 옮겨 와 시화함으로써 자신이 속해있던 세상과의 화해를 끊임없이 시도하고 있다는 것을 알 수 있다.

시간은 흐른다. 그 시간의 흐름으로 존재하는 모든 것은 조금씩 변화하게 되어있다. 그러므로 시를 읽는다는 것은 세상과 사람을 읽되 사실을 꿰뚫어 그 진실을 읽어내야 하는 것이다. 불감증의 시대라고 할 만큼 서로에게 무관심하며 팽배한 이기심으로 점점 비정해지고 있는 현대인들, 그 삶의 모습, 모습을 지켜보며 유희정 시인은 스스로의 경험을 시의 행간에 조근조근 풀어 놓으며 지순한 사랑과 따뜻한 인정의 목소리를 전하고 싶었는지도 모른다는 생각이 든다.

'서울 첫 발 디딜 때/ 삼선교 다리 밑 완강한 얼음장' 같은 세상과의 대면에서부터 '외줄을 타고 빙벽 오르며/ 여기까지' 온 시인의 경험이 '틈만 나면 역류하는/ 물고기들'로 표현된 만학의 열정으로 '세상이 등을 돌릴 때, 나는/ 언덕을 올랐다 무작정 올랐다/ 승천이든, 하강이든' 끊임없이 추구하며 시도하는 의지의 여성, 이처럼 시 「선택」 부분에서는 그녀의 도전의식이 또 다른 차원의 세계를 구축하려는 강한 집념으로 자신의 삶에 새롭고 싱싱한 기운을 불어넣고 있다.

그러나 옥수수로 비유된 시편에 와서는 '슬퍼하지 마세요/ 당신의 몸 / 실한 열매로/ 익어가고 있잖아요'라고 함으로써 스스로를 달래고 위로하는 시적 경지를 설정해 놓고 작은 결과에도 감사할 줄 아는 시인의 덕성이 연륜과 함께 담겨있다. 이렇게 일련의 시편들을 살펴볼 때 유희정 시인은 외유내강의 성향으로 이미 사람살이의 지혜를 터득하고 있으며, 이를 영매로 삼아 시화할 수 있는 만만찮은 저력을 느낄 수 있다.

먼~ 데 파도 소리 들려요

달빛 서성이는 밤
홀로 피어나
하늘에 닿을 듯
달빛 감아올리네요

당신
세월에 묻힌 줄 알았어요
가슴 하얗게 패이다
무덤에 자는 줄 알았어요

미안해요 늘 미안했어요

생각하면 생각의 줄기마다
박히는 가시
저 많은 젊은 날의 꽃송이들이여
불현듯 떠오르는
그대 모습 여전한데, 나는

깊은 계절을 가고 있군요
백 년이 흐른 후, 우리
바람결 마디마디
향기 높은 술
빚어 놓고
부르다 멈춘 노래 다시
불러요, 기다렸다는 듯
꽃등 켜지는 밤

먼~ 데 파도 소리 들려요

-「용설란」 전문

우리의 삶과 죽음을 관통하고 흐르는 큰 물줄기가 있다면 그것은 바로 사랑이다. 만약 사랑이 사라진다면 세상은 어떻게 될까. 문학도 예술도 아니 인간의 삶조차 그 의미가 없어질 것이다. 이처럼 생명의 영원한 주제인 사랑, 지금까지 많은 사람이 이루어 낸 예술 작품은 이 사랑의 정신이 바로 그 중심이며 배경이 아니었나 싶다. 그녀가 간직한 사랑의 모습을 살펴보자.

'하늘에 닿을 듯/ 달빛 감아올리'며 백 년에 한 번 꽃을 피우는 용설란을 '젊은 날의 꽃송이들'로 설정해 놓고 '세월에 묻힌 줄 알았어요/ 가슴 하얗게 패이다/ 무덤에 자는 줄 알았어요'라고 함으로써 전생의 사랑으로 이승을 밝히는 '꽃등 켜는 밤'으로 표현하고 있으며, 나아가서 이승과 저승을 한 선상에 두는 초극의 경지로 확대하고 있다. 이러한 사랑의 정신으로 그녀가 도달하고자 하는 곳, 사랑이 충만하며 화목한 세상의 그리움이 절실하게 느껴진다.

## 3부 성찰의 시학

우리는 지금 속도와의 전쟁을 하고 있는지도 모른다. 엄청난 변화의 빠른 물살은 현기증을 일으키게 하고 가끔은 우리가 인간이라는 사실조차 망각하게 한다.

이러한 속도의 급류에 허우적거리면서도 시인은 끊임없이 근원을 지향하는 그리움의 정서와 탐구정신으로 존재를 성찰하려는 새로운 인식의 눈을 뜨고자 몰두하고 있다.

이는 자신이 속한 세상에 내재된 보수성과 긍정적 세계관을 가지고 있는 시인이 현대인들의 삶의 모습에서 드러나는 정체성 상실의 면면을 지적함으로써 인간다운 삶의 의지를 보여주는 덕성의 한 부분이라 할 수 있다. 그와 같은 성찰의 시선으로 존재를 인식하는 유희정 시인의 지혜가 돋보인다.

밥 타는 냄새 그립다
놀이터에서 까르륵, 재잘재잘
아이들 웃음소리 듣고 싶다
모두 외롭다
섬 속에서 우리는

-「아파트촌에서」 일부

쓸어낸다, 녹슨 훈장
돈이 가득 담겼던 사과상자
기대를 저버린 로또
가난한 엄마 눈물 안고 하늘나라로 떠난
아이의 신발도 쓸어낸다

-「환경미화원 -프로정신 · 1'」 일부

더 가까이 가면
그리움 실어 나르는
물보라
아주
가까이 가면
가슴 치며 일어서는
몸부림

-「바다」 일부

시는 다만 표현되어지는 것이다. 그러나 표현된 그 자체보다는 그 이면이 내포하고 있는 그 무엇이며, 시인이 꿈꾸는 이상향의 세계로 나타나는 그 어떤 현상과 같은 것이다.

이제 시인의 시 전편을 살펴보건대 그녀는 자신의 삶에서 결핍된 부분을 통하여 또 다른 정신의 차원을 구축하려는 강한 의지를 보이고 있다. 그 노력의 일환으로 현실의 결핍된 부분을 소재로 삼아 시화하고 있으며 보다 완성된 세계에 도달하려는 지향의식으로 시적 흐름의 가닥을 잡고 있다. 이는 어디까지나 치열한 현실의식의 발로라고 볼 수 있으며. 시인의 시 정신에 기인한 내부지향적 성향임을 알 수 있다.

시인의 시 「아파트촌에서」를 보면 '밥 타는 냄새'와 '아이들 웃음소리'가 사라진 현실을 외로운 섬으로 설정해 놓고 허망해하는 시인의 심정이 도시인들의 단절되고 각박한 삶의 단면을 지적하고 있다.

이는 가난했지만 옛사람들의 인정 어린 삶과 정신을 짚어 피폐한 현실을 녹여 낼 수 있는 근원의식으로 삼고 있으며, 오히려 점점 비정해지는 현대인의 인성을 회복할 수 있는 구원의 대상임을 예시하고 있다.

「환경미화원 - 프로정신 · 1'」에서는 '녹슨 훈장/ 돈이 가득 담겼던 사과상자 /기대를 저버린 로또/ 가난한 엄마 눈물 안고 하늘나라로 떠난/ 아이의 신발'을 쓸어내는 환경미화원의 성실한 삶을 통해서 바라본 세상, 인간성 상실로 대비되는 불행한 명제 속에서도, '프로정신'이라는 말을 이입해서 현재 일어나는 사건들을 포착, 현장감 있게 표현하고 있다.

그러나 유희정 시인은 시 「바다」에 오면서 사노라고 겪는 상실감을 뛰어넘고 스스로 자아를 성찰하는 지혜를 보이고 있다.

'더 가까이 가면/ 그리움 실어 나르는/ 물보라'로 시화된 인간의 군상이 파고의 모습으로 굽이굽이 몰려오는 것 같은 느낌이 든다. 그리고 '아주/ 가까이 가면 /가슴 치며 일어서는 /몸부림'을 딛고 현실의 상흔을 또 다른 인식의 차원으로 구축하려는 그녀의 극복의지, 즉 자신의 삶에서 이상향으로 내재된 지향의식을 여기서도 선명하게 드러내고 있다.

한 가정의 주부로서, 착실한 내조로 일가를 이루어 낸 가족의 어른으로서 나름대로 소임을 다한 연륜이 되었으면서도 그녀는 이렇듯 불화와 갈등이 산재하는 세상에서 무엇을 지키고 무엇을 이루며 어떻게 구원의 길을 찾아 우리들의 미래인 아이들에게 반목이 없는 화목한 세상을 물려 줄 것인가.

그 화살을 자신에게 겨냥하는 자아 탐구성, 바로 이것이 시인의 자아 성찰의 모색 과정이며, 미완의 존재를 성찰하고 언젠가는 시인이 도달하고자 하는 완성된 세계일 것이다.

앞으로 더욱 왕성하게 태어날 시인의 다음 시편을 기대하며, 이제 마지막으로 내부지향성이 강한 시 한 편 선하여 음미하는 것으로, 그녀가 살림을 살 듯 차분히 자신을 단속하며 세상에 내어놓는 처녀시집 『설앵초 은은한 향기』로 조금이나마 시인이 속해있는 세상이 아름다워졌으면 하는 바람으로 격려와 축하의 박수를 보낸다.

비밀번호를 누르고
들어가 본다

올곧은 길 저편
여러 겹 쌓아 숨겨둔
아직도 부끄러운
보자기 몇 개
커튼이 드리워진 방 하나
문 열고 들어가다
뒷덜미 서늘한 손길 느껴져
소스라쳐 문 닫고 돌아서서
다시 꼭꼭 단속하는

-「빗장」 전문

# 김주일의 소설 세계『지금도 별은 빛나고』

## 조국과 삶, 그 영원한 생명의 빛

이기애 (시인)

작가 김주일은 6 · 25 한국전쟁 휴전협정 조인과 함께 태백에 와서 어린 시절을 보냈으며 그 후 성장하여 광부 생활을 32년 동안 하였고 현재도 태백에 살고 있다.

『별은 지금도 빛나고』는 그가 살면서 보아 온 탄광촌의 생활과 자신이 체험한 이야기를 소재로 인간의 삶과 당면한 시대의 변화 양상을 그려낸 장편 소설로서 전부 18부로 나누어 구성되어 있다.

앞서간 세대의 피와 땀과 눈물이 없었다면 과연 오늘의 풍요가 주어졌을까. 전쟁과 굶주림의 시대, 민주화의 소용돌이에 맞물린 저 방만과 혼란의 시대, 소비와 물신의 시대, 이 세 시대를 경험한 세대로서 태백이라는 지역의 특수성으로 인해 각 시대의 상처가 어우러져 있는 것이 이 소설의 주인공 지원이가 처한 삶의 상황이다.

이러한 구성 요소에서 인식되는 탄광촌의 막장정신은 생의 어떤 부분도 충분히 수용할 수 있는 폭넓은 인성의 깊이로 확장되고 있다.

소설이 갖추어야 할 일관성 있는 논리의 전개, 그리고 명징한 주제의식의 구체화, 더 없이 신선한 감동의 충격으로 읽힌다.

일제 강점기 시대, 석탄을 일본으로 가져가기 위해 노동을 착취하는데서부터 시작되어 절망과 죽음을 배수진으로 친 막장에서 이후 40년이나 이어져 온 광부들의 애환을 통하여 이 땅의 소외된 사람들의 한 전형을 보여주는 현장성과 각 세대 간의 상처가 공존하고 있다. 이런 관점에서 한 가족이 겪는 고난으로 사람살이의 흐름을 짚어 바로 본론으로 들어간다.

## 1. 위기를 극복하는 인정의 힘

어느 시대나 사람살이는 정으로 이어진다. 영준이 자신의 집에서 막세살이를 하던 최서방의 도움으로 탈출하는 장면에서 지주와 소작인의 관계가 완전히 뒤집힌 상황을 뛰어넘는 사람과 사람의 관계, 즉 인정의 아름다운 힘을 느낄 수 있었다.

이는 작가 김주일이 소설 『별은 지금도 빛나고』에서 나타내고자 하는 인간의 진정한 면모일 수 있으며 우리 민족의 비극을 되새기고 그 상처를 근본적으로 치유할 수 있는 유일한 정신의 끈일 수도 있다.

> '꽤-액~'
>
> 기차는 긴 터널을 지나 어둠을 가르며 언덕길을 오르는지 힘겨운 기적 소리를 토하며 달린다.
>
> 그리 밝지 않은 전등불이 기차 안을 졸리운 듯 밝히고 있고, 차창은 어둠을 배경으로 검은 거울이 되어 기차 안의 모습들을 담고 있었다.
>
> 영준이 이런저런 생각을 하는 사이에 검은 거울같던 열차의 차창이 희뿌연해지며 아침이 될 무렵 기차는 '꽤-액' 하는 기적 소리를 내며 평안북도 영주역에 도착하였다.
>
> 영준은 지원을 안고 플랫폼을 거쳐 역사로 나온다.
>
> -「1. 해방과 더불어 찾아드는 불행」 부분

미찌꼬와 헤어진 영준이 고향으로 돌아가는데서 시작된 소설의 첫 부분이다.

주지하듯 도입부에서부터 우리 민족의 불행한 역사로 표현된 '긴 터널'과 '어둠' 전쟁이 끝이 났는데도 그렇지 못한 시대 상황 '언덕길' 과 '힘겨운 기적 소리' 등 나라를 잃었던 서러움의 잔재, 그 불안감의 무게를 나타내는 상황 구조로 이 소설은 출발하고 있다.

영준은 일본 유학을 가게 된 경위와 미찌꼬를 만나 사랑을 하고, 또 아들 지원을 낳아 기르며 서울에서 살던 추억들을 되새긴다. 그 기억들이 고향을 향하는 영순의 마음을 더욱 칙잡히게 한다.

8년 동안, 조강지처 영숙이 딸 지연과 어린 시동생을 데리고 큰 집을 지키며 기다리고 있는 고향집에 밖에서 낳은 아들 지원을 데리고 가고 있다. 아들이 없는 터라 어쩌면 잘 돌보아 줄지도 모른다는 알량한 희망을 가져보면서, 소위 지주 계층이 붕괴되는 시대의 한 장면을 영준의 귀향길 모습으로 묘사해 내고 있다.

일제 강점기 1940년대 일본 메이지대학을 졸업하고, 평생을 인생의 뒤안길에서 살다 간 지원의 아버지 영준이라는 인물을 통해 해방과 남북전쟁, 그리고 전쟁 직후의 혼란스러운 사회 모습을 비교적 사실적 근거에 접근하여 기술하고 있는 이 작품은 소설의 특성인 허구성의 극대화나 기교적인 면보다는 등장인물의 성격에 관한 연구와 삶의 진솔함으로 보편성 구조를 취하고 있으면서도, 독특한 에피소드를 가볍게 다루고 있어, 작품의 변별성을 유지하고 있다. 이 소설을 읽는 재미가 바로 여기에 있다.

> 꽹과리를 치고, 북을 치고, 피리를 부는 소작인들의 환영을 받으며 금의환향인 양 우쭐해서 가던 길을
> 해방된 조국에서 다 같이 일하고 전부 다 똑같이 분배하는

공산당의 체제가 되어 쓸쓸하기 이를 데 없는 귀향길이 되었는데, 그의 기억 속에서 할아버지 죽음 또한 민족의 분열로 벌어진 알 수 없는 한 사건으로 남아있다.

그 사건 이후 집안이 몰락하고 있다는 생각으로 불안감에 시달리는 영준의 의식 속에 막막한 조국의 운명이 내재되어 있다. 이 부분이 바로 구조적

완숙함을 보여주는 한 단락이다. 흡사 힘없는 조국이나 힘없는 개인의 삶이 한 덩어리로 묶여 질질 끌려가는 듯한 정황 묘사로써 그 시대의 아픔을 상기시켜 또 한 번 되씹게 만드는 절묘함이 있다.

고향에 돌아온 후 영준이 정주군 조선 민주당의 지원을 받아 덕언면 창당 대회를 열어 조선 민주당 면당위원장을 지냈으며 월남하여서는 서북청년회 정치부장이 되어 이념 운동의 체험을 갖게 되는데, 근본적으로 주체사상이 결여되어 설 자리가 없는 자신의 처지와 약소민족의 슬픔을 극복하지 못한 정세에 말려 북한에서 남한으로 탈출을 시도한다.

뒤늦게 아버지를 좇아 남쪽으로 왔지만, 6·25동란이 일어나서 아버지는 또 탈출을 하고 다시 피난을 가는 영준의 가족들, 여기서 '한국전쟁과 지원의 고난', 즉 시대적인 혼란 속에 어린 소년의 방황이 시작되면서 지원의 성장기가 전개된다.

> 그 많은 사람들 틈에서 어머니와 일행을 잃어버린 것이다.
>
> 아마 지원과 어머니의 사이가 다정했더라면 손을 잡고 가든지 치맛자락이라도 붙잡고 갔을 것이다.
>
> 피난 행렬의 빼곡한 사람들 속은 아이들이 엄마를 찾는 소리와 엄마가 아이를 찾는 소리로 와글와글 시끌벅적하다.
>
> 지원은 할 수 없이 사람들 틈에서 빠져나와 오던 길을 다시 걸어서 서울 쪽으로 가기 시작한다.
>
> 노량진의 집에 가서 기다리면 식구들이 돌아오리란 생각을 했기 때문이다.
>
> -「3. 한국전쟁과 지원의 고난」 부분

영숙에게 지원이 살가울 리 없다. 그러나 잃어버린 지원의 자리를 메꿀 수 없는 영숙의 상태나, 어린 지원이 다시 고향으로 가는 대목에서 인식 체계의 기초가 되는 것, 즉 근원을 지향하는 뿌리의식을 표현하고 있다.

이렇게 가족과 헤어져 전쟁고아나 다름없이 보내던 시기에 만난 사람들, 특히 인민군 장교와의 만남은 어린 소년에게 사람의 징이 이떤 역할을 하는 것인지 느끼게 하고, 진실하고 따뜻한 마음을 심어준다.

이들과의 만남으로 극한상황에서도 인간미를 잃지 않는 인성의 소유자로 자랄 수 있는 바탕이 형성되며, 이때 받은 영향으로 훗날 사랑의 순수성을 알게 되고, 그 사랑조차 참을 줄 아는 성숙한 인격을 지니게 되는 것이다.

살펴보건대, 소설의 전반부는 인물 중심의 구조로 극적인 순간순간을 묘사하면서 시대적인 실상을 삶의 요인으로 접목시켜 전개해 나가면서 치열함의 한 방편으로 민족적 비극성을 바탕에 깔고 있다. 이 작품의 묘미는 바로 여기에 있음을 감지할 수 있다.

## 2. 현실인식의 개진과 사랑의 변주곡

소설의 가장 중요한 요인은 리얼리티에 있다. 역동적 시대를 배경으로 한 개인의 삶, 지원의 아버지 영준은 동생 영호가 남한으로 피난하지 못하고 누님 집에 숨어 있다가 유엔군이 들어오기 3일 전 후퇴하던 공산당들의 손에 맞아 죽었다는 소식을 전해 듣는다.

이렇듯 지원이 자라 청년이 되는 동안 전쟁으로 인한 피해가 곳곳에서 산출된다. 그러나 이 불완전한 세계를 완전하게 만들기 위한 인간의 노력 또한 끊임없이 계속된다.

> "내 할머니 같은 분을 내가 죽였구나!"
>
> 하며 어깨에 메고 있던 수류탄을 빼어 들고 산으로 올라가기 시작했다.

미군들이 미안해하며 국군 병사를 말렸지만, 국군 병사는 뿌리치며 달려가 산속의 숲에서 수류탄을 터뜨려 자폭하고 말았다.

-「4. 1. 4 후퇴와 끝없는 피난길」 부분

"김씨! 덕수와 그 아이들은 어린 나이에 가정을 이끌어 가는 소년 가장으로서 불쌍한 아이들이야. 애들이 빨리 풀려날 수 있도록 우리가 탄원서를 제출해야 하는데 여기에 이름을 쓰고 도장을 찍어 줘!"

"예, 그러지요. 여기에 이름을 쓰고 도장을 찍으면 됩니까?"

김씨가 서명날인을 한다. 이렇게 해서 동네 사람들의 서명날인을 받은 탄원서는 경찰서에 제출되었다. 탄원서가 효과가 있어서인지 덕수 일행은 가벼운 형벌을 받아 6개월의 감옥 생활을 하다가 풀려났다.

-「5. 삼척의 탄광촌으로」 부분

미옥과의 이별이 무척이나 서운했다. 그렇게 생각해서인지 미옥 또한 떠날 때 손수건으로 눈물을 닦으며 슬쩍슬쩍 지원의 눈치를 살피는 것 같았다.

지원이 힘을 내어 미옥에게 말한다.

"미옥아! 내가 고등학교에 갈 때는 꼭 서울로 갈게"

고개를 끄덕이며 미옥은 그렇게 서울로 떠나간다.

-「6. 학교 생활의 변화」 부분

"혹시, 저놈이 북평의 똘마니들에게 연락했을지도 모르니까 북평역에서 기차를 탈 수 없어! 조금 힘이 들더라도 미로까지 걸어가서 기차를 타야 돼!"

덕수의 말에 모두들 말없이 걷기만 한다.

지원은 인생에서 탁 트인 올바른 길이 아닌 샛길로 빠져 들어가는 자신을 느낀다.

그래서 미옥에게도 연락하지 못하고 있는 것이다.

-「7. 꿈은 사라지고」 부분

그런데 미군 두 명이 손을 벌리고 있는 한국 여자를 잡으려 하며 희롱을 하고 있었다.

"아, 아? 사람 살려요!"

처녀는 두 손으로 얼굴을 가리고 난처한 듯이 소리를 지르며 뒷걸음질을 친다.

지원은 '컴온! 컴온!' 하던 깜둥이 병사와 병기차에 한국 여자를 납치하여 싣던 미군 병사들이 생각났다.

-「8. 지원의 군대 생활」 부분

위기의 급류에 휘말린 시대, 이러한 시대는 변화하는 만큼 많은 스토리를 제공한다. 작가의 창작에 대한 관점이 이러한 사회의 모습을 급상시키기도 하고 이 시대의 속성을 작품의 핵심으로 삼기도 한다.

「4. 1·4후퇴와 끝없는 피난길」에서 「8. 지원의 군대 생활」까지 피할 수 없는 운명처럼 다가오는 삶의 극적인 순간순간들, 탄광촌을 무대로 흡사 시대의 혼란을 대변하듯 치명적인 사건들을 포착해 내고 있다.

그 중 충격을 주는 사건은 (「4. 1 · 4 후퇴와 끝없는 피난길」 부분) 미군 지프에 길을 양보하다가 살인을 하게 되자 스스로 자폭하고 마는 한 병사의 죽음이다.

동료 국군들에 의해 시신이 수습되고 조총을 쏘아 병사의 영혼을 달래주는 모습을 보며, 약소민족의 서러움 속에서도 서로를 위로하며 슬픔을 나누는 끈끈한 인간애를 느끼게 된다.

지원의 가출도, 덕수 일행의 돈 포대 도난 사건도 (「5. 삼척의 탄광촌으로」 부분) 모두 이러한 휴머니티가 배경이 되어 해결되는 분위기에서 지원은 꿈과 희망을 잃지 않는 긍정적인 사고를 지니게 된다.

이때가 성장기 지원의 삶에서 가장 중요한 시기이다. 이는 통한의 역사, 그 참담한 시기에도 민족의 정체성을 확인하는 차원이기도 하며, 작가가 추구하는 정신, 즉 좀 더 나은 세계를 위한 미래지향 의지로 삶의 반증을 그려내고 있다.

미옥과 헤어진 후 약속대로 지원이 서울 오산고등학교에 들어가 (「6. 학교 생활의 변화」 부분) 다니고 있을 때 5·16 군사혁명이 일어난다. 시민들과 학생들은 혁명군의 모습을 바라보며 불안감을 가지고 있었지만, 지원은 학교생활을 열심히 하며 미옥과의 사랑으로 미래를 설계하고 있었다.

그러나 고향 친구 성수의 행각에 말려들게 되고 등록금과 하숙비를 몽땅 날린다. 이 사건으로 다시 방랑자가 되어 덕수와 어울리게 된 지원은(「7. 꿈은 사라지고」 부분) 불량한 생활로 전락하고 만다.

여기서 지원은 광산촌의 광부로, 미옥은 의학박사로 갈라지며 서로에게 다가오는 이별의 시간을 예감하게 된다.

지원이 탈선의 생활을 청산하는 한 방편으로 해병대 지원을 하는데, 군 생활을 통하여 체제 간의 갈등과 격차를 넘어서지 못하는 인간의 모습을 당면한 시대와 접목하여 구체적으로 묘사하고 있다.

지원은 민족목적대학을 가지 못한 자신과 미옥과의 거리감 때문에 그녀의 애틋한 사랑을 받아들이지 못한다. 무척 사랑하면서도 자신을 피하는 지원을 미옥은 잊지 못한다.

「8. 지원의 군대 생활」 부분을 보면 천성이 씩씩하고 의지가 강한 만큼 불의를 보고 참지 못하는 성품 탓으로 사건에 말려들기도 하지만 또한 당면 문제를 신속히 해결하는 지혜와 순발력, 그리고 인간적인 면모를 겸비하고 있으므로 곤경에 처한 사람들을 도와주기도 하고, 또 도움도 받으며 군 복무를 무사히 마치게 된다.

그러나 지원은 오직 살아남기 위한 하루하루가 기다리고 있는 막장, 죽음과의 친화력으로 더욱 절실한 광부의 삶을 택하고, 미옥은 첫사랑인 지원을 마지막 사랑으로 간직한 채 의학에 몰두하며 성공의 세월을 향해 떠나는 것으로, 결국 두 사람의 운명적 이별은 서서히 진행되고 있다.

이 비극적 삶의 스토리에서 오히려 미학적인 가치를 깨닫게 된다. 이것이 바로 승화된 예술 작품으로써 이 소설이 주는 미덕이며 메시지이다.

## 3. 염원의 빛

삶을 영위하는 데 있어서 삶의 주체는 더 나은 세계를 지향하는 생명의 존재성에 있다.

이 작품은 불행한 사건들을 비교적 사실적으로 피력하면서 절망과 체념을 딛고 일어서는 생존의 몸부림을 그려내고 있다. 시련이 가중될수록 더욱 강화되는 생존의지의 투쟁성을 통해 노동의 한계를 견뎌 내는 광부들의 치열한 삶, 그 생명사상에 의거한 정신의 맥을 짚어 탄광이란 특수한 지역의 사회학적 현상을 배경으로 하고 있음을 주목해야 할 것이다.

해방 직후 서울에서 시작된 이 소설의 주인공 지원의 인생 행로를 통해 그 시대의 참상과 시대적 혼란 속에서도 남한에서 북한으로 북한에서 다시 남한으로 이어지며 삶을 확장시킨다.

그 여정의 골격을 토대로 마지막 귀결지이며 이 소설의 바탕인 탄광촌에서 정의 미학, 즉 한국인의 정신인 인간애로 우리 민족성의 부활을 시도하고 있다.

여기에서 직면한 시대, 피폐한 광부들의 삶에 깊이 천착해 볼 필요가 있다.

유예된 죽음을 기다리는 어둡고 황폐한 시간, 이런 상황에서 규범이나 도덕성이 어떤 역할을 하며 무엇을 지킬 수 있을까. 어린 지원의 눈을 통하여 보여주는 규폐증에 걸린 광부와 덕수 어머니의 불륜 행각은 문란하다기보다는 차라리 단말마 같은 시한부 인생의 본능적 절규 행위, 마치 인간이 생존게임의 한 도구로 사용되고 있는 것 같다.

순수했던 성장기의 지원을 불량한 길로 빠뜨리고, 마지막에는 창녀가 벌어 오는 돈을 뜯어먹으며 수치스럽게 살다가 범죄의 현장에서 죽은 친구 성수의 죽음으로부터 그 시절 최고의 지성인이었던 지원의 아버지 영준의 죽음에까지 오면서 그들의 생을 통해 당면한 시대적 삶의 상처를 고스란히 짚어내고 있다.

> "지원이 자리에서 벌떡 일어난다. 그리고 병화가 가리킨 재래식 화장실로 뛰어갔다.
>
> 아버지는 화장실 천장에 목을 매어 늘어져 있었다.
>
> "아버지!!"
>
> 지원이 아버지를 붙들어 보지만 아버지는 이미 싸늘한 시체로 굳어 있었다.
>
> "안돼요, 아버지!!"
>
> 이 세상에서 오로지 자신만을 위해 주고 사랑해 주던 하나뿐인 아버지가 죽은 것이다."
>
> -「15. 영준의 굴렁쇠 굴리기 멈추다」 부분

영준은 며느리가 도박으로 가산을 탕진하고 최항장과의 탈선 현장까지 목격하게 되자 하루의 목숨에 매달려 무너져 가는 집안을 바로잡지 못하는 현실 상황과 자신의 나약한 운명을 절감하며 스스로 목숨을 끊어버린다.

그의 죽음은 공포의 종식이며 치욕의 내용이다. 그 치욕조차 닿지 않는 공포의 상태에서 일어나는 충동이고 그 충동을 감당해야 하는 참상의 실상이다. 영준의 죽음을 통하여 민족의 역사가 급변하면서 부권 중심의 시대에 일어난 한 가족사의 정신적 멸망을 보여준다.

지주의 아들로 태어나 일본 메이지대학을 졸업하고 시대의 불행에 휘말려 탄광촌으로 흘러온, 불우한 일대기를 전전하며 전쟁 종식 후에도 끊임없이 이어지는 부조리한 현실이 빚어내는 상처들, 그러나 탄광 노동자들의 경우에는 개인이 겪는 보편적 삶의 한 단편일 뿐이라는 구조적 특징을 갖는다.

이제 「1. 위기를 극복하는 인정의 힘」과 「2. 현실인식의 개진과 사랑의 변주곡」을 통한 「3. 염원의 빛」으로 나누어 이 소설의 흐름과 인식의 관점을 총체적 논지로 정리한다.

작가에게 있어 소설을 구상하는 정신적 작업은, 새로운 인간상을 창조하는 행위라고 했다. 이런 측면에서 본다면 김주일 작가는 작품 속의 인물, 일본인 미찌꼬와 조선인 민영준 사이에 태어난 지원의 성장기와 태백으로 옮겨 와 탄광촌 생활을 하면서 소개된 광산 노동자들의 힘겨운 삶을 집중적으로 그려 내어 고난의 시대를 거울삼아 역사의 미래를 바로 세우려는 투철한 조국애를 바탕으로 삶의 충실한 내용을 표출하고 있다.

역사 소설은 지나온 과거의 단순한 재현이 아니다. 등장인물이 처한 그 시대의 진실을 밝혀 주는 것이며, 자기 정체성을 되비쳐 볼 수 있는 각성의 거울인 동시에 그 해명과 같다.

바로 작가가 지향하는 정신의 주체가 여기에 있다. 우리 민족의 불행한 역사가 하루빨리 끝나고, 조국의 미래가 밝고 찬란하기만을 바라는 작가의 바람이 담겨있기 때문이다. 이는 역사와 이 작품의 출생지 태백의 미래를 향한 작가의 염원 정신이기도 하다.

# 서정혜의 시 세계 『봄은 비를 먹으며 온다』

## 근원에 대한 재인식

**이기애** (시인)

### 1. 인연, 그 신비한 코드

문학은 깨달음의 길이라 했으며 시인은 모래알 속에서도 우주를 본다고 했다. 그러나 우리가 몸 담고 있는 이 세상, 그 실상은 어떠한가. 갈수록 비전이 없어지고 덜컹거리기만 하는 사회, 참된 삶의 의미와 인간 존재의 기본가치까지도 팽개쳐버리는 냉소적인 분위기에서 과연 문학은 어떤 역할을 담당해 낼 것인가.

이렇게 가치기준의 척도가 무너지고 혼란스러운 시대적 상황에서도 끊임없이 시를 쓰고 시집을 펴내며 불꽃 같은 열정으로 한국 시단에 등단하는 신인들이 있다는 것은 어찌 보면 기이한 현상의 하나일 것이다.

아무리 물신의 노예로 전락한 인간의 군상이 떼로 몰려다니고 있지만 영혼의 맑은 눈을 뜨고 있는 이러한 사람들이 있어 이렇게나마 세상을 지탱하고 있는지도 모른다는 생각이 든다.

시를 쓴다는 것은 사람살이에서 오는 여러 가지 일들, 즉 어둡고 불안하고 불행한 문제들을 시대적 요인과 접목시켜 그 진실을 들추어내는 순수정신의 발로일 것이다.

단 한 줄의 문장으로 전생을 소진해버리고 캄캄할수록 빛나는 별빛 같은 영혼의 언어로 앞서간 시인들, 이러한 시인들을 생각하면 현재의 우리는 참으로 많은 것을 반성하게 된다. 그래서 시를 쓰는 것은 고해성사하는 것과 같다고 한다.

이런 관점에서 볼 때, 시가 더 나은 현실과 바람직한 미래를 지향하는 정신의 산물로써 이 모든 것을 함축하여 표현하는 것이라면, 한 시인에게서 그만의 고유한 시 세계를 발견해 내고 그 세계가 지니고 있는 의미를 분석한다는 것은 시인의 체험과 추억, 당면한 현실 상황 등을 살펴봄과 동시에 인성의 본질을 이해하고 그 삶의 속성까지 분석한다는 것과 같을 것이다.

서정혜 시인은 「실종자」 연작을 발표함으로써 성찰의 시학을 펼쳐 보이고 타계한 장호 시인의 제자였다. 처음부터 순수문학을 지향해 왔으나 결혼 후 스스로 문학의 꿈을 접어 버렸다.

그 후 한 가문의 성실한 며느리로서 살림을 맡아 가정의 번성을 이루어 내고 아이를 키우며 교사로서의 소임 또한 묵묵히 수행하며 살아오는 동안 그녀에게서 시는 포켓 속에 들어있는 송곳 같은 것이었을까, 그로부터 30년이 지난 지금 인연의 신비한 코드는 다시 그녀를 시인의 길로 연결하였으니…….

그동안 깊숙이 숨겨두었던 비밀한 문장들이 시인의 마음에 어떤 무늬로 새겨져 있는지 그 첫 단추를 풀고 들어가 보기로 하자.

내게 허락된 사랑 아직 도착하지 않고 지나가던 바람 길을 묻습니다

생의 마디마디 절절히 끓다 조금씩 침묵으로 이어지는 나뭇가지 낮달 하나 걸려 달그락달그락 혼자 노는 저 투명한 손길 어루만지며 엷어지는 햇살 찍어 우표를 붙입니다

빠른우편으로 여름을 보내며 시간은 스스로 깊어 내 독백을 뒤로하고 갈피갈피 숨겨집니다

지난 세월 기억해 보라고 바람이 내는 나지막한 신음처럼 가을이 소리

없이 내려앉는 이 저녁 저만큼 앞장서는 독경 소리에 통통하게 살 오르는 뻐꾸기 울음, 들꽃 한 무더기 사잇길로 넘어가고 흔들리는 바람 안고 조바심치던 그림자 하나 지워집니다

-「풍경·1」 전문

이처럼 그녀에게서 문학의 길은'아직 도착하지 않'은 채 '지나가던 바람 길을 묻'는 염원의 대상이었을 것이며 '엷어지는 햇살 찍어 우표를 붙'여 자신에게 보내는 절절한 사연의 편지였을 것이다.

그러나 '빠른우편으로 여름을 보내며 시간은 스스로 깊어 내 독백을 뒤로하고 갈피갈피 숨겨'지고 마는 필생의 편지인 시인의 시가 '지난 세월 기억해 보라고 바람이 내는 나지막한 신음'이 되어 흡사 계절이 바뀌는 자리마다 눈금을 그려 넣으며 흔들리는 나뭇가지처럼 쉬임 없이 다가오는 풍경으로, '흔들리는 바람 안고 조바심치던 그림자 하나 지워'지는 쓸쓸한 분위기로, 시인의 내면에 아프게 각인 되어 고스란히 살아 있었던 것이다.

살펴보건대 서정혜 시인의 시가 지닌 특성이 있다면 그것은 자아를 통하여 자신의 삶을 되돌아보고 그 본연의 모습을 다시 찾으려는, 즉 존재의 근원에 대한 강한 제 인식에 연루된 성향일 것이다. 그것은 아래의 시편을 보면 잘 알 수 있다.

호암리엔 지금은 호랑이가 없습니다

대낮에도 보이지 않는 어두운 대숲 낮 꿩 푸드득 몽당귀신
얼려 놀고 깜짝 놀란 댓잎 스스로 웃음 풀고 바람 길 엽니다

-「풍경·2」 일부

나는 돌아갈 것이다

풀어 놓지 못한
세월 건너
휘파람 소리로
바람 소리로
눈 내리는

-「귀향」 일부

열려 있다
너에게 가는 비상구

바람은
온통 그리움
풀어 놓고

-「사월의 편지」 일부

하얗게 불을 일구던
내 꿈의 자투리 보리밭 고랑마다
일어나는 길

어떤 전생을 풀어놓았는가
피의 끌림처럼 당기는

-「봄은 비를 먹으며 온다」 일부

한 치 앞 가늠치 못해
습관처럼 내딛던
절망의 시간들을 불러 모은다

더러는 아득하고

때로는 수줍던

달빛으로 다가오는 이름

-「아직 추운 이름에게」 일부

우리는 모두 한정된 생을 살아가고 있다. 거역할 수 없는 시간의 흐름 속에서 끊임없이 한계에 도전하며 생의 의미를 되새김질하는 치열한 과정이 있을 뿐, 어느 누구도 이 강한 규율의 범주를 이탈할 수 없다.

'호암리엔 호랑이가 없'으며 '놀란 댓잎 스스로 웃음 풀고 바람 길' 여는 풍경만 기억 속에 남아 있다. 인간의 삶이 너무나 짧다는 것을 이미 알아버린 시인은 추억조차 삶의 한 방편으로 설정해 놓고 그 재생을 추구한다.

이는 시인이 깊이 천착하고 있는 근원의식에 그 맥락이 닿아 있으며 사람살이에서 무엇이 가장 소중한가, 인간이 잃어버린 순수지향의 그리움을 내포한 물음표 하나 화두처럼 던진다.

시는 내가 나에게 쓰는 편지라 했다. '나'인 그 진정성의 대상을 시 '귀향' 부분에서 '나는 돌아갈 것이다/ 풀어 놓지 못한/ 세월 건너' 서라도 꼭 가고야 말겠다는 강한 귀소본능의 정서로 나타내고 있다. 이는 모든 문제의식을 자신에게 되돌리며 자아를 성찰하려는 의지가 또 다른 차원으로 확대되는 것을 보여주고 있다.

결국 '열려 있다/ 너에게 가는 비상구'라는 삶의 비밀한 통로를 향해 '사월의 편지'를 보냄으로써 '어떤 전생을 풀어 놓았는가/ 피의 끌림처럼 당기는' 안타까움이 전위되어 '봄은 비를 먹으며 온다'라는 순환하는 계절의 모습조차 삶의 허기와 접목시키는 시인의 표현이 많은 것을 생각하게 하며 애틋하게 읽힌다.

서정혜 시인은 자신이 호명하는 기억속의 풍경들 '아직 추운 이름에게' 따듯한 기운을 불어넣으며 위로하듯 '습관처럼 내딛던/ 절망의 시간들을 불러' 모아 근원에 대한 그리움을 시적 구성으로 재현해 보이며 '더러는 아득하고/ 때로는 수줍던/ 달빛으로 다가오는' 그 인식의 흐름을 시정신의 한 가닥으로 삼고 있다.

## 2. 시, 그 발원의 날개

사람을 피해 떠난 길 어디에나
사람은 있었다
휘황한 불빛너머 아잔이 울려퍼지는
그랜드 바자르
사랑하는 여자를 깊숙이 감춘
눈매 검은 남자들
오스만 터키의 영광
되뇌이고 있다

-「겨울 터키에서 · 1. 이스탄불」 일부

서로 다른 마음이 일구어낸
영겁의 제단
사람을 위해 만든 길 위에
사람이 없다

-「겨울 터키에서 · 3. 파샤바흐(요정의 굴뚝)」 일부

이제 시인은 '여행'이라는 테마를 통해 자신이 걸어온 길을 시 속에 반추하며 그 발원의 날개를 펼친다. 그러나 시인은 인간 본성인 자유를 지향하면서도 자신의 기억 속으로 잠행하는, 즉 시간과 존재에 대한 근원의식에 그 사유의 뿌리를 두고 있다.

이 두 가지 성향으로 사람들로부터 받은 부대낌의 시간을 떠나 고대 도

시 터키의 성전을 돌아보는 그녀의 사유, 그 비행하는 언어를 살펴보면 '파샤바흐(요정의 굴뚝)'에서 나타나는 것은 '서로 다른 마음이 일구어낸/ 영겁의 제단/ 사람을 위해 만든 길 위에/ 사람이 없다'라는 실종의식이다. 그와 반대로 고대도시 '이스탄불'에서는 '사람을 피해 떠난 길 어디에나/ 사람은 있었다'라는 상반된 표현을 함으로써 인간의 이중적인 요소를 보여주고 있다.

이처럼 시인은 세월의 역사와 대비된 현실의식의 허무함을 짚어내다가도 주지하듯 '살다 호수'에 오면 '쉽게 잊혀지지 않는' 그리움으로 다시 제인식되는 존재에 대한 강한 애착을 나타낸다. 이것은 다음 시를 보면 잘 알 수 있다

> 땅속의 땅을 아십니까
> 포도나무조차 땅바닥 기어다니며 열매를 맺는 땅 지하
> 20층 미로로 파고들어 꿈과 순결을 지켰던 하나님 나라
> 그 백성들, 세월에 닳은 낡은 융단처럼 편안하고 아늑한
> 통로 구불구불 내려가면 어딘가에 고여 있을 생명의
> 체취 따뜻함이 명주솜처럼 굽이굽이 휘감은 그들의 삶을
> 아십니까
>
> -「카파도키아」 일부

터키 여행에서 시인은 온갖 부귀영화와 권력을 누린 제국의 이면에 숨어 살아야만 했던 기독교인들의 희생정신이 아픔과 고통을 극복한 신앙의 힘으로 이천 년 전 인류 최초의 도시 형태로 땅속의 나라를 만들어낸 놀라운 광경을 보고 '땅속의 땅을 아십니까'라고 나약한 현대인들에게 묻고 있다.

서정혜 시인은 '포도나무조차 땅바닥 기어 다니며 열매를 맺는' 약속의 땅과 '꿈과 순결을 지켰던 하나님 나라 그 백성들'의 생명의 유일한 통로가

'세월에 닳은 낡은 융단처럼 편안하고 아늑한' 삶의 공간으로 '따뜻함이 명주솜처럼 굽이굽이 휘감은 그들' 의 신앙으로 이루어낸 진정한 역사의 현장을 본 것이다.

인류 역사상 거대한 제국의 강성과 핍박받는 약자의 고통은 늘 함께 해왔으며 카파도키아는 인간과 자연이 만들어낸 불가사의한 경지라고 할 수 있다.

우리는 지금 위기의 시대, 위기 불감증의 시대를 살고 있다. 아무런 대비도 없이 위험에 노출된 인간의 모습은 얼마나 나약한가. 그러나 종말의 순간에도 사과나무를 심어야 한다는 불굴의 정신이 있어서 위대한 존재가 되는 인간이 아닌가. 서정혜 시인의 시는 고대 사람들의 신화적인 삶의 정신과 그녀가 신앙하는 종교정신으로 앞서간 사람들의 지혜로운 정신을 불러내고 있다.

이는 생과 사를 한 선상에 두고 보는데 근거한 시인의 시력이 근원의 향수를 지향하면서도 현실을 수용하는 표용의 덕성을 내포하고 있기 때문이다. 그것은 마치 황폐하고 비정하게 얼어붙은 사람들에게 다가가 조금이라도 마음을 데워보려는 노력의 일환과 같다.

시적 발원의 날개를 펼치는 시인의 사유가 형상화를 거쳐 성취를 이루어내는 성찰의식의 한 단계일 것이다. 이러한 시의 정신이 살아있는 이상, 우리들의 미래는 그렇게 어둡지만은 않을 것이다.

### 3. 귀환, 그 언어의 집

지금까지 서정혜 시 전편을 분석해 보건대 크게 두 가지 성향의 흐름을 발견할 수 있었다. 자신의 삶 한가운데 시 정신을 이입하여 수용함으로써 참된 자아를 형성하려는 성찰의 미학이 그 한줄기며 또 하나는 시인이 끊임없이 추구하는 세계 '근원에 대한 재 인식'의 한 단계로써 삶의 쟁점을 시화해 내려는 치열성이다. 이 두 성향은 모두 귀환의식을 바탕으로 이루어져 있으며 이 시집 전반을 관류하는 맑은 정신의 흐름으로 비교적 고른 호흡을 유지하고 있다.

마음 한쪽에
당신을 뿌려놓고
가꾸고 또
가꾸었습니다
-중략-
이제
늦가을 지는 햇살에 온몸 말리며
잘 여물 일만 남았습니까

-「추수」 일부

고향이 있었으면
좋겠다.

훌쩍 내려가
동구 밖 느티나무 밑둥에
가슴 묻어도 좋을

-「도시인」 일부

소용돌이치는 生의 눈꺼풀
밀어 올리며
해묵은 원고지 들추는

시린 자리끼 한사발

-「空間」 일부

위의 시편을 살펴보면 시인이 지향하는 곳, 그 귀착점이 어디인지, 그리고 그녀가 얼마나 아픈 시도를 하고 있는지 생각해 보게 된다. '마음 한쪽에/ 당신을 뿌려놓고 가꾸고 또 가꾸'는 시인의 염원, 이는 시인의 신앙심과도 깊이 연루되어 있으며 '늦가을 지는 햇살에 온몸 말리며/ 잘 여물' 세월을 '추수'하고 싶은 마음을 그린 것이다. 그러나 시인은 '동구 밖 느티나무 밑둥에/ 가슴 묻어도 좋을' 고향, 그 부재의 안타까움을 토로하며 방황하는 '도시인'의 삶과 대비, 그 허망함을 지적하고 있다. 그러나 시인이 진정으로 원하는 것은 '해묵은 원고지 들추는/ 시린 자리끼 한 사발'로 놓이는 공간이다. 다시 말하면 시인이 도달하고자 하는 세상, 그곳은 바로 언어의 집이다.

우리는 지금 모든 것이 불확실한 혼란의 시대를 살고 있다. 가치기준의 척도가 허물어지고 아름다움조차 상실해가는 세대들, 인간존재의 기본 개념까지 흐릿해지는 마당에 시단이라고 해서 얼마나 다르겠는가. 이러한 시점에서 서정혜 시인의 시관, 즉 시인의 정신이 투영된 시편을 살펴본 결과 눈치를 보거나 다른 재주를 부리지 않고 우직하리만큼 청순한 정조를 지키고 있음을 발견하게 되었다. 이 순수서정을 높이 사야 할 것이다.

이렇듯 그녀는 오랫동안 접어두었던 문학의 꿈을 다시 펼치는 강한 귀환의지로 자기완성으로 가는 유일한 통로, 언어의 집을 구축해낸 셈이다.

서정혜 시인의 시 전편을 주관하는 이미지가 있다면 그것은 바로 바람이다. 마치 '바람이 분다 이제 살아야겠다.'라는 폴 발레리의 시구처럼 존재의 가지를 흔들어 깨우는 바람의 이미지가 배경이 되어 깨어나는 시어들, 앞으로 더욱 완성되어질 서정혜 시인의 시를 기대하며 '시작도 끝도 없는' 시업의 나라, 그 먼 길을 걸어서 가는 그녀의 시 한 편 선해 본다.

적막하다 겨울을 겪는 꿈, 빈 들 가득했던 바람 손발 저리게 스며들어
멀고도 가까운 가지 끝에 내려앉아 불붙는, 저 그리운 이름들

강물도 측은하게 다가오는 시간, 목쉰 갈매기 한 마리 어둑한 하늘빛
물고 다시, 돌아오지 않을 길을 간다

-「또 하루가 간다」 전문

# 이금숙 시집 세계『나무지수』
## 삶의 진정성, 그 시간의 무늬

**이기애**(시인)

### 1. 사람의 길, 시인의 길

시 삼백 수에는 사악함이 없으며 자루에 든 송곳은 언젠가 나오게 되어 있다고 했다. 이금숙 시인의 처녀시집『나무지주』를 통독하면서 필연처럼 부여받은 시인의 길, 그 새롭고 진정한 세계를 지향하는 시인의 운명적 성향을 발견하게 되있다.

시의 힘이란 무엇일까. 사실을 꿰뚫어 진실을 보아내는 직관으로부터 솟아오르는 기운 같은 그런 것이 아니겠는가. 어떤 관념성을 추구하기보다는 체험의 구체성과 삶의 편린들을 제재로 모든 것을 포용하려는 수용성에 그 해법의 깊이가 있다고 본다. 그러므로 시는 무엇인가, 라는 명제하에 존재와 삶에 대한 탐색의지만이 진정한 시정신에 이를 수 있을 것이다.

우리는 시를 쓰는 사람을 시인이라 부른다. 이는 가장 인간적인 차원의 사람이 바로 시인이라는 뜻도 된다. 이처럼 이금숙 시인 역시 세상살이에서 오는 괴리감이나 비애감을 극복하고자 한 생의 유일한 길 찾기, 이를 시인의 길로 설정해 놓고 인간이 지닌 순수성의 보폭으로 보다 나은 내일을 꿈꾸는 아름다운 사람의 길, 즉 시인의 길을 찾아가고 있는 것이다.

그러나 추억이 없는 인간이 어떻게 미래를 꿈꿀 수 있을 것인가. 과거 전통의 아름다움에서 현대인의 인간성을 회복하고 사회적 모순을 극복할 수 있다는 믿음으로 이 일생일대의 길 찾기인 시정신을 그 대안으로 삼고 있다. 하여 이 길은 미지의 세계를 향해 일상의 탈피를 꿈꾸면서도 늘 과거를 향해 시간을 거스르고 있는지도 모른다. 시는 내가 온전히 나에게로 돌아오는 길이며 마음의 불꽃이라고도 한다.

이금숙의 시를 살펴보면 자신을 투영하는 탐구성으로 현실인식과 연계되어 삶의 현장에서 건져 올린 체험의 지문이 시편마다 선명하게 묻어 있다. 그리고 시의 완성도를 위하여 부단히 노력한 흔적이 골격이 되어 새로운 세계로 나아가야 한다는 적극적 사고를 확장시키고 있다. 이는 이금숙 시인에게 더욱 치열한 시의식을 갖도록 하는 원동력으로써 새로운 길을 위해 육신과 영혼이 함께하는 정신의 모색에 박차를 가한다. 그러나 시에서 완성의 길을 찾는 일은 그리 쉬운 일이 아니다. 더러 쓸쓸하게 길 위에 서서 바람의 채찍을 맞으면서도 이 떠남의 여정을 멈추지 않는 것이 바로 시인의 삶이며 길임을 터득해가는 과정을 자신의 성향인 내성적 차분함으로 삭여내고 있다.

경주김씨 효자문 집 둘째 딸
농사지을 땅 한 평 없는 농사꾼
장남에게 시집 오셨습니다

눈물과 땀이 어린
들밥 이고 가시던 어머니
물주전자 흔들며 뒤따르던 이 길
오늘은 홀로 걸어갑니다

아버지 맨발로 쓰레질 하시던
갱청방죽 논배미
동네 친구들과
하늘 굴러 내리던 방죽
냉이꽃 하얗게 바람 흘려 서 있습니다

당신이 지새운 밤과
생인손 앓는 그 아픔으로 이루어 놓은
들녘 바라봅니다

이제 모든 것 내려놓고
십오 년 세월 건너와 다시 만나는
참 넉넉한 당신의 가슴

이렇게 또 봄이 지나갑니다

-「봄날은 간다」 전문

이금숙 시인은 단아하고 귀여운 모습으로 소박하지만 야무진 성품을 지니고 있다.「봄날은 간다」 이 시는 이런 그녀가 오랜 교직 생활을 끝내고 돌아가신 지 15년 만에 비로소 어머니의 기일에 참석하기 위하여 친정집을 찾아가는 감회를 나타내고 있다.

새참(들밥)을 머리에 이고 가는 젊은 '어머니'를 '물주전자 흔들며 뒤따르던' 길, 어느새 어머니와 같은 연배가 되어 홀로 찾아가는 친정집, 어린 날의 기억들이 담겨 있는 '하늘 굴러 내리던 방죽'과 박토를 옥토로 일구어 낸 부모님의 불굴의 정신을 '참 넉넉한 가슴(들녘)' 으로 설정해 놓고 '모든 것 내려놓고/ 십오 년 세월 건너와' 다시 만나도 '이렇게 또 봄이 지나'간다는 대목에서 그녀의 인식체계를 엿볼 수 있다. 즉 철저한 생활인으로 살면서도 마음은 늘 그리움의 정서를 간직한 만큼 우주의 순환질서에 따라 잠시 머물다 가는 것이 인간 존재임을 깊이 자각하고 있다.

이렇듯 존재의 귀착점이 소멸이라는 것을 인식하면서도 그 허무성을 위로하듯 사랑의 미학으로 일상의 느낌들을 시화하고 있다.

산문은 저녁과 밤을 그릴 수 있지만 시는 새벽을 노래하는 데 필요하다고 했다. 해서 시인을 꿈꾸는 사람이라 하지 않는가. 세상이 산문화되고 건조해질수록 사람들의 마음을 위로하고 촉촉하게 스며들 수 있는 아름다운 서정의 시정신이 필요하다.

이 시집은 이금숙 시인이 40년 가까이 몸담고 있던 교직을 떠나면서 묶어 내는 삶의 변주곡이며 순수한 서정시의 꽃이다. 이처럼 그녀에게서 시는 한 생의 결과물이며 새로운 시도를 향한 신호탄이기도 하다. 그러면 이 시집에 나타나는 삶의 모습과 자의식들을 다음 작품들을 통해 살펴보기로 하자.

힘들어 쓰러지면 손잡아 일으키고
마음이 지칠 때면
무릎 내주어 쉬게 했지

딛고 올라서도 선뜻
품을 내어주고
온종일 등 뒤에서 안아주었지

-「의자」 일부

물이 좋아 찾아온 걸까
바람 따라 춤을 추는 집
마음도 호수를 닮아
아침이면 물안개 피어오르고
저녁이면 잠재우는
하늘 가까이

시인의 가슴으로 살고 싶었나

목을 움츠리고 다리를 모은
물새 한 마리

깊은 생각에 잠겨 있다

-「까치집」 일부

불꽃처럼 뜨겁게 사랑하고 오래도록
온기로 남는
그런 사람이 되고 싶다

한 개비 불타는
장작이 되고 싶다

-「화목 · 1」 일부

저 과용과 허영의 산물들 꾸역꾸역 먹어치운
슬픔의 높이에서
우화의 산을 만들었다

침묵하는 순교자처럼
모든 기억 묻어 둔 부드러운 흙의 가슴
귀화식물도 뿌리내리고
먼 곳의 새들도 날아와 제 고단한
날개를 접는다.

하늘 끝까지 오르고 또 오르는
난지의 은은한 향기

죽었어도 살아있다

-「하늘공원」 일부

「의자」를 통하여 '힘들어 쓰러지면 손잡아 일으키고// 온종일 등 뒤에서 안아'주는 부부애, 서로 의지하며 살아야 할 절대적 삶의 동반으로써 그 역할의 가치와 자세를 나타내고 있다. 어떻게 살아야 잘 사는 것인가. 그것은 서로 사랑하며 사는 일일 것이다. 이처럼 사람살이의 척도를 사랑의 미학에 두며 공동체 삶의 미덕을 사랑에서 찾고 있다. 이는 기독교 정신에 뿌리를 둔 그녀의 종교관에 기인한 인식일 것이다.

「까치집」을 보면 '시인의 가슴으로 살고 싶'다는 생각을 하며 스스로'목을 움츠리고 다리를 모은/ 물새 한 마리/ 깊은 생각에 잠겨 있'는 차원의 풍경, 즉 자연과 동화된 상태의 순수성을 짚어 완성으로 가는 길을 찾고 있다. 그녀가 시를 품는 과정의 상태가 잘 드러나 있다.

이는 시 「화목」에서처럼 '뜨겁게 사랑하고 오래도록/ 온기로 남는/ 그런 사람'이 되어 진정한 시인의 길을 가고자 하는 자신과의 다짐이기도 하리라.

「하늘공원」에서 주지하듯 '저 과용과 허영의 산물들 꾸역꾸역 먹어치운/ 슬픔의 높이에서/ 우화의 산을 만들어// 귀화식물도 뿌리 내리고// 하늘 끝까지 오르고 또 오르는/ 난지의 은은한 향기'같은 세상을 꿈꾸며 자연과 영원히 공존하는 생명력을 확산하는 길, 이 길만이 진정한 시인의 길이요 사람의 길임을 시적 화자의 고백을 통해 강조하고 있는 것이다.

## 2. 시간의 무늬, 그 시적 공간

이금숙의 시는 근원에 대한 향수와 그리움의 정서로 자신이 속한 삶의 현장을 돌아보고 부드러우나 강인한 시선으로 그 내면의식을 성찰하는 과정이 지문처럼 찍혀 있다. 이러한 정신의 맥락으로 시의 기닥을 잡아 시적 공간을 확보해 나가고 있으며 그 조화로움이 애잔한 정서로 나타나 있어 잘 읽힌다. 여기에서 우리는 시인의 따뜻한 시선과 그 인간적인 면모를 짚어낼 수 있다.

시가 체험의 언어이며 상처의 몸이라면, 시인은 그 의미를 공유하는 생명체로서 사물을 직시하고 그 사물의 진실과 상처를 바르게 볼 수 있는 순수한 눈을 회복해야 한다. 어린아이의 순수한 눈으로 자연과 더불어 살며 자연과 친화를 이루어 그 일부가 되기 위하여 끊임없이 자연성 회복을 시도하는 길만이 올바른 시의 정의성이며 시인이 나아가야 할 길임을 이금숙은 시를 통하여 이처럼 그 지향성의 실체를 제시하고 있는 것이다.

가지 마라, 가지 마라
가슴 한 무퉁이
배반처럼 베어나간 자리

나를 비우는 것이 너를 사랑하는 것이
꽃샘추위처럼 춥고 외로운 것이라서
봄 하고 말을 하면 마음이 먼저
비틀거리는

-「황사」 일부

호수는 제 깊이를 다하여 하늘을 품어 올리고 있다

따끔한 햇살 사이, 선홍색 나뭇잎 사이, 낙엽 밟는 소리 사이// 가슴에 길을 내는

가을 끝자락이 매달려 있다

-「산정호수에서」 일부

하얗게 정지된 시간 부드럽게 어루만지며
철새 한 무리 품어 안으며

침묵 속에 잠겨 있다

-「폐선」 일부

가을이 몇 번이나
더 왔다 가야
당신을 보낼 수 있을까

혼자라는 것
혼자라는 것

말을 하면 너무 아파
말조차 못합니다

-「하얀 편지」 일부

시인의 시에 투영된 저 많은 시간의 무늬들, 가지를 뻗고 꽃을 피우고 열매를 맺듯 일구어낸 무성한 삶의 사방연속무늬가 보인다. 그러한 체험의 기억들에 빛을 가하는 언어의 연금술로 옥석을 가려내고 있다.

「황사」에서는 '너를 사랑하는 것이/ 꽃샘추위처럼 춥고 외로운 것'으로 자신을 단련하는 과정을 보여주는가 하면 「호수」에 와서는 '제 깊이를 다하여 하늘을 품어 올리'는 승화된 경지를 구축해 놓고 '따끔한 햇살 사이, 선홍색 나뭇잎 사이, 낙엽 밟는 소리 사이//가슴에 길을 내는' 섬세한 시선으로 자연과 동화되는 인식의 차원을 전개해 나가고 있다.

그러나 「폐선」으로 표현된 '하얗게 정지된 시간'은 그녀가 또 한 번 넘어서야 할 극복의 대상이다. 이는 '부드럽게 어루만지며/ 철새 한 무리 품어 안으며' 견뎌내야 할 세상, 즉 남은 삶의 불확실한 시간성일 것이다.

그 시점의 인식은 시 「하얀 편지」에서 더욱 두드러지게 나타나는데 '혼자라는 것/ 말을 하면 너무 아파/ 말조차 못'하는 절대 침묵의 차원으로 자신과의 싸움에 치열성을 더하고 있다.

주지하듯 이와 같이 묵시적인 자기고백으로 표현된 일련의 시편들에서 상흔처럼 나타나는 시간의 그늘, 이것은 이금숙 시인이 극복해야 할 상황인 동시에 온전히 도달해야 할 대상인 것이다. 이는 또 다른 변화를 예비하는 모색의 과정으로써 긴장감을 유발하고 있으며 오히려 시간의 속성과 자연의 되풀이 현상을 통하여 새로운 서정성을 전개하는 것으로 시를 쓰는 한 사람으로서 앞으로 바람직한 시 세계를 기대하게 한다.

곡식 다 거둬들인
쓸쓸한 들판처럼 서성이던
아버지

누렇게 말라가는 풀잎에서
담배 냄새
어디선가 정다운
헛기침 소리

황량한 바람 속

-「외로운 어깨가 지나갑니다」 일부

영정으로 내걸린
사진 한 장

여권도 비자도 필요 없는
하늘 길 떠나는

자신의 모습 바라보는지
눈빛이 젖어있다

누나, 잠자리 잡아 줘

-「잠자리」 일부

한 줌 가루가 된 너를 내려놓는다

나무가 되거라

천천히 몸을 뉘어
뒤척이는 잎사귀

김포 후평리 177번지 참나무 한 그루
저녁 햇살 안고
붉디붉은 울음으로
서 있다

-「나무가 되어」 일부

모든 것 다 비워버린 후에야 비로소 보이는 나무의 골격, 잎을 틔우고 꽃을 피우던 가지의 실체를 '곡식 다 거둬들인/ 쓸쓸한 들판처럼 서성이던/ 아버지'의 모습과 대비하여 삶의 곡절들이 외로운 어깨가 되어 지나가는 '황량한 바람 속'에서 추출해내고 있다.

여기서 주목해야 할 것은 시인의 인식 그 밑바닥에 짙은 비극성이 내재되어 있다는 점이다. 이는 상실과 이별, 그 시간이 가져다주는 존재의 슬픔으로 받아들여진다.

너무나 빠른 변화의 시대, 그 소용돌이 가운데 또 하나의 새로운 세기의

문이 열리고 이 변화의 속도 속에서 멀미를 앓고 있는 시간대를 우리는 살고 있다. 그런데 시간이란 우리의 존재를 잠식하고 마침내 소멸로 끌고 가는 것이다.

'영정으로 내걸린/ 사진 한 장'이 되어버린 동생의 죽음, 마치 '잠자리'처럼 '여권도 비자도 필요 없는/ 하늘 길 떠나는' 동생의 죽음, 이처럼 피붙이를 떠나보내는 슬픔이 가슴에 뼈저리게 사무치지만 '한 줌 가루가 된 너를 내려놓'을 수밖에 없는 인간의 나약성, 이처럼 동생의 죽음을 통하여 일차적으로 인간의 숙명적 허무감과 무력감을 토로하고 있다. 그러나 더욱 중요한 것은 이 비극이 단순한 비극성으로만 끝나지 않는다는 데 있다. '붉디붉은 울음으로/ 서 있'는 나무 한 그루를 통하여 죽음을 넘어서는 초월정신으로써 전능의 세계로 귀속되는 또 다른 만남, 즉 부활성의 경지를 보여준다. 이는 순환론적 구조로 자연의 섭리를 수용하고 있으며 그로부터 파생되는 감정들을 갈고 닦아 시화하고 있다.

## 3. 치유와 치환의 세계

이금숙은 점점 속화되는 세계의 상처와 어려운 처지에 놓인 사람들, 그 삶의 어두운 정황들을 돌아보고 비감을 느낀다. 어떻게 사는 게 참된 삶일까. 먼저 자신을 투영하는 데 관심을 쏟는다. 이러한 자세는 치열한 자기 물음에 투영된 자아를 근원적으로 성찰하려는 과정의 진정성으로 볼 수 있다.

시란 덕의 표현이라 했다. 훌륭한 정신과 훌륭한 시적 재능은 언제나 떼어 놓고 생각할 수 없는 것이라 했다. 한 인간으로 그리고 교육자로서 또한 어머니로 살아온 삶을 반영하듯 그의 시는 헛것에 들떠 있는 사람들에게 경종을 울리며 저 끊임없는 탐색의 도정에서 얻어낸 자기 성찰의 순연한 의지를 지니고 있다.

여기에 이르면 그가 꿈꾸며 추구하는 세계가 확연히 드러난다. 여행을 통해서 목도한 시대의 비극성은 오히려 차분히 자신의 길로 돌아오는 시간의 염원을 담고 자기 정체성의 중심에서 인식의 전환점을 이루어 이 시집의 한 단락이 된다. 이처럼 그녀의 시에 투영된 시간의 풍경과 사람들 그 치유의 현장과 회귀성의 근원을 돌아보기로 하자.

추억을 가로막은 빨간 담장에 갇혀 바람 속을 배회하며 소리 없이 울고 있는 강물도 꽁꽁 얼어붙은 이 겨울에

무너진 고향, 유년의 기억 끌어안은 채 어디론가 실려 가고 목발에 의지한 가냘픈 소나무 몇 그루 파르르 떨고 있는

-「나무지주」 일부

그 날 내가 본 것은/ 알 없는 안경이 부릅뜬 눈으로 지켜보는 거대한 유리관 속 아직 선명한 이름과 주소였다

왼쪽 가슴에 새겨진 수인번호가 증인이 되어 살인공장의 화장장을 지켜보던 그 사람들처럼 내가 시퍼렇게 타고 있던, 그 날

-「슬픔의 각도」 일부

문을 닫아버린 세상
어디를 보아도
자신의 고립을 만날 뿐이다

부유물이 되어 떠도는
지팡이 하나

절뚝거리는 바람만 남아
새벽을 기다린다

-「거리의 사람」 일부

햇빛보다 더 환한
영혼의 눈으로
빛을 일으키는
생명의 어머니

풀빛 가슴에서 사랑의 꽃이 핀다
-「우리들의 행복한 시간」 일부

어리거나 약한 나무는 바람에 흔들려서 새 뿌리가 끊어지기 쉬우므로 지주를 세워 준다.

이 시집의 제목이기도 한 「나무지주」, '추억을 가로막은 빨간 담장'으로 표현된 시각적 이미지와 '유년의 기억 끌어안은' 촉각적 이미지, '가냘픈 소나무 몇 그루 파르르 떨고 있는' 청각적 이미지가 겹치면서 통합된 정서로 사라진 고향의 그리움을 극대화하고 있다. 목발에 의지한 채 고향의 잔영처럼 놓여 있는 어리고 약한 나무에게 지주목이 되어 제시하는 재생성이 전편에 녹여져 있는 이 시는 무너진 고향에 대한 상실감을 넘어서 시인이 갈구하는 정신적 기원을 나타내고 있다.

이처럼 삶의 궤적과 여행에서 얻은 체험을 소재로 아우슈비츠의 비극을 다룬 「슬픔의 각도」, 시인 스스로 '살인공장의 화장장' 불길이 되어 그 사람들과 함께 '시퍼렇게 타고 있'는 상태에서 다시 저 역사의 현장인 '그 날'의 비극을 짚어 인식체계를 더 확장하는 시적 변용을 시도하고 있다.

이처럼 이번 시집 전편에 나타나는 성향은 가족애와 사회학적 현상, 그리고 여행을 통한 자기 발견으로 더욱 뚜렷해진 성찰적 세계관이다.

'어디를 보아도/ 자신의 고립을 만날 뿐'인 「거리의 사람」으로 표현된 노숙자의 모습, 이러한 이웃의 불행한 삶이 있는 한 우리는 자유로울 수 없다. '지팡이 하나/ 절뚝거리는' 그 노숙의 떠도는 시간 속에서도 희망의 빛을 놓지 않고 '새벽을 기다'리는 구도의 시간, 이런 구절들이 보여주듯 그의 시는 이웃을 돌아보는 애틋한 사랑과 따뜻한 시각으로 우리에게 다가온다.

'우리들의 행복한 시간'으로 표현된 '햇빛보다 더 환한/ 영혼의 눈'을 뜨고 있는 봉사자 '빛을 일으키는/ 생명의 어머니'로 그 정신의 아름다움을 인지할 수 있는 것도 인성 회복 추구를 통하여 반추된 삶의 실체들이 그 시 속에 녹아 있기 때문이다.

세상은 더 좋아지고 있는 것은 분명한데 그 뒤에는 참으로 빠른 물살의 소용돌이에 허우적이다 무너지는 사람들이 늘어가고 있다. 주지하듯 시인의 종교관이자 인생관이기도 한 다감한 인식의 바탕에는 인간성 회복만이 어지럼증에 시달리는 이 시대의 균형을 바로 잡고 불신의 상처를 치유할 수 있다는 믿음을 내포하고 있다.

이처럼 상실의 늪에서 허우적이는 현대인에게 치유의 약으로 치환 되는 구조, 즉 걸러내고 걸러낸 할머니의 일생을 한 알의 「환丸」으로 병치한다. 이는 희생과 사랑으로 점철된 할머니를 통하여 인간의 온기를 되찾는 일만이 사람살이의 근원적 요인임을 제시하고 그 정한 삶의 흐름을 따라 순응적 세계를 시화하는 시정신의 발로이다.

이제 이금숙의 시 전편을 대변할 만한 시 한 편 마지막으로 선하며 불안한 삶 그 편린들을 가볍게 끌어안고 있는 시인의 다음 시집을 기대한다.

팔순 할머니, 뽕잎을 가지고 오셨습니다

굽은 허리 간신히 펴 세우고
한 잎 두 잎 따 모은 것 동글동글
환을 지었습니다

제 몸 풀어 명주실 만드는
누에고치
당신을 풀어
비단실 뽑아냈습니다

어둠을 뚫고 비쳐오는
햇살 가닥처럼
따뜻하고 아름다웠습니다

굽은 등속으로 동그랗게
몸을 말아 넣으며
뜨개질하는
방이 보였습니다

-「환丸」 전문

# 주암 박성락의 시 세계 『화랑대 소나무 악양 청학』

## 상실과 회복 그 시적 진정성

**이기애** (시인)

### 1. 삶의 무게 정신의 깊이

박성락 시인이 늦은 나이에 첫 시집 『화랑대 소나무 악양 청학』을 펴냈다. 그는 자서에서 "근속 33년 성상을 호국 간성의 요람인 육군사관학교에서 맞이하게 된 것을 큰 자긍으로" 여긴다고 말했으며, 현재 화랑대에 있는 독신자 숙소에서 생활하고 있다. 박성락의 시 전편을 통독하면서 근무지인 화랑대 충무관 앞에 서 있는 소나무 '금송'과 시인의 고향인 악양 무디미 들판, 무성한 세월의 상징처럼 서 있는 소나무 '부부송'을 떠올렸다.

시인은 이 두 그루 소나무를 통해 지난 시절의 추억을 되새기고 그 흔적의 마디마디를 아프게 짚어내고 있는 것 같다. 삶과 죽음 그리고 이별이 주는 생의 고단한 무게와 점점 변해 가는 사람들의 비정함 속에서 자신의 고독을 만나고 있으며, 또한 그 외로움의 무게를 견뎌내는 극복의지로써 참된 나를 발견하려는 존재 확인의 한 방편으로 이처럼 시를 쓰며 살고 있는지도 모른다는 생각이 들었다.

일반적으로 소나무의 특성을 살펴보면, 둥치를 자르면 뿌리까지 죽어버리는 철저한 자기지향 정조를 지니고 있다. 또한 함께 모여 살아야 잘 자랄 수 있으므로 자연히 소나무끼리 숲을 이루게 되는데, 이는 잎 큰 다른 나무가 들어오면 뿌리에 영양분을 분해시켜 주는 공생균이 없어질 뿐만 아니라 빛을 받지 못한 둥치는 이리 비뚤 저리 삐뚤 휘어지며 빛을 찾아 힘겹게 살아야 하기 때문일 것이다.

나무는 제 몸이 길이라고 했다. 오체투지 모질게 휘어진 둥치의 모습에서 유년의 땅 악양에서의 삶이 지금의 삶을 이어주는 길임을 인식하는 시인의 정신이 소나무처럼 푸르게 깨어나 시 편편이 스며 있다.

박성락은 서정시를 쓴다. 시는 덕의 표현이며 진정한 시인은 그 시대 온갖 사상의 총체를 포함해야 한다고 했다. 시인의 서정에 투영된 시적 성향은 이 시대 도시인들의 상태, 즉 절실한 현실인식과 삶의 고뇌를 짚어내면서도 그 진정성의 뿌리를 고향 정서에 두고 있다.

내향성에서 외향성으로 눈을 돌리는 겸손한 심성, 즉 외유내강의 힘으로 빚어내는 언어의 결은 맑고 순수해서 물빛 같은 투명성이 그 중심을 비추며 시의 주체를 이루고 있다.

① 봄기운 물 올라 쑥쑥 크거라
여름 햇살 튼튼해지거라
따가운 갈바람 여물어지거라
매서운 겨울 담금질 속 깊어지거라

-「경륜」 일부

② 익은 감 주렁주렁
높이 올라 휘청휘청
옮겨 다닌다

-「망태에 감을 따네 망태에 해를 따네」 일부

③ 그대 발자국 풀물 번지듯
싹눈 터져
새순 돋아라

똑똑 튀는 빗방울 소리

-「사월의 풍경」 일부

④ 자지러지게 울어 대며
떼를 지어
뒤를 좇는다

저 협동정신

-「까치와 고양이」 일부

⑤ 반평생 모질게 살다 보니
구부러진 부리 무디어버린 발톱
깃털마저 무거워

환골탈태, 거듭나기 위한
저 생사의 갈림길

-「솔개」 일부

시인의 시적 원천인 소나무를 통하여 사람살이의 진정한 의미를 일깨우는 그 감성의 촉각에 포착된 세계는 ①에서와 같이 「경륜」 이 주는 당부와 배려의 언어 '쑥쑥 크거라/ 튼튼해지거라/ 여물어지거라/ 깊어지거라' 구구절절 어린 소나무를 보살피는 인성의 따뜻함이다. 이는 ②'익은 감 주렁주렁/ 높이 올라 휘청휘청 옮겨' 다니는 풍성함으로 이미지를 확대하기도 하고 ③'그대 발자국 풀물 번지듯/ 싹눈 터져/ 똑똑 튀는 빗방울 소리'가 주는 시각적 청각적 이미지로 「사월의 풍경」을 그려보기도 한다. 그러나 「까치와 고양이」에 와서는 소나무가 군락을 이루어 가며 목숨을 지키는 치열한 생존의 과정처럼 작은 것들이 무리를 지어 보여주는 ④ '협동정신'을 추출하여 시화하고 있다.

솔개는 약 70년의 수명을 누릴 수 있다. 이렇게 장수하려면 40이 되었을 때, 중요한 결심을 해야 한다. 40이 되면, 발톱이 노화하고, 날개가 무거워 날아오르기가 힘들어지는데, 여기서 죽을 날을 기다릴 것인지, 갱생의 과정을 수행할 것인지 일생일대의 결정을 해야 한다.

시인은 '솔개'의 삶, 즉 그 고통스러운 수행의 과정으로 시의 표정을 만들고 있다. ⑤ '환골탈태, 거듭나기 위한' 갱생의 길을 선택하여 바위를 쪼아 부리를 깨고, 새로 돋은 부리로 발톱을 뽑으며 깃털 하나하나를 다 뽑아내고 나서야 비로소 '저 생사의 갈림길'을 벗어나 새로운 모습으로 하늘로 날아오를 수 있는 솔개의 수행정신을 짚어 시적 변용을 시도하고 있다.

사랑한다는 것은 서로가 상대를 '나'답게 하는 일에 열중하는 것이 아니라 그가 '그'답게 격려해 주는 것이라 했다. 한결같이 상대를 배려하는 마음으로 상실의 흔적조차 아름다운 영혼의 경작지로 이루어내는 것, 이것이 바로 시인이 추구하는 사랑의 진정성일 것이다.

⑥ 소쩍새 울었다

초롱 한 시월 동이 홀로 두고
차마 본향으로 갈 수 없어
가슴 여미듯
목메이게 울었다

엄마 젖 찾아 허기 지쳐 울며
유모 가슴 물리고
치맛자락 붙잡고
가지 마 가지 마 울부짖듯

소쩍새 울었다

-「소쩍새/ 연가 · 10」 전문

박성락 시인의 연작시편 ⑥「소쩍새/ 연가 · 10」을 살펴보면 '초롱 한 시월 동이 홀로 두고/ 차마 본향으로 갈 수 없어/ 가슴 여미듯' 떠나 버린 어머니, 이렇듯 태어나자마자 어머니를 잃어버리고 배고픔과 외로움으로 점철된 어린 시절의 허기를 '가지 마 가지 마 울부짖듯' 모정을 그리는 사모곡으로 풀어내고 있다.

배고파 우는 소쩍새 울음으로 표현된 이 시는 수미상관의 구조를 취하고 있으며, 삶의 무게 그 정신의 깊이를 그리움의 정서로 치환하는 인식의 자세, 즉 시인이 지닌 덕성의 발로인 긍정과 순응의 세계관을 보여주고 있다.

시인은 침묵하는 것이 오히려 말보다 더 많은 것을 일러 줄 수 있으며 강한 설득력을 지닌다는 것을 잘 알고 있다. 그래서 '동백/ 매화/ 호박꽃/ 접동새/ 두견/ 소쩍새/ 몽돌/ 할미꽃' 등을 통해 그리움의 정서를 현존하는 사물들의 이미지로 병치해 놓고 말 없는 말인 시를 쓰며 살고 있는 것이다.

## 2. 구도의 길 그 영적 승화

시가 구원 그 자체는 아니지만 구원으로 가는 길이라 했다. 그래서 정을 뿌리로, 언어를 싹으로, 운율을 꽃으로, 의미를 열매로 완성된 시목 한 그루가 시인 자신이며 나무의 특성인 그 지향성이 바로 시인의 길인 것이다.

앞서의 시 편들이 이 나무를 매체로 환치된 의식세계에서 시인이 자아를 성찰해 가는 과정을 채록한 것이라면 이제 시인은 진리의 말씀으로 시세계의 깊이를 이루어내고 있다.

사랑의 근원이며 지극한 신앙심의 발로인 구원의식으로 가늠하는 영적인 깊이, 이러한 구도의 모습을 시적 형상화를 통해 부활성의 이미지로 나타내고자 한다. 이는 인간의 삶에서 진정한 기쁨이 무엇인지 보여주려는 의식의 발로로써 그 승화된 영혼이야말로 존재의 유한성과 불완정성을 극복하는 유일한 정신임을 깨우치고 있다.

⑦ 침묵할 때가 있고 말할 때가 있다
사랑할 때가 있고 미워할 때가 있다

사람아, 사람아, 때가 있다 천하의 범사도
다 이룰 때가 있다

-「때」 일부

⑧ 목 밑 못쓰는
상이용사

그 곁에는
아직 처녀일 수밖에 없는
그의 아내

-「천사의 미소」 일부

⑨ 기적만 바라는
투병 삼 년 말기 암

서로
소중하고 사랑하기에
속내 감추고
눈치 살펴 방긋 웃고

-「기도한다」 일부

⑩ 몸은
마음을 담은
그릇

오십여 년 너를 부려 살았구나
몸이여

-「건강」 일부

⑪ 네 소리는
부드럽고
네 얼굴은 아름답구나

네 얼굴을 보게 하라
너의 소리 듣게 하라

-「나의 비둘기야」 일부

삶의 깊이는 자신이 만든다. 영육을 구별하고 차분히 생각할 수 있는 의식의 차원에서 보면 지혜의 눈으로 자신의 삶을 성찰하며 살아가는 자세야말로 개별성을 지닌 인성의 아름다움이 아닐까.

> "지천명이 되어서야 뒤돌아볼 수 있는 여유가 생겨 그동안 내 삶을 통해 얻은 소중한 체험들을 공명의 울림으로 그 흔적을 남겨야겠다는 생각이 들어 뒤늦게 붓을 들게 된 것을 그나마 다행이라고 여긴다."

위의 글은 시인의 육성이다. 정신없이 살다가 어느 날 문득 자신을 돌아보았을 때 느끼는 허망함이라니, 그러나 시인은 그 허망함으로 존재에 대한 성찰의 눈을 뜨게 되며 오히려 세상 이치를 터득하는 지혜와 삶의 여유를 가지게 된다.

이런 심리상태가 ⑦「때」에서는 '말할 때가 있고 침묵할 때가 있다/ 사람아, 사람아, // 다 이룰 때가 있다'라는 관조의 차원으로 나타나고 있으며 ⑧「천사의 미소」는 시인의 친구인 불구의 상이용사 '아직 처녀일 수밖에 없는/ 그의 아내'에게서 희생과 봉사의 삶을 이끌어냄으로써 절대자의 이미지를 추출하여 사랑의 말씀을 실천하고 세상을 정화하는 삶의 향기로 선한 인성의 힘을 보여주고 있다.

생로병사, 아무도 이 명제 앞에서는 자유로울 수 없다. 진정한 자유는 전능하신 분의 진리를 통해서만 가능하다는 것을 시인은 깊이 깨닫고 있으며, 바로 이 신앙심이 바탕이 되어 초월자의 진정성을 그려내는지도 모른다. 그리고 ⑨「기도한다」 '기적만 바라는/ 투병 삼년 말기 암' 환자 가족을 시화함으로써 '속내 감추고/ 눈치 살펴 방긋 웃'으며 서로를 살피는 마음의 기도로 가족애의 참모습을 보여주는가 하면 ⑩「건강」을 통하여 '몸은/ 마음을 담은/ 그릇/ 오십여 년 너를 부려 살'아 온 자신을 돌아보는 각성의 시간을 표출하여 자아를 확장시키고 있다. 그러나 ⑪「나의 비둘기야」에 와서는 말씀으로 받아들여지는 세계로 다시 돌아와 '네 얼굴을 보게 하라/ 너의 소리 듣게 하라'는 구절에서 당부하듯, 신의 목소리로 전도된 신앙의 지극함을 보여주고 있다. 또한 '거듭남· 영의 양식· 일어나 함께 가자· 삶, 신이 이끄는' 등 시의 제목을 살펴보면 삶의 체험에서 우러나온 시적 화자의 투철한 메시지가 내재되어 있다. 이는 바로 이제까지 무거웠던 세상 그림자 떨쳐버리고 거듭난 신앙의 미학적 승화로 자신의 삶을 채워 가려는 또 다른 보폭임을 알 수가 있다.

과거는 오늘의 거울, 미래는 아직 다가오지 않은 오늘이며 인간은 오늘에만 존재할 수 있다고 했다. 해서 오늘을 신의 선물이라 말하지 않는가. 시인이 시에서 나타내고자 하는 것은 바로 오늘을 사는 사람들에게 주는 확고한 존재 이유, 즉 생명력이다. 이런 맥락에서 시인은 우주만물에 눈과 귀를 열어 자신의 시에 공생의 근거를 마련하려는 새로운 모색을 추구하는지도 모른다.

그러나 박성락 시인이 시정신의 축으로 삼아 구축하려는 세계는 구도행이다. 이는 시적 소재뿐만 아니라 주제에 이르기까지 미래지향적인 대 전환의 기초로써 자립성과 사회성으로 자신의 한계를 극복하려는 본격적인 전개를 시도하는 자아성찰의 한 단계일 것이다.

그럼에도 시인의 시각이 왜 과거의 단편적인 기억에 머물러 있을까. 이는 순수했던 시대의 정감어린 풍경과 건강하고 신선한 자연, 그 원래의 상태를 회복하고 싶은 시인의 의지이며 근원을 그리는 의식의 발원일 것이다.

여기에서 우리는 앞으로만 치닫는 인간 군상들 틈에서 한 발 느슨하게 상대와 간격을 유지하며 자신과 주위를 돌아볼 줄 아는 시인의 여유, 그리고 아래의 시에서 우리는 시적 화자가 대변하고 있는 긍적적 인식의 순연한 정서를 발견할 수 있다.

⑫ 불그스름하다

잘 익은 달
따끈한 빵 같다

지긋이 한 입 깨문다

아무도 모르게 먹으려다 들켜
계수나무 밑에 숨는다

빙긋 둥근 미소
붉은 쟁반에 받쳐 든다

내 오랜 짝사랑에도 오늘은
단맛이 난다

-「개기 월식」 전문

## 3. 결핍을 성찰하는 인성의 미학

사람에게서 사람만큼 소중한 것은 없다. 그래서 사람만이 희망이며 사람을 잃는 자는 실패한다고 말하는 것이다. 박성락의 시를 좀 더 심도 있게 살펴보면, 시인은 우선적으로 사람에 대한 사랑과 그 진정성을 피력하고 있다는 것을 알 수 있다. 이처럼 박성락 시에 나타나는 인식의 실체는 바로 사람이며, 그리움인 동시에 사람에 대한 탐구정신이다.

이런 맥락에서 볼 때 그가 긴 시간 동안 이루어낸 첫 시집에 내재된 시적 원류는 일찍 부모를 잃어버린 결핍에서 출발하지만, 결국 이러한 상실감에서 시작되는 현실 인식을 토대로 세상살이에서 건져 올린 애환과 상처를 따듯한 체온으로 나누려는 친화력을 가지는 데 더 많은 마음을 두고 있다.

시 「지혜의 눈」에서 보면 사람들이 잃어버린 순진성을 되찾으려는 노력의 일환으로 인간의 얄팍함을 짚어 그 알음알이에 대한 교만성을 경계하고, 참 사람의 모습이 어떤 것인지 그 진실을 보아냄으로써 속눈 하나 더 뜨고 있는 정신의 깊이를 보인다.

그러나 이러한 깨달음이 시인이 도달한 최종의 인식 세계는 아니다. 시인의 시적 세계관의 중심을 이루고 있는 것은 시를 통하여 자아를 확립하고 인성을 성찰하는 시업의 과정에서 자신만의 진정한 아름다움을 지니는 것이다. 그래서 박성락 시인에게서 시는 온전히 자신에게 돌아오는 길이며 사실을 넘어서 진실을 투영하는 정신의 유일한 통로인 셈이다.

⑬ 둥 둥 두리둥실 산허리 휘돌러
흰 구름 가득한
악
양

골

섬진강 남해까지 푸르른 하늘
골짝마다 겹겹
인적 묻혀 버리고
산
산
산

-「악양이 청학이다」 일부

⑭ 아프면 아픈 대로 흙에서 자란다
외딴집 어린아이

아무것도 먹지 못하고 온방 뒹굴다

뜬눈으로 지샌다

-「어린 날」 일부

⑮ 지나온 길 돌아본다

발자국마다 붉은
노을빛이다

저물도록 바스락거리는 하늘
낙엽소리만 들린다

-「허무」 일부

'시란 무엇인가!'라는 말은 '삶은 무엇인가!'라는 말과 같으며 인간의 삶은 언어를 통해서만 그 확인이 가능하다. 결국 언어가 기록의 표상이라면 시는 그 표상작용에 의존하여 살아나는 또 다른 삶의 반증일 것이다.

시인은 현존하는 모든 사물을 명명할 수 있는 사람이며, 명명된 순간부터 살아 있는 언어 체계인 생명체로서 한 편의 시가 완성될 때까지 치열한 수정의 단계를 거치는 저 필생의 운명을 부여받게 되는 것이다. 이처럼 언어가 육체를 가짐으로써 이 성찰의 과정이 본격화되고 스스로 길을 만들어 나가는 시인의 보폭이 뚜렷해지기 시작한다.

⑬「악양이 청학이다」는 '둥 둥 두리둥실 산허리 휘둘러' 흡사 마음을 움직이는 그림을 보는 듯한 동적 이미지를 전개시킴으로써 '흰 구름 가득한' 시인의 고향 '악양골'을 불러내어 '섬진강에서 남해까지 푸르른// 골짝마다 겹겹/ 인적 묻혀' 있는 자연과 접목된 상황인식을 확장시키고 있으며 ⑭ 인용한 시 「어린 날」은 '아프면 아픈 대로 흙에서 자란/ 외딴집 어린아이'를 통하여 지나간 시대의 삶, 그 가난과 아픔을 재생해내는 슬픈 개의를 지니고 있다.

이렇게 박성락의 지향 의지는 도시화와 현대화의 물결이 거세지면서 절대공간으로 설정된 고향과 어린 시절, 즉 잃어버린 인간의 순수성에 대한 향수나 그리움을 나타내고 있다. 그러므로 시인의 상실감은 존재에 대한 허무성으로부터 발원되는 또 다른 지향성의 줄기가 된다. 그의 시 ⑮「허무」를 읽어 보면 물신주의와 비인간화로 인한 역리적 현상의 특성과 맞서는 순연한 서정의 보폭, 즉 언어가 가진 순수성을 올곧게 살려냄으로써 '지나온 길 돌아' 보며 '발자국마다 붉은/ 노을빛'으로 잠시 이 세상에 머물다 가야 할 인간의 숙명을 '저물도록 바스락거리는 하늘'에서 살아있는 순간의 움직임을 포착해 내고 인간의 삶이란 잠시 '바스락거리'다 가는 것이라는 삶의 절대허무성을 짚어 세속적인 것으로부터 벗어나 순수한 존재가 되기를 바라는 염원성을 보여주고 있다.

이제 박성락의 처녀시집 전편의 깊이 읽기를 마무리하면서 지금까지 뚜렷한 보폭으로 구축한 시인의 길을 보게 되었다. 그러나 그 길은 또 다른 선택을 시도하는 구도행으로 변모하고 있음을 알 수 있다. 이 길을 가기 위하여 그가 자신의 삶을 어떻게 성찰해 가고 있는지 마지막으로 시 한 편 선해보며 시인의 다음 시집을 기대한다.

1.
지렁이 한 마리
축축한 아스팔트 위를 느릿느릿
횡단하고 있다

2.
달리는 차바퀴들
작열하는 태양의 열기
극성스러운 개미

치이지 않을까
말라버리지 않을까
먹히지 않을까

바람이 살짝 방향을 잡아 준다

3.
저 필생의 길
지금 제 몸을 건너는 중이다

-「길」 전문

# 문곡 박영길의 시 세계 『알각달각 고향소리』

## 고향 정서를 성찰하는 진정성의 힘

**이기애** (시인)

### 1. 지킴이 정신, 시적 진실

문곡의 시에는 고향에 대한 애정이 가득 담겨 있다. 오직 고향을 사랑하고 그 순연한 정서를 지키려는 일념으로 오래된 고향의 지명과 자연의 모습, 그리고 고향살이의 애환을 비교적 순수한 고향 말로 표현하고 있다.

시인은 꿈을 먹고 산다고 했다. 문곡 시인에게서 시는 고향에서 고향을 생각하는 그리움의 원천이며 또 다른 꿈의 이미지다.

이러한 시점에서 볼 때, 문곡 시인의 고향 지킴이 정신은 변화의 물결을 따라 떠나간 사람들에게 다시 돌아올 수 있는 쉼터를 제공하듯, 언제나 대문이 열려있는 집, 그 푸근한 인정의 모습을 보여주며 우리에게 다가오고 있다.

여기서 문곡 시인이 일생을 통하여 인식한 고향과 자연의 전경을 그린 시 한 편 살펴보기로 하자.

못생긴 나무는 산을 지키며
천수를 다한다던가

삼백오십 살 지켜본
넓은 품으로
당당한 자세로

나를 반긴다

모나지 마라
잘난 체 말아라
숨어서 살자

잔가지 껍질 벗겨 물에 담그면
푸른 몸 그래서 물푸레나무

세상을 푸르게
마음도 푸르게

하늘과 맞닿은 물푸레
네 몸짓으로 푸르게

응지말 언덕에
서 있다

-「물푸레나무」 전문

시인이 태어나서 자란 화성시 서신면 전곡리 응지말에 가면 2006년 4월 4일 천연기념물 제470호로 지정된 노거수, 물푸레나무를 만날 수 있다. 이 나무는 주로 따뜻한 곳에서 자라며, 이 '물푸레'라는 이름은 껍질을 벗겨 물에 담그면 물을 푸르게 물들인다고 하여 붙여진 것이다.

나무의 즙은 약재로 쓰이는 데 맛은 쓰고 성질은 차가우나 독이 없어 열을 내리게 하고 눈을 밝게 하기도 한다. 또한 나무의 결이 단단해서 옛 선비들은 이 나무로 만든 회초리를 맞아 가며 과거 준비를 했다고 한다.

문곡의 시는 물질만능주의가 판을 치는 작금의 현실을 보며, 변해 버린 세상, 변해버린 인심, 이러한 발 빠른 변화의 물결에 휩쓸려 점점 정체성을 잃어버리는 사람들에게 존재의 참된 의미를 제시하고 스스로를 한 번 되짚어 생각하게 하는 계기를 마련해 주고 있다.

이러한 정신은 「물푸레나무」를 소재로 한 시를 살펴보면 알 수 있다. 사람 손을 타지 않아서 그런지, 원시적으로 우람하고, 본질적으로 건강미 넘치는 나무의 겉모습을 '못생긴 나무'로 '삼백오십 살 지켜본/ 넓은 품'과 '당당한 자세'를 그 내공으로 표현하여 외유내강外柔內剛의 힘, 즉 사람살이의 지혜를 터득해 내고 있으며 '모나지 마라/ 잘난 체 말아라/ 숨어서 살자'라는 시구를 이입하여 세상 속도의 소용돌이에서 한 발 물러난 느슨한 행보를 취함으로써 오히려 순수한 인성과 인간다운 삶의 의미를 짚어 고향을 지키려는 지극한 심성을 선명하게 나타내고 있다.

'잔가지 껍질 벗겨 물에 담그면/ 푸른 몸 그래서 물푸레나무' 이처럼 나무를 의인화시켜 표현한 시인의 애향심은 '세상을 푸르게' 만들 것이며, 그 푸른 세상에서 살아가는 사람들 '마음도 푸르게' 물이 들어 '하늘과 맞닿은 물푸레' 잎사귀처럼 '네 몸짓으로 푸르게' 무성한 푸르름을 지향하는 그의 정신이 물결 푸른 시 세계의 무늬를 이루고 있는 것이다.

마음 닦아라 정갈한
항아리

된장 고추장 간장
질박한 삶조차 곰삭아라

-「메주」 일부

장맛이 집안 맛이라며
묵은장 햇장

하루에도 몇 번씩 반들반들
장독을 닦는다

양지바른 곳 한 곁에
정화수 한 그릇
밤이건 새벽이건 칠성님께 빈다

-「장독대」 일부

평생 자식 위해 허허롭던 분
형 누나
생명의 불꽃 당겨
가물가물

하늘과 땅 이어준다

-「아버지의 방패연」 일부

우리는 지금 직접적이고 구체적이며 물질의 효과만을 추구하는 자본주의의 천박성, 즉 편견이나 관습에 젖어 있는 무리가 판을 치는 세상을 목도하며 살고 있다. 이런 상황에서 시를 쓴다는 것은 현실과 가장 거리가 먼, 참으로 무의미하고 무기력한 일일 수도 있을 것이다. 그런 한편 새로운 문명과 문화의 세기로 접어든 첨단의식의 흐름을 본다면 이는 분명 과거 어느 때보다 첨예한 상상력과 창의력으로 사유의 무한한 변용이 가능한 시인의 시적 특성을 필요로 하는 시대임을 간과하지 않을 수 없다.

이러한 변화의 물결을 따라 시가 영혼과 유일한 교감을 함으로써, 최선의 것을 추구하는 그 무엇이라면, 문곡의 시는 과거, 현재, 미래를 한 선상에 두고 있으며, 오히려 옛사람들이 지극정성으로 꾸려 온 삶의 내력을 짚어, 피폐한 정신세계의 회복을 시도하고 존재의 근원을 복원하려는 본질적 순환 구조를 가지고 있다.

그러한 시인의 염원이 시 「메주」에서는 '마음 닦아라//질박한 삶조차 곰삭아라' 마치 수도승이 정진에 임하듯 갈고 닦으며 살아온 날들, 그 수행의 세월을 비추고 있으며, 시 「장독대」에 와서는 '정화수 한 그릇'으로 놓여 있는 절대공간을 설정해 놓고 '밤이건 새벽이건 칠성님께' 빌고 또 비는 비손의 어머니들, 그 정신의 절실함과 삶의 애틋함을 짚어내고 있다.

시 「아버지의 방패연」에서는 '평생 자식 위해 허허롭던' 생전의 아버지가 또 다른 차원의 대상이 되어서, '생명의 불꽃 당겨// 하늘과 땅 이어' 주는 존재로 부활하고 있다. 이는 인간의 인연이 이승과 저승 그리고 내세에까지 닿아 있다는 저 윤회설에 기초한 우주 순환 구조적 인식의 발로인 것이다.

자연에서 태어나 자연으로 돌아가는 것이 우주 만물의 순리며 삶도 시와 같다고 했다. 이렇듯 자연은 많은 것을 우리에게 주지만 언제나 말이 없다. 시인이 고향에 뿌리내리는 삶을 선택한 연유도 바로 이 자연과 동화된 삶에서 터득한 지혜와 그 질서에 연루된 것이리라.

우리는 다음과 같은 시인의 육성에서 그 우직하고 인간다운 보폭의 아름다움을 느낄 수 있다.

> "모두가 버리고 떠난 고향이지만 도회에서는 맛볼 수 없는 사람 사는 냄새를 여기서 맡습니다.
>
> 그 사람 냄새를 어떻게 남길 수 있을까, 오늘도 고민합니다.
>
> 어찌 사람 냄새뿐이겠습니까. 바람 소리, 파도 소리, 별들의 속삭임, 나무들이 부르는 노랫소리 따라 손바닥만 한 고향 땅을 샅샅이 살피는 지킴이가 되려고 합니다."

## 2. 영혼의 교감, 순수 서정의 재인식

시인을 언어의 연금술사라고 한다. 이 명제는 치열한 훈련을 전제로 하며, 그 결과물인 살아있는 언어, 즉 언어의 비행담요를 타고 자유롭게 날아다니는 상상력의 차원을 구축하는 것은 물론, 빼어난 솜씨로 언어의 씨줄과 날줄을 직조하는 달인이 되어야 한다는 뜻이다.

괴테는 '내가 시를 만든 것이 아니라 시가 나를 만든 것이다.'라고 했다. 주지하듯 시가 합일된 세계를 지향하는 감수성의 통합 체계로써 언어를 통해 완성의 경지에 도달해야 하는 그 무엇이라면, 시인은 자신의 시에 소리와 무늬, 그리고 맛과 색채와 무게를 가미하는 감각적 이미지를 동원해야 한다.

시에서 이미지는 상상력에 따른 일종의 내면 풍경으로써, 현대시에서 중심적인 표현 기법이다. 특히 신체의 오관을 통해 구체적 성향으로 만들어지고 있는 공감각적 이미지는 모호하고 추상적 표현의 오류를 극복하고 사물이 지닌 본질적 성향을 투사해 냄으로써 시의 주제와 시인의 서정성을 더욱 선명하게 나타낼 수 있다.

목월은 '서정은 우리 시의 마지막 보루'라고 했다. 이런 맥락에서 볼 때 인간이 원래의 상태, 즉 순수하고 때 묻지 않은 서정을 유지하는 것이야말로 자연화로 가는 그 척도일 것이다.

이 시집의 제목인 '알각달각 고향 소리'라는 시인이 바람에 흔들리는 오동나무 열매에서 추출한 바로 그 자연의 소리다.

산과 들과 크고 작은 나무들을 배경으로 비스듬히 누워 있는 바다. 그 바다가 보이는 언덕에서 시인은 무덤 속 아버지와 대화를 나누고 있다. 이렇듯 문곡의 시는 금방 그린 수채화처럼 선명하게 고향의 삶과 자연 풍광을 그리고 있어 시인의 추억에서도 물감이 묻어날 것 같다.

헛간에서 작두 꺼내
아버지는 짚 메기고
나는 작두 줄 힘 있게 잡아당겨
몸 실어 디디면

아버지가 잘라 놓은
수없는 세월
많이도 썰어 놓은
삶의 조각

-「잘려 나간 세월」 일부

이 사람들아
담아 가지는 말게나
그냥 가게나 그냥
보고만 가시게나

덧없는 세월 속에서도
어제가 오늘 같은
청정한 보리밭

-「보리밭 풍경」 일부

어머님 식구 수 대로
햇솜 비벼 심지 만드셨다

정월 열나흘 저녁이면
접시에 햇 참기름 듬뿍
식구 불 밝힌다

....... 중략 ..........

우리 식구
일 년 내내
둥근달 떠오르듯
둥싯둥싯 지켜 주소서

-「식구 불」 일부

에머슨은 두 종류의 시인이 있다고 했다. '하나는 교육과 실습에 의한 시인, 우리는 그를 존경한다. 또 하나는 타고난 시인, 우리는 그를 사랑한다.' 라고 했다. 굳이 문곡을 이 두 시인 중 하나로 가늠해 본다면, 후자에 속하는 시인, 즉 존경보다는 사랑받는 쪽이 아닌가 싶다.

그의 마음 깊은 곳에 있는 추억의 한때, '아버지는 짚 메기고/ 나는 작두 줄 힘 있게 잡아당겨' 짚을 썰어 소에게 줄 여물을 만드는 한 농가의 모습을 그려내고 있는 이러한 구절에서도 알 수 있듯 '수없는 세월/ 많이도 썰어 놓은/ 삶의 조각'으로 아버지와 이어진 자신의 내력을 짚어 가족의 역사의식을 반증하고 있으며, 삶을 바라보는 시인의 다감한 시선과 가족애를 느낄 수 있다.

세상은 분명 변하고 있지만 변하지 않는 것이 있다. 문명의 발달로 인하여 점점 피폐해지는 인간에게 온기를 부여할 수 있는 서정의 힘, 이처럼 서정시의 아름다운 정통성은 인류와 함께 영원히 존속할 수 있는 생명력으로 남아있을 것이다.

또 한편으로 고향에 대한 애착심으로 인용된 위의 시행 「보리밭 풍경」 부분을 살펴보면 원래의 고향 모습을 그대로 보존하려는 구절들이 '어제가 오늘 같은/ 청정한 보리밭'을 통하여 잘 나타나고 있다. 이는 자연친화 사상에 근거한 시인의 근원적 인식으로써, 이 세상이란 잠시 머물다가 후손에게 물려주고 떠나야 할 곳임을 깨우쳐, 무모하고 욕심 많은 사람들에게 경종을 울리고 있다.

이렇듯 시인의 시적 더듬이에 포착된 세계는 추억을 향해 열려있으며 모두 고향 정서에 잇닿아 있다. 우리는 문곡의 시 「식구 불」을 읽으면서 각자 지나온 날들에 비추어진 부모와 자신의 삶을 한 번 되돌아보게 된다. 우리 조상들은 정월 보름이면 집집마다 무병장수 소원성취를 비는 그 집안 나름대로의 행사가 이루어졌다. 식구 수 대로 촛불을 켜서 바가지에 담아 강물에 띄우기도 하고 산이나 계곡 혹은 집 뒤란 장독대에서 몸과 마음을 정갈하게 닦은 할머니 어머니들이 소지를 올리며 빌고 비는 모습 '우리 식구/ 일 년 내내/ 둥근달 떠오르듯/ 둥싯둥싯 지켜 주소서' 간곡한 마음의 표현으로 나타나는 가족 정신을 떠올리게 된다. 이는 우리 민족이 지닌 오랜 인습의 미덕이며, 민간신앙으로써 근본적으로 보다 나은 삶을 후손에게 물려주려는 기원의식의 발로일 것이다.

대부분 사람들의 삶이 고향을 떠나 도시에서 영위되고 있는데 비해 고향 지킴이로 남아 있는 문곡은 시를 통해서 존재를 확인하는 한편 진정한 삶이 어디서 오는 것인지, 그 정체성의 가닥을 짚어내고 있다. 이것은 바로 고향 정서에 대한 애착심과 삶에 대한 긍정적 의지에서 비롯된 자아 성찰의 단계로써 영혼을 교감하는 순수 서정의 재인식인 것이다.

## 3. 고향의 소리, 그 영원한 그리움의 실체

너희들인가
벚꽃 봉오리
용서하여다오

다 묻어 버리고
갈매기처럼 날으거라
하늘로
하늘로 날아오르거라

-「천사들」 일부

굶기를 밥 먹듯 했지
그 시절
태어난 아이들

홍역, 어김없이 찾아와
들꽃 만발한 뒷동산
기슭의 작은 무덤
수없이 많았지

-「애총」 일부

이 시집에 내재된 소재들을 살펴보면 대체로 고향 마을의 이름과 삶의 비극적 현상, 그리고 자연의 소리에 투영된 인간의 모습, 그 상실의식과 지향의식이 서로 맞물려 있다. 이는 속되고 비정한 도시적 삶으로 인해 점점 피폐해지는 현대인의 실상을 고발하는 것일 수도 있으며, 이러한 상황 속에서도 참된 나를 찾아가려는 존재양식의 한 방편일 수도 있다.

다시 말하면 그의 시적 인식에 닿아 있는 사건 사고의 현장으로, 인간 삶의 형태를 직시하고 인성의 진정성을 추구함으로써 많은 자기물음을 부여하게 하는데, 여기에는 바로 원래의 상태, 즉 맑고 깨끗한 고향의 자연, 그 순수한 세계의 지향성을 지키려는 시인의 정신이 함축되어 있다.

주지하듯 그에게 있어서 고향은 끊임없이 지향해야 할 미래인 동시에 가슴으로 들어야 하는 음악이며, 가슴으로 보아야 하는 그림이다. 그리고 발등에 떨어진 현실인 것이다.

우리는 1999년 6월 30일 밤 1시 30분경 23명의 어린 목숨을 앗아간 저 충격적인 씨랜드 화재 사건을 잊어서는 안 될 것이다. 실로 가늠하기 어려울 만큼 무서운 지경에 이르고 만 저 참담한 현장이 바로 시인의 고향 서신면 백미리에서 일어난 것이다.

시 「천사들」에서 시인은 그 비극의 현장에 무심히 서 있는 벚꽃나무를 발견하고 벚꽃 봉오리로 의인화된 어린 영혼을 시화하고 있다. 이는 부정적 인식으로 다가오는 물질문명의 발달로 인한 위험한 시대의 상처를 직시하고 이를 극복할 수 있는 대안으로써, 각성의 한 방편을 마련하려는 차원이기도 하리라.

'다 묻어 버리고/ 갈매기처럼 날으거라/ 하늘로/ 하늘로 날아오르거라' 이 구절에서 어린 넋을 위로하며 사죄하는 마음을 절실하게 드러내고 있으며 간곡한 염원을 담아 다음 세상의 축복을 기원하고 있다.

또한 시 「애총」을 보면 굶기를 밥 먹듯 했던 저 궁핍의 시대를 끌어 내고 있다. '들꽃 만발한 뒷동산/ 기슭의 작은 무덤/ 수없이 많'은 어린 목숨을 가슴에 묻고 살았던 고향 땅, 어머니들의 한 많은 삶을 대변하고 있다. 이처럼 시인은 영원히 멈출 수 없는 꿈의 보폭으로 고향의 삶을 계승하고 있으며, 그렇게 정진을 수행하는 자신의 현주소가 바로 고향과 자연임을 시를 통하여 피력하고 있는 것이다.

더 나은 삶을 위하여, 혹은 출세하기 위하여 사람들이 하나 둘 떠나버리고, 겨울 벌판처럼 홀로 남아서 지난날을 되돌아보는 것으로 자신을 다듬어 가는 고독한 시인의 진정성, 이는 삶의 근원을 짚어 고향정서에 깊이 귀속되고 있는 인식체계로써 이 시집의 배경이 되고 있다.

그가 이렇듯 따뜻하고 아름다운 염원 정신으로 호소하듯 다가와 자연의 숨결로 가득한 고향의 일부가 되어 기다리고 있는 시 한 편 마지막으로 선해 보며 문곡 시인의 다음 시집을 기대해 본다.

없어도 좋다
맨발에 빈손 벌거벗은
몸이라도 좋다
모두 훌훌 털어 버리고
그냥 오너라

두리번거리지 마라
돌아보지 마라

지친 몸 쉬고 싶을 때
그냥 오너라
네가 놀던 언덕 양지의 바다
여기 그대로 있다

빈 마음
빈 가슴
가득 채워 주리니 오너라
내게로 오너라

-「망향의 언덕」 전문

# 정길화의 시 세계 『어머니는 내가 돌아갈 집이었다』

## 사랑의 전언과 영원한 구도

이기애 (시인)

### 1. 사모곡, 그 영혼의 울림

사람은 누구나 사랑하는 사람이 있다. 사랑이 없는 인간의 삶이 무슨 의미가 있겠는가. 사랑은 또 다른 행복의 약속이며 사람을 가장 사람답게 만드는 감성의 원류이며 존재의 본질이다.

사랑은 그 대상에 따라 다의성을 가질 수밖에 없다. 정의하자면 이웃과 나누는 온성에서부터 친구와의 우정, 이성과의 애정, 독생자를 보낸 하나님의 구원의 사랑, 책임과 희생이 따르는 가족애 등으로 논의할 수 있다. 그러나 이러한 다변적인 사랑의 현상 중에서 시인이 진정으로 추구하는 사랑의 진의는 모정이다.

시집 『어머니는 내가 돌아갈 집이었다』를 상재한 정길화 시인의 시는 어머니를 잃어버린 상실감에서부터 출발하고 있다. 삶과 죽음, 이별의 슬픔을 통해 펼쳐지는 시인의 사모곡은 한결같은 효심으로 점철되어 있다.

이런 시각으로 접근해 볼 때, 이 시집 제목에서 나타나듯 시인에게서 유일한 사랑의 대상인 어머니는 시인이 추구하는 삶의 귀착지이며 아주 특별한 존재이다. 여기에서 우리는 천륜의 사랑, 저 지순한 정신세계를 재생함으로써 극도의 이기주의와 물질만능주의로 치닫는 작금의 현실 상황을 극복하고 불신과 불화로 불통되어가는 인성을 회복하려는 지극한 염원이 시 전편을 관류하고 있는 시인의 시정신임을 인지해 낼 수 있는 것이다.

모든 존재의 근원이며, 생명이며, 사랑의 상징인 어머니는 바로 사랑의 실체를 확인하는 과정에서 발견된 시인의 자아인 동시에 시적 발원의 모체가 된다. 그러므로 정길화의 시는 어머니의 사랑을 통해 생과 사를 이어주는 영원 지향의 구도행으로 볼 수 있다. 그리고 시인 자신이 주어진 삶 속에서 건져 올린 언어의 무늬로 사물의 표정을 만들어 친화를 이루는 한 세계를 보여줄 뿐만 아니라 스스로 악기가 되어 영혼의 지극한 울림을 풀어내고 있는 것을 알 수 있다.

오셨나요
백목련 애처로운
흰 목덜미
풀잎 맺힌 물방울 얼굴
몸에서 흐르는
감미롭고 아픈
카발레리아 루스티카나의 간주곡
금방이라도
쏟아질 것 같은 눈물로
오셨나요

-「그대」 전문

이 작품 역시 어머니의 부재를 백목련으로 소생시키고 있는데, 맑고 깨끗한 시인의 정조가 시의 중심체계를 이루고 있다. 결국 인간이란 언젠가는 돌아가야 할 본향의 세계가 운명적으로 내재되어 있음으로 시간의 속성에서 벗어날 수는 없다. 그러나 시공을 초월하여 이승과 저승을 넘나드는 시인의 상상력으로 환생한 어머니는 바로 시 「그대」처럼 '백목련 애처로운' 생전의 모습으로 '몸에서 흐르는' 애잔한 선율로 '쏟아질 것 같은 눈물'로 재생되어 시인으로 하여금 그리운 어머니의 사랑을 끊임없이 시화하게 만들고 있다.

이렇듯 정길화의 시는 사물을 통해 소재를 획득하고 그 상징적 의미에 불을 놓으며 인간의 심성 중 가장 투명한 본심으로 돌아가는 순정한 인식의 호흡을 유지하고 있다, 그리고 있는 세계가 아닌 저 있어지는 세계의 진정성으로, 처연한 서정의 숨결로, 한 걸음 한 걸음 일정한 보폭으로 우리에게 다가오고 있다.

길 밝게 들어올려 준다

푸르른 달빛 밟고
기다리는

눈빛은 깊은 우물같다

-「달무리」 일부

마지막이라고 말하지 마세요

우주는 시작도 끝도 없습니다

우리가 지상을 살 듯 사랑은
영원을 삽니다

-「시작도 끝도 없습니다」 일부

더 이상 돌아갈 집이 없어졌다

정류장에 서면
내가 왜 여기 서 있나

이 몸 벗고 저 세상으로
가고만 싶다

-「어머니는 내가 돌아갈 집이었다」 일부

시는 발견이라고 했다. 시가 추구하는 것은 초월성과 통찰력, 그리고 존재의 진실을 내포하고 있는 깨달음의 어떤 경지이며, 시어 하나하나가 성찰의 세계로 인도하는 의식의 길라잡이 역할을 하는 것이라면 정길화의 시「달무리」는 언어의 이정표처럼 '길 밝게 들어올'리며 우리 곁에 환하게 서 있는 불빛 같은 인식의 발로이다. '푸르른 달빛 밟고 / 기다리'고 있는 또 다른 모습으로 재생된 어머니, 그 '눈빛은 깊은 우물'이 되어 흡사 자신의 쓸쓸한 그림자까지 담고 늘 가까이 지켜 서 있는 듯한 차원의 세계, 즉 그리움의 원천인 것이다.

그렇게 시작된 정길화의 시적 모티브인 모정의 정서가 지향하고 있는 탐구 정신이 시「시작도 끝도 없습니다」에 와서는 '우리가 지상을 살 듯 사랑은 / 영원을 삽니다'라고 토로함으로써 그리움이 산화되어 자연과 친화하는 우주적 순환구조를 지닌 정신의 깊이를 보여준다.

이 시집의 제목이기도 한「어머니는 내가 돌아갈 집이었다」 부분을 살펴보면 시적 화자는 귀갓길 버스정류장에 서 있다. 어머니의 부재로 인하여 '더 이상 돌아갈 집이 없어' 져버린 자신을 발견하는 데서부터 이 시는 시작된다. '내가 왜 여기 서 있나'라는 구절이 암시하듯 외부에서부터 내부로 시점을 이동하여 자신을 관찰한 결과 어머니는 '이 몸 벗고 저 세상으로' 가서라도 만나고 싶은 절실한 그리움의 대상으로서 시인의 영혼에 투영된 시혼, 그 울림의 가닥을 끌어내고 있다.

어머니 없이 태어난 사람은 어디에도 없을 것이다. 그럼에도 불구하고 이 세상에는 패륜의 자식이 있고 소외되는 부모가 있다. 한 시대의 비정한 모습을 반추하는 시점에서 정길화 시인의 애틋한 사모곡이 차가운 단절의 벽을 허물고 사람들의 가슴을 울리는 경종이 될 수 있기를 바라는 마음 간절하다.

또 한 어머니는 우리 모두가 돌아가야 할 집과 같은 존재로서 이 세상에서 가장 소중한 사람임을 인지하고 생生과 사死를 넘어서도 이어지는 천륜의 정을 재인식하여 창작의 열정으로 승화시키고 있는 시인의 아름다운 시향을 오랫동안 간직하고 싶다.

## 2. 시의 향기, 존재의 의미

정길화 시인은 1950년 경북 포항에서 태어났다. 우연히 독일민족의 정신과 철학을 접하고, 경북대학교 사범대에서 독일어를 전공, 한양대 대학원에서 독일 시 전공으로 박사학위를 취득했다.

> 독일의 문학을 몇 마디로 정의내리기는 힘들지만, 고대 희랍문명에 대한 동경, 그리고 기독교정신에 기반을 두고 철저한, 때로는 무서울 만큼 집요한 사색, 우주와 세계 인간 존재에 대한 근원적이고 근본적인 사색과 탐구를 하면서 이상주의를 추구한다는 점을 그 특징으로 들 수 있을 것이다.
>
> -「문학관」 일부

시인의 피를 타고난 운명 탓일까. 이처럼 독일문학에 매력을 느껴 독일의 이상주의적 세계관에 깊이 빠져들면서 '어떻게 하면 인간이 높은 정신세계의 경지를 이룰 수 있을까' 오랫동안 고민하게 되었으니 말이다. 이는 진리를 추구하는 인식체계의 한 단계로써 삶과 이해의 개념으로 성립된 예술의 궁극이며 그 귀결인 것이다. 또한 늦은 나이에 다시 시를 접하고 문단에 나온 데에는 정길화 시인 나름의 사연이 있었을 것이다.

시인은 시를 생산함으로써 존재를 확인한다 했다. 한 시인의 작품을 분석할 때 각자 이해의 범주에 따라 다소 차이가 있겠지만 작품을 생산하는 데는 본능적, 경험적, 선험적, 전통적, 교육적 또는 의식, 무의식적으로 습득되는 수용성이 그 바탕이 된다고 본다.

그렇다면 정길화 시인의 시 세계, 즉 창작의 근간을 아우르고 있는 시의식의 축은 '영원히 여성적인 것이 우리를 천상으로 이끈다'라는 괴테의 말처럼 유일한 여성, 즉 완전한 인간상인 어머니의 사랑으로 시의 향기를 지니려는 지향 의지로 볼 수 있을 것이다. 이는 철학적 소신이나 관조의 깊이로 구축된 정신의 표상작용이며, 삶을 토대로 존재의 의미를 찾아가는 시인의 탐색 의지와 진정성의 미학임을 알 수 있다.

> 30년 전 한 친구가 면박을 주었다
>
> "술도 안 마시고, 담배도 여자도 없이 무슨 재미로 사나?"
>
> 그때 무어라고 대답을 하지 못했다
>
> 이제 명쾌하게 답할 수 있을 것 같다
>
> 없는 것의 자유로움<br>
> 없는 것의 텅 빔<br>
> 없는 것의 가벼움
>
> -「없음」 전문

위의 시 「없음」은 친구의 말에 바로 답변하지 못하고 오랜 세월 간직한 시인의 응답을 내용으로 구성되어 있다.

그러므로 이제 시인이 시를 통해 나타내고자 하는 것은 인간의 조건과 속성, 그리고 관념의 차이성이다. 이른바 표피적인 삶의 현상에서 벗어나 진정한 자유로움을 추구하는 시인의 개념은 무소유의 정신에 기초하고 있으며, 자유로움을 추구하는 만큼 피할 수 없는 차이로 나타나는 인식체계와 존재양식의 근원성을 함께 확인할 수 있는 근거를 보여주고 있다.

"술도 안 마시고, 담배도 여자도 없이 무슨 재미로 사나?"라는 30년 전 친구가 던지는 면박의 말로 시작하는 이 시는 전부 7행인 단시임에도 불구하고 긴 시간의 흐름을 담고 있다. '그때 무어라고 대답을 하지 못한' 그 시점의 그늘을 '자유로움', '텅 빔', '가벼움'의 인식으로 설정해 보임으로써 지움의 미덕을 터득하여 실천하고자 하는 저 무소유의 개념까지 명쾌한 응답의 차원으로 완성시키고 있는 것이다.

시가 체험의 미적 형상화라는 측면에서, 시 예술이 참다운 인식적 기능을 지니는 것을 그 본질로 본다면 정길화의 시가 지향하고 있는 흐름의 주제는, 없음 또는 텅 빔의 공간인식을 존재론적으로 표출하는 한편, 현실의 무게를 직시하는 지혜와 인생에 대한 깊은 성찰이 담겨 있음을 인지할 수 있다.

> 태어날 때부터 세상에 맞지 않았다
>
> 청년기 인생의 큰 문제 골몰했고
>
> 자그마한 일 무심했다는 것 깨달았다
>
> 그러나 근본적으로 달라진 것은 아니었다
>
> -「그」 일부

아름다운 시 한 편 쓴다

내 영혼 갈피갈피
햇빛 들어
시들어 가는 열망
다시 끓어오른다

-「아름다운 시」 일부

시인이 그래도 되는 겁니까?

빠진 이 몇 개 있는 입처럼 쓸쓸하고
구겨진 바지처럼 허술하고
덜 익은 김치처럼
퍽퍽해야 하지 않습니까?

다 드러내지 않고서, 다 내어놓지 않고서
어찌 시인이라 하겠습니까?

-「품성」 일부

정길화의 시는 외면적인 성향보다 내면적인 성향으로 세계에 대한 실존적 반응을 형상화하고 있다. 그러므로 작위적이거나 시류에 빠르게 편승해가는 기교보다는, 고뇌하는 정서와 타고난 순결성의 깊이를 지향하는 결백함이 드러나고 있다.

3선개헌을 하려고 하던 때라 학교는 데모로 자주 술렁이었고 나도 피 끓는 젊은이라 정치적 문제에 고민을 하지 않을 수 없었다. 내 대학시절은 내 개인적인 공부, 그리고 사회적인 고민으로 한시도 행복한 때가 없었던, 독일식 표현으로 할 것 같으면 질풍노도의 시절이었다. 일종의 시련과 연단의 시절이었다.

-「시작 노트」 일부

참다운 인식적 기능이 시의 본질이라 했다. 이런 시각에서 볼 때 삶의 속박과 고통의 체험 속에서 초월을 꿈꾸는 시 「그」는 시인이 표출해 낸 천부적이며 순수한 시인상이다.

'태어날 때부터 세상에' 적응하지 못하는 갈등구조에서부터 그의 시가 보이고 있는 정신의 흐름은 '인생의 큰 문제 골몰' 해 가는 인식적 주체로서 '자그마한 일 무심했다는 것 깨달'아 가는 성찰의식을 넘어 초월성의 경지까지 하나의 원주를 이루고 있다.

이는 시인이 자신의 시작 노트에서 밝히듯 '질풍노도의 시절'을 바탕으로 그 체험을 성찰하는 초월 의지에 기인된 것임을 알 수 있다. 이처럼 초월이 자기 극복의 한 방편이라면 인간은 끊임없는 자기 극복에 의해서 형성되어 가는 존재일 것이다.

이런 맥락에서 한결같은 지향성으로 조망하는 시인상을 담은 일련의 시들을 살펴보기로 한다.

'아름다운 시'로 내장된 순수성이나 '내 영혼 갈피갈피'에서 나타나는 투명성이나 '시인의 품성'에서 보여주는 '빠진 이 몇 개 있는 입처럼 쓸쓸하고 / 구겨진 바지처럼 허술하고/ 덜 익은 김치처럼 / 퍽퍽해야' 하지 않겠느냐고 '다 드러내지 않고서, 다 내어놓지 않고서 / 어찌 시인이라 하겠느냐'고 마치 질책하듯 자신에게 퍼붓는 목소리의 엄격성, 이 엄격성이야말로 인간의 영혼 속에 내면화된 속기를 버리려는 정길화 시인의 진정한 목소리인 것이다.

이로써 우리는 시인의 반성적 사고의 면모와 무엇보다 자신에게 엄격한 투명성의 깊이로 존재의 의미를 구축하는 한편 이러한 성향으로 시적 변용을 꿈꾸는 시인의 시 정신을 감지해 낼 수 있다.

### 3. 문학과 신앙의 교류 그 연관성

시대가 빠르게 변하고 있다. 이 급변하는 시대에 문학의 존속 의미는 무엇인가. 문학의 죽음이라는 말이 나올 정도로 만연된 위기의식 속에도 불구하고 문학은 인성의 온기를 되찾아 인간의 근본을 지키려는 정체성의 차원에서 삶과 밀착되어 있다.

모든 것 본래 모습 그대로
드러낸다

……
시인은
별빛으로 책상을 당겨 하얗게
옮겨 놓는다

-「영원」 일부

이천 년 전이나
지금이나
겨울 절벽에 비친
햇빛처럼
하늘에 서려 있는 얼굴

늘 내 안에 있다

-「절벽에 비친 햇빛- 예수」 일부

예수님은 파리한 얼굴을 하고
교회 앞에 서 계신다

많은 사람들이 부정에 휩싸여
감옥에 갔다
또 전쟁으로
테러로 죽었다

……

아이들이
굶어 죽고 병들어 죽었다
……
사람들은 그저 즐겁기만 하다

-「우울」 일부

가쁜 숨 몰아쉬던 날
차마 잊지 못하고
아들 가슴 기대어
채 못한 사랑 전하셨습니다

……

계신 곳 이대로 갈 수 없지만
서로 그리는 마음
이승 저승 넘나듭니다

-「사랑」 일부

위의 시 편들을 살펴보면 시인이 시의식의 단계적 과정을 통해 내재된, 문학과 종교가 합일된 세계의 영원성을 유추해 낼 수 있다.

시 「영원」의 1연에서 '본래 모습/ 그대로 드러'나는 근원적 상태를 2연의 '우주의 적막 속'으로 창조와 창작의 차원을 같은 호흡으로 설정하여 우주와 문학, 그리고 신앙이 교류하는 우주, 그 구조적 연관성의 진술로 시와 신앙심, 그 융합된 세계의 진의를 보여주고, 3연에 와서 시를 쓰는 행위 즉 '별빛으로 책상을 당겨/ 하얗게 옮겨 놓는' 시화된 이미지를 표출해 보임으로써 사유 기반을 마련하고 있다. 이로써 시인에게서 구원의 대상인 「-예수」는 '겨울 절벽에 비친 / 햇빛처럼 / 하늘에 서려 있는 얼굴' 이기도 하지만 결국 '늘 내 안에 있'는 속사람의 차원으로 신앙의 재인식 또는 시혼의 울림을 끌어내고 있다. 이는 예수의 눈으로 세상을 보려는 시인의 동화된 성향으로써 시의 완성과 인격 완성으로 가는 지향성의 진술인 것이다.

시 「우울」을 살펴보면 '파리한 얼굴을 하고 / 교회 앞에 서' 있는 예수는 바로 화자인 자신이다. '전쟁으로 테러'로 고통받는 세상 '굶어 죽고 병들어 죽'는 아이들과 '그저 즐겁기만'한 사람들의 모습을 대비하여 예수의 눈을 통해 제시해 보이고 있다. 이는 현실을 직시하고 반영한 시인의 직관으로써 비참한 삶의 편린과 위기불감증에 걸린 인간을 시적 소재로 삼아 그 실태를 적나라하게 묘사하려는 시인의 의지인 것이다.

또한 시 「사랑」에서 보면 어머님의 임종을 통해 '아들 가슴 기대어/ 채 못한 사랑'이 내세까지 이어지는 저 윤회의 인연으로, '이승 저승 넘나'드는 가슴 아픈 사랑으로, 애절한 효심을 전하고 있다. 이는 영원 지향의식의 귀결인 동시에, 가톨리시즘의 영향을 받은 사랑의 시학과 불교의 윤회사상을 내포한 보다 성숙된 종교적 인식의 차원으로 볼 수 있다.

주지하듯 정길화는 문학과 종교를 한 선상에 두고 그 정도正道를 향해 생의 보폭을 옮기는 시인이다. 그의 창작 열정은 통합된 신앙과 교류함으로써 상호 깊은 연관성을 지니는 성향을 보이고 있는데, 이는 종교적 성찰을 형성하는 시석 영삼의 원류로써, 주세가 멍징한 기도와 같다.

이제 정길화 시인의 첫 시집 출간을 축하하며, 혼란스럽고 비정한 이 시대에 따듯하고 투명한 인성의 사랑과 서정의 아름다운 울림을 전해 주고 있는 시인의 다음 시집에서 더 많은 변화와 밀도 있는 시편을 기대하기로 하고, 그 변화의 조짐이 보이는 시 한 편 선해 본다.

살아도 한 오백 년은 살 일이다
태어난 날 죽을 날 아득하다

아무렇게나 뻗어 간 잔줄기 실뿌리
그대로 한 폭 산수화
고아한 조선 유학자 바라본다

허공으로 땅밑으로
알뜰하게 품을 넓히다

우레 이는 밤
머리 풀어헤치고
하늘 올라 동해 내려다본다

생명 발원하는 땅
알아보려
묵묵히 내디뎌 온 세월
휘감긴 가지 위로
새치 머리 쌓인다

-「반송盤松 - 상주 상현리」 전문

# 남기고 싶은 흔적

## 시를 통해서 나를, 나를 통해서 시를

시란 까다로운 애인과 같아서 오직 저만 사랑해야지 조금만 한눈팔면 금방 달아나 버린다고 했던가, 무릎을 꿇고 신발이라도 신겨주면 고분고분해질 것인가. 도덕과 규범 혹은 위선과 욕망으로 머리끝에서부터 발끝까지 완벽하게 차려입은 겉모습에서 깊은 내면의 진실을 발견해서 알몸을 드러낼 때까지 나에게서 나를 찾아내는 작업, 그 꼿꼿한 정신의 길에서 나는 언제나 거듭 태어나곤 한다. 그러나 그 태어남의 길에서 내가 받아들인 수모와 좌절은 어떠했던가.

외출에서 돌아와 화장을 지우고 장신구와 옷을 벗으며 여기는 그리움의 나라라고 노래했던 그 밤의 시가, 아침이면 배반과 집착으로 흠집이 많은 얼굴이라며 나를 질타한다. 삶의 온갖 부대낌에 쫓기고 있는 나에게 다시 날을 세우고 달려드는 시와의 이 고단한 싸움이라니. 그런데 그 싸움 속에서 문득 고스란히 내어놓아야 할 내 목숨 같은 시가 보이는 것은 또 무슨 은총이란 말인가.

그러니 나는 시를 이렇게 쓰고 이렇게 고친다라고 어떻게 규정짓듯 말할 수 있겠는가. 다만 시 한 편 한 편 태어나기까지 그 동기와 과정을 돌이켜봄으로써 나를 통해서 시를 완성해가는, 시를 통해서 나를 완성해가는 그 수많은 길 찾기의 순간을 되짚어 보기로 하자.

언젠가 고향 쪽으로 길을 나섰을 때였다. 사천 비행장에서 택시로 한 시간가량 달렸을까, 한적한 포구가 눈에 들어왔다. 잔물결 연신 지우며 호수처럼 고요한 바다, 아직 사람들의 발길이 몰려들지 않은 물밑 깨끗한 어촌이었다. 그러지 않아도 한갓진 곳에서 머리를 식히고 싶었던 나는 그곳에 자리를 잡았다.

지는 해를 따라 해변을 걸으며, 노을빛에 내 마음도 붉게 물들어 가다가, 흡사 연꽃처럼 켜켜이 깎여 있는 바위틈에서 사방 실금으로 갈라져 트실트실 부르튼 석돌 하나를 만났다. 자세히 살펴보니 가운데 암갈색 반점이 옹이처럼 박혀 있어 심지는 제법 튼실해 보였다.

풍화되어 온 세월이 고스란히 묻어나는 듯 처연한 살빛이며 체념한 듯 달관한 듯 고즈넉이 가라앉은 분위기에 이끌려 도저히 그냥 지나칠 수가 없었다. 아니 나는 어느새 그 석돌에게 붙잡힌 손을 놓아버릴 수 없었다. 그야말로 무릎을 꿇은 채 나는 석돌을 응시했다. 그러자 들여다볼수록 번쩍번쩍 살아나는 무늬들이 발음이 축축한 고향 사투리로 내게 말을 걸어오기 시작했다. 물살 무늬, 빗살무늬, 목숨 줄이는 바람 무늬, 떠도는 영혼처럼 정처 없는 무늬들도 덩달아 저들의 사연을 소곤거려 왔다.

허둥대바짜다 싶어도
맥 탁 노코 있었뿌리마 뭣이 되겠어예
아 막말로
밑바닥 안밟아보고 디밀 자리나 있실낍니꺼,
그 나물에 그 밥이락꼬
시상 믿을 꺼는 지 깊이 뿐이라카는
강도 훌쩍 건너서
낮게 낮게 니룻는 지 무게가
끝이고 시작이라꼬
갈 때까지 한븐 가보입시더
입을 다물고
마음 다져 묵꼬
손바닥 발바닥 피 터지게 굴러댕기면서
몸을 주라가는
여울돌 하나

몽돌발이처럼 엎드려 있다.

다시 태어나도 나이고 싶다고 했던가. 억센 계집의 고집처럼 제 무게에 눌려 있다가도 툭 건드리면 주술처럼 쏟아져 나오는 삶의 편린들을 한바탕 몸싸움처럼 옮겨 놓았다. 그야말로 돌의 말을 받아 적는 그런 기분이었다.

그러나 시란 이렇게 번개같이 달려와도, 시간이 지나면 형태만 남긴 채 내용은 어디론가 사라지지 않던가. 그 사라짐을 되찾아 내는 것이 곧 시의 진국이다. 때문에 이 작품은 우정 서둘러 버무린 김치를 삭히듯 오래오래 뚜껑을 덮어두었다. 그리고 아주 오래 뒤에 다시 꺼내어 맛을 보듯 되새겨 보았다. 그러나 전체적으로 너무 질퍽거리는 것만 같았다.

여울돌 하나
몽돌발이처럼 엎드려 있다.

마지막 두 줄인 이 부분을 삭제하여 전문을 방언으로 통일시킨 후,

몸을 주라가는.

으로 마침표를 찍고 마감하여 보았다. 그러자 긴장이 생긴 것은 좋은데, 그 긴장이 마무리 쪽에 다 모여서 꼭 단추가 떨어져 나간 옷을 입은 것 같아 불안한 느낌이 들었다.

그 나물에 그 밥이락꼬

뒷부분을 조금 수정해서 호흡을 가다듬으며 겹치는 말을 지워낸 후 운을 맞추어 다시 읽어보았다.

여러 번 소리 내어 읽어가면서 걸리적거리는 부분을 걷어내고 나름대로 꼼꼼히 정리해 보았지만 애물단지처럼 마음만 무겁지 미흡하기 짝이 없어 영 떠나보낼 수가 없었다.

시인은 생각하는 사람이 아니라 느끼는 사람이며 그 느낌을 새롭고 신선한 언어로 표현해야 건강한 시라고 하지 않던가.

순간 이십여 년 저편에서 저벅저벅 걸어 나오는 것이 있었다. 화정리에서 만났던 달빛, 그 들녘의 느낌이 갑자기 석돌의 시에 겹쳐 떠오르는 것이었다. 그 작품의 분위기와 석돌의 분위기가 묘하게도 맞아 떨어졌다

보인다, 손톱이 긴 손가락으로 탯줄을 갈라
치렁치렁한 어둠 긁어내리는 달빛
달거리하듯
꼬박꼬박 치루어도 눈을 감지 못하는 날들
제 슬픔 뚫어내다, 뚫어진 곳으로
함몰하다, 속빈 강정처럼
빙글빙글 비어서 헛물만 켜다
자꾸만 불거져 나오는 꽃이파리들
덧나지 말아야지, 단단히 아무는 산을 놓으며
화정리 빈 들녘 달 뜬다.

석돌의 노래 연작으로 부제를 정하고 '달 뜬다'로 주제를 붙인 후, 석돌 족으로 옮겨올 수 있는 부분만을 따내었다. 그리고 거듭 읽어보았으나 비교적 고른 숨소리를 유지하고 있는 것 같았다. 한 편의 시 속에 두 세계가 담겨 있는 경우와는 달리 두 편을 합쳐서야 겨우 시 한 편 얻을 수 있는 고리를 마련한 셈이다.

허둥대 바짜다 싶어도

맥 탁 노코 있었뿌리마 뭣이 되겠십니꺼
아 막말로
밑바닥 안 밟아 보고 디밀 자리나 있실낍니꺼,
시상 밑을 꺼는 깊이 뿐이라카는
강도 훌쩍 건너서
낮게낮게 니릇는 지 무게가
끝이고 시작이라꼬
손바닥 발바닥 피 터지게 굴러 댕기면서
몸을 주랐지예
그 나물에 그 밥이라 캐도 우짤낍니꺼
입을 다물고 마음 다져묵꼬
가는 데까지 한븐 가보입시더

달뜬다. 치렁치렁 어둠 긁어내리며 달거리하듯
꼬박꼬박 치루어도 눈을 감지 못하는 저 달빛 봐라
덧나지 말아야지, 단단히 아무는 산을 내려놓으며
화정리 빈 들녘 달 뜬다.

-달 뜬다(-석돌의 노래 · 13)

(1993년 ≪**문학과창작**≫ **발표**)

## 나의 데뷔 시절
## - ≪心象≫ 30주년을 기념하며

등단 무렵 나는 과천에서 포일리로 막 이사를 했으며 남편과 종로 사무실로 출퇴근하는 고단한 생활을 하고 있었다. 그런 중에도 시간만 주어지면 관악산 산행을 시도했다.

산은 언제나 그 자리에서 최선을 다하지만 침묵한다. 이보다 더 아름다운 모습이 있을까, 추천작품인 「겨울나무」도 그해 겨울 산행에서 얻어진 것이다.

돌이켜 생각해 보면 결혼하기 전에 소설을 썼지만 완성된 작품 하나 세상에 내어놓지 못한 채 결혼했으며, 그 후에는 거의 절필하고 살았는데 태어나서 40년 가까이 살던 고향 대구를 떠나 와 낯선 곳 막막한 삶의 상황이 운명처럼 시를 접하게 했다. 더불어 고향은 내 시의 질료인 그리움의 대상이 되어버린 것이다.

그때부터 지금까지 시 쓰는 일 외에 다른 것은 별로 관심이 없었다. 그러나 인간이란 추구하던 것이 이루어졌다 한들 금방 또 다른 희망을 품게 되므로 결핍의 속성이 근원적으로 남아 있어서 누구에게나 이 세상이 만족스럽지 못할 것이다. 그래서 지난 시간이 더 아름다운지도 모른다.

1989년 ≪心象심상≫ 신인상 수상과 함께 만난 박동규 교수님과 빛나는 시인 선배님, 그렇게 ≪心象≫의 가족이 되어 원효로에서 어울릴 때가 많아지고, ≪心象≫ 가는 길은 특별한 선물처럼 내게 허락된 유일한 외출이 되었다. 이처럼 나의 데뷔 시절은 ≪心象≫ 원효로 시절과 함께 기억되고 있으며, 지금도 그때를 생각하면 가슴이 설렌다.

이젠 추억이 되었지만 해마다 성황을 이루었던 해변시인학교, 동해의 작은 교정을 불꽃 같은 시의 열기로 가득 메우던 많은 사람들과 가평 청소

넌캠프에서 보낸 그 축세의 날들을 잊을 수가 없다.

이제 사노라고 겪는 여러 가지 어려움 속에서도 버팀목처럼 나를 지켜준 시목詩木 한 그루, 온전히 뿌리내려도 좋을 성싶다. 그리고 ≪心象≫ 30주년을 맞이하여, 그 노고와 역사를 기리며 앞으로 더욱 무성한 발전을 이루기를 기도하는 마음 간절할 뿐이다.

# 회복기의 환자처럼

얼마 전에 오빠 이창윤 시인이 살고 있는 미시간주 디트로이트에 갔었다.

오빠는 사진첩을 보듯 지난 시들을 볼 수 있는 기쁨이 있어 시 비슷한 것을 쓰면서 시인 비슷하게 살고 있다고 했다

그리고 어떤 목적이나 다른 뜻을 두지 않고 삶의 일부처럼 시를 가까이 두고 그냥 이야기를 풀어서 주변을 서성이는 시를 쓰고 있는데 그래도 서정시를 쓴다는 것이 살아가는데 무척 위로가 된다는 이젠 백발이 보이는 오빠가 고국에서 살고 있는 나 보다 더 한국적인 분위기로 살고 있었으며 그의 유일한 그녀인 언니의 전도로 장로가 되어 있었다

사후의 세계는 아무도 모르고 정의 내릴 수도 없지만 누군가 기다리고 있다는 믿음이 있으면 편안히 눈을 감을 수 있을 것 같다며 변함없는 목소리로 성가를 부르는 오빠, 고향 수자골을 옮겨다 놓은 듯 갈대가 성성한 호숫가 정원 한쪽에 텃밭을 일구어 가지, 고추, 호박, 등 푸성귀들을 모국어처럼 심어놓고 이제 남은 인생을 회복기의 환자처럼 살고 싶다는 오빠 이창윤 시인에게서 뿌리가 있는 나무처럼 영 시들 줄 모르는 열정과 시인의 순연한 정서를 볼 수 있었다

이제 우리 어디서나 회복기의 환자처럼 살아도 좋을 시간, 다만 이 몇 편의 시로 안부를 전하고 싶다

## 창윤 오빠께

그간 안녕하셨어요

보내주신 편지와 시, 카드 모두 잘 받았습니다.

언니랑 조카들 건강히 잘 있는지요. 제 가족도 열심히 살고 있어요.

이런저런 일들로 분주한 날들을 보내느라 이렇게 답장이 늦었습니다

연말에 저의 시 창작 교실에서 시낭송회를 개최했어요

오빠와 내가 목월선생과의 인연을 가지고 있기도 하고 목월선생님의 시 정신을 반추하는 뜻도 포함해서 제목을 '청노루 시낭송회'로 정했습니다. 언제건 오빠가 오시면 이창윤 시인을 사랑하는 사람들이 모여 따뜻이 맞이할 수 있는 준비가 되어있는 셈이에요.

그리고 오빠 우선 시집 원고를 보내주셔요.

시집으로 묶을 수 있는 기초적인 작업이 끝나면 제가 오빠께 갈 거예요. 언니가 북미시간의 혹한 때문에 너무 추울 때는 피하는 게 좋다고 했거든요 그때를 맞추어서 추위가 조금 가시고 나면 꼭 갈 거예요.

미국 가는 일이 뭐 그렇게 어렵지도 않은데 사는 일에 매달려 있다 보니 이제 겨우 여유가 생기고 갈 수 있는 상황이 마련되네요.

오빠, 시를 쓰고 시를 가르치고 시집을 출간하는 이 일이 제 삶에서 가장 많은 힘이 되고 있어요, 살아있는 동안 끊임없이 계속되어지기를 바라면서 최선을 다할 뿐입니다.

늘 강건하시고 언니와 함께 행복하시기를 빌면서 또 소식 드릴게요.

2003년 1월 2일 서울에서

기애 드립니다

## 이창윤 시인께

그동안 잘 지내셨는지요.
오빠를 생각하면 먼저 잘 가꾸어 놓은 정원의 꽃이며, 채소며
나무들, 그리고 언니가 만들어준 음식들이 생각납니다.
두 분은 한국에서 살고 있는 우리보다
더 한국적으로 사시는 듯했습니다.

오빠, 저는 시를 쓰는 일과 시를 가르치는 일, 그리고
시집을 만드는 일에 몰두하며 살 수 있어서
참 다행이라 여기고 있습니다.

이번 추석에는 큰애 현욱이와 함께
어머니, 아버지, 수연 오빠 산소에 다녀왔습니다.
무덤 곁에 서 있는 배롱나무
환하게 피어있는 목백일홍 그 꽃송이 덕분에
부모님 산소를 금방 찾을 수 있었어요.

지금도 시인 모임이나 행사에서
이건청, 홍윤숙, 허영자, 유안진, 신규호 등
목월회 시인들을 만나면
이창윤 시인의 친여동생이라며 친근하게 소개해 주곤 하지요.

오빠, 『오늘을 선물한다』 출간 이후 써온 시들을 모아
시집을 한 권 만들었어요.
그 동안의 안부를 대신해서 몇 권 보냅니다.

오빠, 조카들 가정에도 은총이 가득하기를 빌며
내내 건강하시고 남은 시간 두 분 행복하시기만을 바랍니다.

2009년 10월 6일 서울에서 기애 드림

# 새해 맞이 축복

진영아

새해에는 더욱 노력해서
너의 꿈을 이루는 반석을 마련하여라
더욱 아름답게 자라서
기쁜 일만 기쁜 일만 있기를 바란다
사랑한다

준서야

너는 우리 집안의 장손이다
현명하고 지혜롭게 자라 밝고 따뜻한 기운을 펼치는
훌륭한 사람이 되어
집안을 화목하게 하여라.
사랑한다.

서연아

새해에는
더욱 예쁘고 총명하게 자라서
온 집안에
웃음과 행복을 주는
귀염둥이가 되거라
사랑한다.

서진아

우리 막내의 막내
선한 성품과 너그러움이
너의 미소에서 보이는 구나
그저 무탈하게 잘 자라만 다오
사랑한다.

## 2007년~2008년 일기

### 6월 1일 일요일

그 날의 졸음처럼 몽환의 시간 속에 깨어나 어둠과 섞여 있는 빛을 바라보며, 혼자 일어나 혼자 음식을 먹고, 오전에는 부산 큰애와 박인식 시인에게 시집을 보내고 오후에는 내 유일한 딸이 살고 있는 수지에 갔다

2시간 40분 정도 전철과 버스를 갈아타며 달려서, 3시 30분경 진영이네 집에 도착, 진영이와 진영이 엄마와 그들의 할머니이며 어머니인 나와 아파트 사이 숲이 우거진 산책로를 지나 소실봉을 오르며, 놀이터에 두고 온 진영이 안경을 찾으려고 둘이서 힘껏 뛰기도 하면서 우거진 나무며, 자잘한 풀꽃이며, 사진을 찍고 이름을 적으며 식물채집을 했다.

'큰들' 식당에서 삽겹살과 뚝불, 된장찌개로 허겁지겁 저녁을 먹고 7시 30분 광화문행 '5500-2번' 버스에 몸을 실을 때까지, 왕복 6시간 정도 달려가서 4시간을 함께 보내고 온 셈이다. 언제나처럼 헤어지기 싫어서 자꾸만 우는 진영이와 살림하느라 종종거리는 수진이를 어둑한 정류장에 남겨두고 돌아오는 길, 내가 살아있는 동안 이어질 우리들의 만남을 위하여 풀꽃 몇 송이 쥐여 준 어린 손녀의 눈빛을 찍어 가슴에 별 하나 그려 넣는다.

### 6월 2일 월요일

과천시학 수업을 했다. 유희정 시인, 심여사, 이금숙 시인, 낭도라, 그리고 오랜만에 목림, 고수진, 유혜련, 박대진 시인이 합류해서 그들의 시를 살펴볼 수 있었다.

심여사 정원에서 다과와 간단한 저녁을 먹고 박대진 시인에게서 커피를 사들고 돌아오는 길, 경복궁까지 목림씨가 차를 태워 주었다.

시를 쓰고 시를 가르치며 살아온 세월도 5년을 접어든다. 떠난 사람도 있고 병든 사람도 있고 이렇듯 늘 합류해서 시와 인정을 나누는 사람도 있

고, 휴면계좌처럼 잠시 잠들어 있는, 그러나 내 기억 속에서 언제나 별 같이 반짝이는 사람도 있다. 나는 이 사람들을 사랑한다.

## 6월 3일

일요일 저녁 김우희 시인이 찾아왔다. 13년 정도 만나보지 못했는데, 가끔 우울한 샹송을 배경으로 한 꽉 잠긴 목소리로 살아있다고 타전을 하듯 전화를 걸어오곤 했었다.

세월을 거슬러가서 ≪心象심상≫ 원효로 시절의 사건들을 안주삼아 맥주를 마시며 추억을 공유하는 참 풋풋한 봄밤을 그녀가 내게 선물했다.

## 6월 4일

김인구 시인과 '밭고랑'에서 점심을 먹었나. ≪心象≫으로 재등난하고 싶다는 그녀를 보며 ≪心象≫의 많은 사람들과의 많은 이야기를 들려주며 꼭 등단하기를 마음속으로 기도했다.

줄장미가 고개를 내밀고 손짓하는 유월의 거리를 걸으며 '목마르죠'에서 생맥주 두어 잔으로 목을 축이며, 그렇게 또 하루가 간다.

## 6월 5일 화요일

증여세 신고를 하려고 서대문세무서에 갔다. 홍제동, 남편과 내가 지하 공장에서 일하던 동네다. 납품기일 마감 날이면 어김없이 밤을 하얗게 밝히던 그 많은 시간, 언제나 건강하고 믿음직스럽던 남편, 그렇게 열심이던 사람이 망가질 대로 망가져 버리다니, 숨을 삼킬 때마다 가시처럼 목에 걸리는 통증이 되어 버리다니…….

이젠 모든 것을 아이들과 의논하고 그들을 의지하며 살아간다. 큰애와 상의한 대로 나는 우체국에 가서 집에 관련된 모든 서류를 현철에게 보낼 것이며, 남편을 만나려고 밀양에 있는 '숲속의 요양병원'을 갈 것이며, 아이들과 내 귀여운 손주 곁에서 보내는 시간으로 쓸쓸한 마음 위로를 받을 것이다. 오늘은 또 흐린 오후의 호수공원을 추억처럼 걸을 것이며…….

***** 서귀포 축제 참석자 명단(한기팔 선생님께 전달)

주원규/ 정연수/ 최정희/ 유희정/ 심현옥

### 6월 6일 수요일

심여사 가족이 국립묘지에 안치된 그녀 시아버지 묘소를 다녀오는 시간에 맞추어 수업을 끝내고 언제나처럼 지하철을 타고 집으로 돌아왔다.

시어머니와 효자인 남편, 그리고 목사인 큰아들과 자상스러운 둘째아들, 모두 건강한 가족을 둔 지금 그녀의 시간을 축복하며 돌아오는 길 내내 그녀의 꿈이 다 이루어지기를 빌었다.

### 6월 7일 목요일

80년대 후반 여성문인들 4명이 프레스센터 지하에 있는 '신동원 참치'에서 점심을 했다. 20여 년 문단 생활을 해 온 이러저러한 이야기들로 잠시 웃을 수 있었다. 오후 뻐근해 오는 무릎 관절의 통증, 교통사고로 오래 입원해 있던 병원 민 정형외과에 가서 물리치료를 받았다.

### 6월 9일 금요일

아침부터 서둘러야 했다. 11시 문협에서 심사 원고를 검토하고 임종린 시인에게 연락하고 황충상 소설가 사무실 '문학나무'에 들러 12일 화요일 11시 그의 사무실에서 마지막 검토를 약속하고.

차윤옥 과장, 정종명 편집국장과 점심 후 1시 태백산상시인학교 관련 서류를 받으러 온 정연수 교수와 연변의 김춘련 교수를 만나 오후 4시경, 오랜만에 성기조 선생님 사무실에 들러 여전히 의욕이 넘치는 성 박사의 강건한 모습 대할 수 있었으며, 덕분에 진영이 시가 실린 어린이 문집 2권을 그들과 나누어 가실 수 있었다.

다시 문협에 들러 심사 원고를 가지고 6시 '석정'에서 박인식 시인과 김송배 시인을 만나 그야말로 만찬을 한 셈이다. 시화집 80권을 박 시인에게 건네고 여러 번 2차로 갔던 흑맥주 집에서 끊임없는 불만의 꿍얼거림을 들으며 7병의 맥주를 나누어 마시고 11시경 택시를 타고 송배 형을 먼저 연희동에 내려 주고 집으로 돌아왔다. 텅 빈집을 지키는 저 소스라치는 시간의 표정, 그러나 너무나 그리운 남편의 웃는 모습, 그의 빈자리에 내 뼈저린 날들의 기억과 눈물이 쌓인다.

### 6월 9일 토요일

무척 피곤했다. 그러나 한울문학 특강을 염두에 두고 일찌감치 목욕을 다녀와 전화로 확인했더니 오늘 강의는 없다고 했다. 그대로 쓰러져 잠이 들었다. 계속 울리는 전화벨 소리, 메일을 확인해 달라는 주원규 시인의 목소리, 오후 3시였다. 일어나는 순간 다리가 뻑뻑해오고……. 먼저 물리치료를 받고 오는 길에 발이 편한 샌들 하나 준비했다.

메일을 보내고 원고를 수정하고 사진을 올리고 일기를 쓰면서 들쑤셔진 듯하던 내가 조금씩 가라앉는 것을 느낄 수 있었다. 사랑하는 당신 잘자! 멀리 숲속의 요양병원으로 가는 길 환하고 잠시 병실의 창이 빛난다.

### 6월 11일 월요일

연이틀 전역 군인의 수기를 읽고 12시 이종린 시인과 '밭고랑'에서 점심을 먹었다. 해병대 지휘관을 지낸 관록답게 일사불란한 작성법으로 총 심사를 완벽하게 끝낸 이 시인이 정말 부러웠다.

나는 또 날밤을 그들의 수기에 매달려서…….

### 6월 12일 화요일

황충상 소설가의 심사평을 받아서 집으로 돌아오는 길, 나는 마지막 교정을, 주원규 시인은 방현석의 등단 작품을 건네면서 '남원 추어탕' 집에서 점심을 먹었다. 곧바로 집에 와서 다시 심사에 들어갔다.

### 6월 13일 수요일

드디어 심사를 마치고 1시경 문협 사무실에 가서 팩스로 보훈처에 심사평 자료를 전부 보내고, 심여사 수업을 하려고 과천에 갔다. 간만에 이쁜 시 「봉숭아」를 만들었다. 다시 리듬을 찾는 심여사와 과천 야생화 단지를 돌아보고 청계산 자락에서 맥주를 마셨다.

7시 약속대로 방현석을 만나 한울 서정태 발행인과 전화 연결을 하고 집으로 돌아와 곧바로 한울문학신인상 심사에 들어갔다.

### 6월 14일 목요일

일묵 김석기 시인이 찾아왔다. '밭고랑'에서 술도 한잔하면서 유청하 시인의 이야기를 해 주었다. 비슷한 경우가 될 것도 같아서…….

숭인동 문화의 집에서 한울의 시인 중 7명 정도 모아 수업하자는 것으로 결의를 마치고 김 시인을 보냈다. 약간의 취기와 함께 외로움이 뼛속까지 사무치는 밤, 이런 내 마음 알기나 하나! 기억이 다 지워져 버린 당신의 상태가 차라리 부러운 순간이다.

일요일 밀양에 들렀다가 창원 현정의 결혼식에 참석하려고 강행군 한 탓인지 심사평을 거의 끝낼 수 있었다.

### 6월 15일 금요일

진영이랑 7시 20분경에 만나서 이마트 레스토랑에서 저녁을 먹고 9시경 오리역에서 서울로…….

일요일, 밀양행 차표를 사느라고 서울역에 들렀다가 전철을 잘못 타는 바람에 신길까지……. 헤매다닌 덕분에 신길 지하철 역사 안에서 열대어

'구피' 3마리를 사서 진영이에게 선물하게 되었다.

### 6월 16일 토요일

과천시학 토요반 수업을 마치고 야생화 단지에 가서 이홍천 시인이 준비한 김밥과 맥주를 마시고 사진도 찍고…….

### 6월 17일 일요일

일찍 서둘러야 했다. 7시 25분 밀양행 KTX에 승차, 9시 40분 밀양 도착, 두 아들과 남편이 입원해 있는 숲속 요양병원에 가서 잠시 남편을 만나고, 다시 창원으로…….

둘째 형제분의 막내딸 현정의 결혼식에 참석했다. 남편의 빈자리가 더없이 크게 보이는 아픔을 경험하며 내 사랑스러운 두 손주와 손녀를 만났다. 산다는 것이 참 슬픈 일도 많고 고뇌도 많지만 어여쁜 내 아이들이 자라는 세상을 함께 살고 있다는 이 사실 만으로도 나는 행복하다.

### 6월 18일 월요일

준서를 유치원에 보내고 서연이와 둘이서 목욕탕에 갔다. 저녁에는 큰애네, 작은애네 다 모여 저녁을 먹고 송정 바닷가를 거닐었다. 축포를 터트리는 해변의 밤, 어린것들의 뛰노는 모습, 참 아름답고 행복한 밤이었다.

### 6월 19일 화요일

밤차를 타고 서울로……. 제주도 윤 시인과 잠시 미팅을 하고 혼자 사는 나의 집으로…….

### 6월 21일 목요일

청포도 언니를 만났다. 40년 전 20살 나에게 지금의 남편과 첫선을 보여

준 사람, 이제 84세가 된 노인이지만 아직 청순한 분위기를 지니고 있었다. 딸을 따라 미국에 간다면서 이번이 어쩌면 마지막일지도 모른다는 말이 가슴에 메아리를 만들었다. 우리는 이렇게 앞서거니 뒤서거니 하면서 숨이 멈추는 그 순간을 향해 가고 있는 것인가, 요양원의 창에서 손을 흔들던 남편의 모습이 선연하다.

**6월 22일 금요일**

한 발만 들여놓아도 밀회를 하듯 버찌를 따는 바람과 하얀 꽃잎 들어올리는 산수국 나무가 오래 숨겨둔 오솔길 하나 타박타박 빛을 모으고 그대 잔기침 소리 아직 푸른 가슴에 감긴다. 온몸 가득 들여놓은 북한산 자락이 중얼중얼 나를 읽고 있다.

**6월 23일 토요일**

오랜만에 목림씨와 유희정 시인과 토요수업을 했다. 변함없는 몇 가지의 특징을 주고받으며…….

**6월 24일 일요일**

일원에 있는 서울 삼성병원 장례식장, ≪心象심상≫ 시인인 전주호 시인의 부친상에 조문을 하고 ≪心象≫의 가족적인(?) 분위기를 살려 비오는 거리에서 한잔 술로 뭉쳤다. 그들의 인정어린 눈빛 속에서 잠시 살맛나는 시간을 경험하며…….

**6월 30일 토요일**

대구에 들러 경아의 집에서 이틀을 지냈다. 첫날은 승년이와 배소연씨가 왔다가고, 둘째 날은 백씨랑 목욕도 하고 수성 못을 거닐며 지난날을 이야기하며 오랜만에 피붙이의 정을 나누고, 저녁은 경아랑 남편이 많이 좋아했던 추억의 음식 뭉티기 집에서 소주도 마시고 조카 숙희도 잠시 만나고……. 오랜만에 피붙이들의 느긋한 만남.

### 7월 1일

10시 밀양역에서 현철과 만나 남편이 입원해 있는 숲속의 요양병원으로 갔다. 이젠 다 지워져 3살이 된 남편의 그 미소를 보려고…….

사람이 이럴 수도 있구나! 놀라는 가슴에 바위 하나 얹으며 생이별을 하는 우리, 잠시도 떨어지기 싫어하는 어린아이처럼 무지막지 사랑했던 우리, 이젠 허물처럼 벗어버리고 잘도 헤어지는 우리,

묵은 통증처럼 소나기 한 줄 긋고 가는 하늘 보고 또 바라본다.

### 7월 3일 화요일

하루는 준서와 하루는 서연이와 보내고 심여사와 수요 수업을 하려고 밤차를 타고 집으로 돌아온다.

텅 빈집, 화분 몇 개 조는 듯 놓여있는 내 작은 공간으로…….

### 7월 5일 금요일

해변시인학교, 내가 도착하자 윤강노 시인이 달아나고 저녁엔 김송배 시인이 떠나고 같이 놀 수 있는 사람이 없는 쓸쓸함을 안정감으로 바꾸어 해변의 밤을 푹 쉬었다.

돌아오는 중 박 교수와 성과는 없었지만 심상시인회에 대하여 진지한 얘기를 나누기도 하면서…….

### 7월 7일 토요일

과천시학 토요수업에 김석기 시인이 합류했다. 이홍천, 박대진, 최정희,

이금숙, 심현옥, 유혜련, 전부 등단한 시인들과 모처럼 열강을 할 수 있었다. 태백 산상시인학교와 제주도 '서귀포 축제 전야제 시낭송'에 참가할 인원 확보를 하고 28일 수업을 시낭송과 겸하기로 했다.

### 7월 13일(금요일) 14일(토요일)

심현옥과 청하백일장에 참석했다. 연이틀 시낭송과 유적지 답사 백일장 등 다채로운 시간을 보내고 돌아오는 길에 강남 문화원 원장 별장도 들르고 11시경 집에 왔다.

'적막강산' 아무도 없는 집, 너무 쓸쓸한,

### 7월 16일 월요일

청구성심병원에서 건강검진을 받고 민정형외과에서 연골 주사도 맞았다. 이제 조금씩 노인이 되어 가는 것 같다. 비 오는 하늘을 보며 소주도 마시고 맥주도 마시고 비틀거리며 돌아와 다시 '적막강산'에 누워 당신의 빈 자리를 본다.

### 7월 31일

한 보름 어떻게 보냈는지... 한울문학 대천캠프를 다녀오고, 과천시학 시낭송도 하고, 꼬박꼬박 수업하고, 진영이랑 박물관 견학도 하고, 심상시인회 메일과 엽서도 발송하고, 그렇게 한여름을 보내며 이번 달은 밀양을 가지 않았다. 남편의 모습을 생각하면 속울음 꺼이꺼이 강을 이루고 남은 내 시간이 한 무더기 후회와 고통의 산이 되어 다가오고...

이승을 떠나는 새 한 마리 제 붉은 날개 한 쪽 저녁 하늘에 빠뜨려 놓았다. 언뜻언뜻 구름 사이로 초승달 얼굴을 내밀며 바라보는 시늉을 하고

-대천해수욕장에서

2008년 8월 23일

1년 만에 찾아온 대천에서 밀물의 바다를 만났다. 서서히 밀려오는 물살 위로 구름층을 이루며 해 한 덩이 수장할 때까지 너무나 조용한 하늘, 멀다 사랑이여, 그대도 그렇게 기척 없이 저물어 갈 것인가, 잠시 한 잔 술을 비우는 동안 어둠은 바다와 하늘의 경계를 지워버렸다. 어두워질수록 빛나는 저 별이 보이는 동안 나는 그대에게 가는 길을 기억할 것이다.

■ 8월 25일

한강 물 맑히기 시의 축제 낭송을 하고 10시가 넘어서 나는 밥 먹으러 간다. 혼자서 먹는 밥이 싫어서, 사람들 모여 있는 뒤풀이 밥 먹으러 간다. 오늘은 술 대신 늦은 밥에 취해서 12시가 다 되어서 집으로 왔다. 그대가 앉았던 자리에서 그대처럼 첫사랑도 그리워해 보고 뒤척뒤척 지난날을 불러도 보고

# 시인에게 전하고 싶은 글

# 낙엽을 태우면서

**이창윤**(시인)

내가 살려온 이 세상에서
나는 의사였으며
열정적으로 의학 연구에 몰두할 수 있었고
한국 악센트를 지울 수 없는 내 영어
귀 기울이는 젊은 학생들에게
늘 감사하는
의과대학 교수였다

내가 살고 갈 이 세상에서
오늘은 낙엽을 긁어모아
저무는 계절과 함께 불태우면서
약한 것, 시드는 것, 사라져 가는 것들
견딜 수 없는 아픔을
아픔으로 사랑하는 법을 다시 배운다

사람들 모여 사는 곳 그 어디든지
따뜻한 피 서로 나눌 줄 아는 이 세상을
어떤 그리움으로 살고 갈 것인가
혼자 물어보고 혼자 대답하는

그 어리석음으로
몇 줄의 시를 쓰면서
쉽게 늙어가고 있다

# 먼 물굽이 · 5

- 푸르게 만나요

**이창윤**(시인)

푸르게 만나자고 한다
깊이를 다해 둥글게 흐르다가
우리 푸르게 만나자고 한다

누이여, 우리가 자라던 곳을 떠나
너는 숨막히는 서울에서
나는 미국 중부의 한 도시에서
어느덧 머리가 희끗희끗한 나이가 되어도
강물은 우리들의 가슴을
늘 적시고 흘러서
너는 시를 쓴다
나도 시 비슷한 것을 한국어로 쓴다

누이여, 너의 시에는 아직도
강물은 흐르면서 깊어지고
맑아져서
푸르게 만나자고 한다
깊이를 다해 둥글게 흐르다가
푸르게, 푸르게 만나자고 한다

우리가 세상 끝이라 여겼던
그 너머로 흐르자고 한다

# 먼 물굽이 · 1

이창윤(시인)

큰 누님이 집을 떠날 때도
산등성이에 올라
번쩍이며 흘러가던 강
먼 물굽이를
오래, 오래 바라보고 계셨습니다
제가 떠나올 때도
그랬을 줄 알고 있습니다
그런데 어머님 이즈음에도
잠이 깊이 들기 전에는
먼 강의 아득한 물굽이가
내 어둑한 머릿속을
잠시 비추어주곤 합니다
그리고 나이 들면서
더욱 확실해지는 것은
강물은 언제나 멀리서 흘러도
내 가슴속의 들판 그 한 자락을
늘 적시고 흘러서
메말라 가는 세상
그러한 세월을 살면서도

뿌리가 있는 나무처럼
영 시들지 아니하고
모두들
백지장보다도 쓸모가 없다는
이러한 시대에도
몇 줄의 시를 쓰게 되는 것은
내 가슴속의 들판 그 한 자락이
흐르는 강물에
늘 젖어 있기 때문입니다

# 엄마께

엄마가 안 계신 이곳에 겨울이 가고 여름이 가고 여러 해가 지나도 매일 같이 엄마가 그리워요. 제 기억 속엔 참 예뻤던 젊은 엄마도 있고, 집이 어려워졌을 때 손이 갈라지도록 아빠 일을 도우셨던 애틋한 엄마도 있네요. 언제나 저를 믿어 주고 따뜻하게 격려해 주던 엄마, 참 많은 이야기를 나누며 친구이고 연인 같았던 엄마. 항상 밝은 웃음으로 우리 딸 진영이랑 놀아주던 너무나 그리운 엄마, 엄마와 함께 늙어갈 수만 있다면 얼마나 좋을까요... 이렇게 빨리 엄마를 그리워할 순간이 올 줄 모르고 보내 버린 시간이 아쉽기만 합니다.

시를 쓸 때면 반짝반짝 빛나던 엄마. 시를 통해 좋은 사람들도 많이 만나고 시를 쓸 수 있어 행복하다고 하던 엄마, 엄마에게 시가 있어 고단한 삶에 많은 위안이 되셨겠죠? 지금 계신 그곳에서도 시를 쓰고 계신가요?

세상에서 가장 존경하고 사랑합니다.

2016. 11. 24. 엄마가 좋아하던 계절 가을의 끝에서

딸 수진 올림

# 고모를 생각하며

까르르! 목젖 어딘가, 혹은 콧속 어딘가를 울리는 웃음소리가 먼저 떠올라. 그리곤 여전히 콧소리가 섞인 살짝 높은 톤에 예쁜 사투리 억양을 섞어 "승미니?" 하는 목소리가 따라 떠올라. 하늘나라가 있다면 거기서 고모는 여전히 그렇게 웃고 그렇게 내 이름을 불러줄 것 같아.

9남매의 막내딸로 사랑을 많이 받은 고모! 내 어릴 때 대구 동인동에서의 기억은 많은 날이 고모네로 향하고 있어. 날씨 좋은 날은 정성스레 쪽을 지시고 소박하지만 언제나 정갈하게 한복을 차려입으신 할머니가 다섯 살 내 손을 잡고 고모네로 향했지. 생각해 보면 언제나 철부지 막내딸이 할머니에겐 걱정거리였을 거야. 그렇지만 어린 나에게 고모는 언제나 예쁘고 유쾌했어. 소프라노 톤의 목소리로 나를 맞아줄 때 고모는 한 번도 부스스한 적이 없었거든. 언제나 자신감이 넘치고 입가에 웃음이 있었지. 어른들 세상에서 고모가 어땠는지는 모르겠지만 적어도 나를 비롯하여 현욱이, 수진이, 현철이에게 고모는 참 유쾌하고 말이 통하는 어른이었던 것 같아. 자식들에게도 늘 자상하게 이야기하고, 윽박지르거나 성난 표정으로 소리치거나 하는 모습은 한 번도 본 적이 없으니까. 특히 수진이 얘기에 귀 기울여주던 고모 모습은 참 좋았어.

아이들을 키워 놓고 시를 쓰던 고모. 어느 날 안동집에서 고모가 보여주었는지 그저 내가 보았는지 기억은 잘 나지 않지만, 고모 시를 보고 놀랐었던 기억이 있어. 그 시들은 깊은 존재론적 고민과 성찰을 담고 있었고, 시구 하나하나가 조금 과장하자면 핏빛 선연하게 절망과 고독을 담고 있었던 것 같아. 시들은 생각보다 어둡고 무거워서 고모의 그 웃음과 너무 달랐었어. 아마도 고모가 그렇게 까르르 웃을 수 있었던 건 어둡고 외로운 우리 내면의 또 다른 모습에 정말 천착할 수 있었기 때문인지도 모르겠어.

세상에 세 명의 자식과 시들을 남기고 간 고모. 지금 그 시들로 고모를 기억하는 세 명의 자식들. 생각지도 않게 너무 빨리 이곳을 떠나버렸지만, 고모! 세상에 와서 이 정도 했으면 잘 살았던 거네, 그치?

2016. 11. 24.

고모의 예쁜 모습만 기억하고 있는 조카 승미가

## 임을 눈물로 보내드리며
### -고 이기애 시인께 바치는 조시

박성락(시인)

이게 웬일입니까
임이 떠났다니요
세상 끈 지워버린 낭군을 대신하다
누적된 스트레스로 백혈 저항 못 이겨

임께서는 시는
종교와도 같았습니다
고뇌에 찬 모진 삶 시로써 승화시켜
언제나 단아한 모습 활기찬 웃음으로

모나지 아니하게
친화를 이루시며
모두가 만족하는 묻어난 겸손으로
맺힌 곳 풀어서 내는 여장부였습니다

아! 진정 나의 임은
시인으로 오셔서
시인으로 사시다 시인으로 떠났습니다
이제는 시 아름다운 세상에서 시만 쓰소서

## ■ 연 보

1947년 경북 의성 산원에서 영천 이씨永川李氏 아버지 고 이용원과 의성 김씨 어머니 고 김성학 사이에서 8남매 중 막내로 음력 윤2월 26일 축시(양력 4월 28일) 태어나 대구시 북구 동변동 89번지에서 성장, 부유한 어린 시절을 보내며 문학적 감성을 키워 왔음.

1953년 대구 칠성국민학교 입학.

1959년 대구 동인국민학교 졸업.

1962년 대구 경북여자중학교 졸업.

1965년 대구 경북여자상업고등학교 졸업.

1966년 한국 무용 대통령상 수상.

1968년 대구 방송 아나운서 활동.

1969년 사업가 조계상과 결혼.

1970년 장남 조현욱을 낳아 홍선경과 결혼(1999년) 손자 준서를 둠.

1972년 장녀 조수진을 낳아 이규호와 결혼(1999년) 외손녀 이진영을 둠.

1977년 차남 조현철 낳아 정세하와 결혼(2004년) 손녀 서연과 손자 서진을 둠.

1988년 안양 어머니 백일장에서 장원 수상.

1989년 월간 시 전문지 ≪心象≫ 신인상 수상 등단.

1990년 제 1 시집 『내 안 가득한 당신』 출판.

심상 시인회 회원, 90년대 동인, 한국문인협회 회원.

새안양여성회 회원, 새안양여성로타리클럽 창립위원.

1991년 한국시인협회 회원.

1993년 「시를 통해서 나를, 나를 통해서 시를」 발표(문학과창작).

1994년 ≪心象≫ 편집위원, 「대시」 동인, 한국낭송가협회 회원.

1995년 문예진흥원 창작 지원금 수혜, 제 2 시집 『흔들리는 것은 바람 탓이 아니다』 출판.

한민족방언시학회 동인.

1996년 한국여성문학인협회 회원. 한국문인협회 은평문협 회원

호국문예작품상 수상(국방부)『어머니 비둘기 날리다』.

1997년 한국문학세계화추진본부 사무국장.

1999년 (재)한국문학진흥재단 사무국장, 정통부 청소년 백일장 심사위원. 시낭송단체 ≪서울詩壇≫ 창립회원.

2000년 제3 시집『해가 기우는 쪽으로 머리를 두다』 출판.

서울 종로문인협회 상임이사. 서울 종로문인협회 사무국장.

전업작가상 수상 수혜(문예진흥원).

2001년 한국문학진흥재단에서 문화관광부 청소년과로 파견 근무.

국립중앙청소년수련원 연혁지 집필.

국제펜클럽한국본부 사무국장.

탐미문학상 수상(탐미문학 봄호).

2002년 한국문학진흥재단에서 시행한 사랑의 엽서 보내기 운동 실무 위원.

시, 아름다운 세상 종로(종로문화의 집), 과천 시학 지도 시인.

도서출판 씨앗 발행 등록.

2003년 도서출판 씨앗 발행인.

2004년 남편 조계상은 알츠하이머성 치매로 밀양 숲속 요양병원에 입원해 있다가 2012년에 기장군 장안읍 효성제일노인건강센터를 거쳐 2017년 김포 삼성요양원으로 이송 요양하던 중 2018년에 별세.

2005년 한국시협 중앙위원, 국제펜클럽 한국본부 문화정책위원.

목월문학포럼 중앙위원, 목월백일장 심사위원.

한국예술인문화단체총연합회 기관지 ≪예술세계≫ 신인상 시부문 심사위원.

미국 미시간주에 살고 있는 넷째 오빠 이창윤 시인을 만나보기 위해 미국에 다녀옴.

2006년 제4 시집 『오늘을 선물한다』 출판.

해변시인학교 백일장 심사위원,

2007년 ≪한울문학≫ 평론 대상 수상, 한국문협 특별위원회 위원장.

한국예총 대의원, 계간 ≪문예운동≫ 편집위원, 과천도서관 '시 연구반' 강사.

2008년 문인친목단체 <이문회> 창립위원.

2009년 제5 시집 『나무 나라』 출판.

12월부터 신촌 세브란스 병원에서 혈액암으로 투병.

2010년 예술원에서 예술인 사랑나눔 의료비 최고 지원금 5백만원 수혜, 투병 중 병원에서 기독교 입교하여 세례받음.

유고시 「하나님께」 5편 집필, 신촌 세브란스 병원에서 소천(8월 5일) 부산 정관 공원묘지에 안장.

2011년 고 이기애 시인 시비건립추진위원회를 발족. '시아름다운 세상' 회원과 문단 지인의 모금으로 보령 시비공원에 「목관 악기」 시비 건립(제막식 거행 9월 24일). 애송시집 발간.

2015년 박성락 시인이 고인을 간호한 체험과 그리움을 담은 시편을 엮어 시집 『끈』을 출간함.

2020년 이기애 시인 타계 10주기를 맞아 시 전집 발간위원회를 결성. 출판비 580만원(주원규, 박성락, 서정혜, 이소강, 김경숙, 유희정, 심현옥 의 335만 원과 조현욱, 조수진, 조현철 등 유족 측 245만원)

# 시 아름다운 세상 시낭송회 연혁

제1회 : 2002년 4월 28일 종로시학 개강 기념 시낭송회 (종로 시학 교실)
제2회 : 2002년 9월 화성 문학기행 시낭송회 (화성 시화호 공룡알 화석지)
제3회 : 2002년 10월 유청하 시집 출판기념 시낭송회 (하회마을에서)
제4회 : 2002년 12월 28일 청노루 시낭송회 (종로 문화의집 강당)
제5회 : 2003년 3월 18일 봄맞이 문학기행 시낭송회 (광양 매화축제)
제6회 : 2003년 10월 13일 과천시학 개강 기념 시낭송회 (과천 시학 강당)
제7회 : 2003년 10월 20일 우음도 갈대축제 시낭송회 (우음도 초등학교 (폐교))
제8회 : 2003년 12월 9일 과천동 주민 축제 시낭송회 (과천시학 강당)
제9회 : 2003년 12월 10일 푸른문학 합동 연말 시낭송회 (양제 뜨락)
제10회 : 2004년 4월 23일 울릉도 문학기행 기념 시낭송회 (울릉 장학회 이영관 회장 자택)
제11회 : 2004년 7월 11일 우음도 시 낭송회 (우음도 초등학교(폐교))
제12회 : 2004년 10월 24일 변근석 시집 통소 출판기념 시낭송회 (과천 주암마을 스위티하우스)
제13회 : 2004년 11월 17일 과천동 주민축제 시낭송회 (과천 시학 강당)
제14회 : 2004년 12월 13일 (1회) 문학의 밤 기념 시낭송회 (용평 스위스 샬레 융프라워 카페)
제15회 : 2005년 3월 6일 순천만 문학기행 해돋이 시낭송회 (순천만 갈대밭)
제16회 : 2005년 5월 14일 시 창작 실기 수업과 시낭송회 (강화도 가천의과대학)
제17회 : 2005년 8월 7일 강화도 문학기행 시낭송회 (강화도 외포리 바닷가)
제18회 : 2005년 9월 2일 과천시학 시낭송회 (과천동 체육공원)
제19회 : 2005년 9월 24일 (1회) 가을의 서곡 시낭송회 (향유정)

제20회 : 2005년 10월 22일 태백 산상시인학교 시낭송회 (태백시 황지농협 앞)

제21회 : 2005년 12월 11일 (2회) Good Bye 2005! 송년 시낭송회 (용평 스위스 샬레 융프라워카페)

제22회 : 2005년 12월 23일 과천시학 시낭송(2005 프로그램 발표회) (과천동 회관 3층 회의실)

제23회 : 2006년 5월 6일 향유정 문학의 밤 (경기도 광주 도척면 향유정)

제24회 : 2006년 5월 13일 수현당 상량식 (강원도 영월군 주천면 도천리)

제25회 : 2006년 7월 24일 과천시학 (수업의 일환으로), (과천동사무소대강당)

제26회 : 2006년 8월 26일 송산리 포도밭

제27회 : 2006년 12월 10일 용평 문학의 밤 (스위스샬레)

제28회 : 2006 12월 23일 송년의 밤 (청마루)

제29회 : 2007년 7월 28일 주임동 사무소 대강당 (심현옥 시인 등단 기념)

제30회 : 2007년 9월 29일 (향유정)

제31회 : 2007년 12월 29일 과천(심현옥 시인 자택)

제32회 : 2008년 3월 15일 광양매화축제(광양시 다압면 매화마을)

제33회 : 2008년 12월 20일 송년모임(심현옥 시인 자택)

제34회 : 2009년 6월 6일 큰돌카페(수업의 일환으로)

## ■ 그때 그 모습

20대 모습

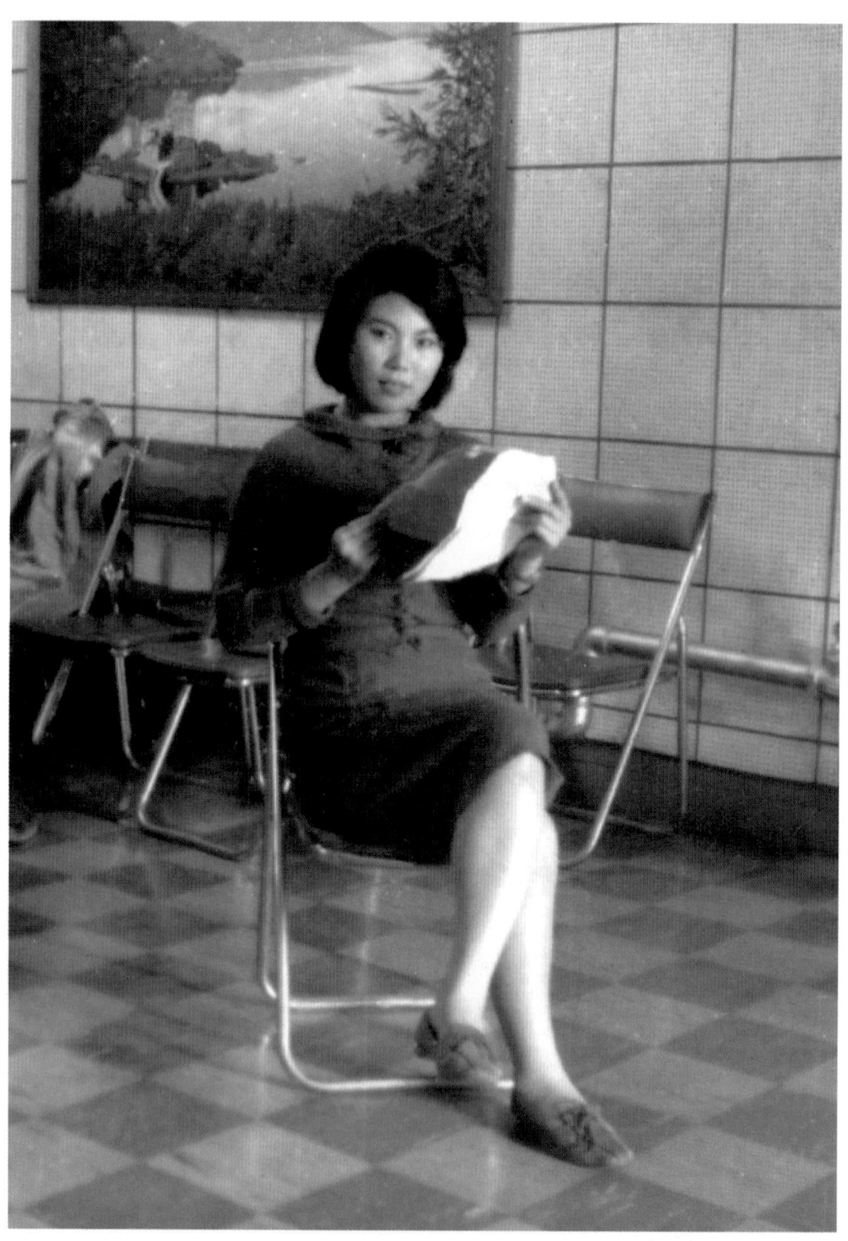

대구 방송국 아나운서 시절

결혼식

대구 신혼 시절

남편과 등산

대구 집 근처 산책

큰아들 딸 유치원 등교

가족

큰아들 ROCT 임관

진영이와 즐거운 한때

오빠 이창윤 시인

성기조 박사님과 충정로에서

목월을 그리는 가을 저녁

경주 동리 문학관

태백산 산상 시인학교

목월 시인 30주년 묘소 참배

청시 시낭송회

문학세미나 후 거제 공원

감송배 시 읽기에서

심상 시인회 문학기행

예총 대표자 회의

개성 선죽교에서

첫시집 출판 기념

충남 농업기술원에서

봄을 위한 시 낭송회

시학 제자와 연평도 문학기행

시인학교 공로패 수상

시 아름다운 세상 시낭송회

종로시학

한국문인협회 태백지부장 이·취임식에서 축사

《서울 詩壇》 시 낭송회 낭송

시 아름다운 세상 세미나

제부도에서

시화전

박철 시인의 출판기념회에서

울릉도 문학기행 해신제 참석

시 아름다운 세상 송년회

한울문학 하계 심포지움

광양 매화 축제

과천시학

통영 문학 기행

서정혜 시인 첫시집 출판기념회

≪서울詩壇≫ 시 낭송회

이기애 시인 시비(보령 개화공원)

이기애 시인 시비 제막식

이기애 시인 묘소(부산정관공원)

박성락 시인 첫 시집 출판 기념패 수여

이기애 시 전집 발간위원회

# 시 아름다운 세상

1판 1쇄 발행 2020년 8월 11일

엮 은 이 | 박성락
편집 및 교정위원 | 주원규 · 박성락 · 서정혜 · 이소강
펴 낸 이 | 김진수
발 행 처 | 한국문화사
등 록 | 제1994-9호
주 소 | 서울특별시 성동구 광나루로 130 서울숲 IT캐슬 1310호
전 화 | 02-464-7708
팩 스 | 02-499-0846
이 메 일 | hkm7708@hanmail.net
홈페이지 | http://hph.co.kr

책값은 뒤표지에 있습니다.



ISBN 978-89-6817-205-2 03810

이 도서의 국립중앙도서관 출판예정도서목록(CIP)은 서지정보유통지원시스템 홈페이지(http://seoji.nl.go.kr)와 국가자료공동목록시스템(http://www.nl.go.kr/kolisnet)에서 이용하실 수 있습니다.(CIP제어번호: CIP2020025974)